Michael Stahl

BOTSCHAFTEN DES SCHÖNEN

Kulturgeschichte der Antike

Klett-Cotta

Mit 77 Abbildungen und Illustrationen
Umschlagbild: Vorne Marmorskulptur von Igor Mitoraj (Centurione I, 1987), dahinter männlicher Bronzetorso des 5. Jahrhunderts v. Chr.

Klett-Cotta
www.klett-cotta.de

Printed in Germany
Schutzumschlag: Klett-Cotta-Design
unter Verwendung eines Fotos von Centurione I, 1987 by Igor Mitoraj.
Photo Archives Argos Studio
Gesetzt aus der Fairfield von Kösel, Krugzell
Auf säure- und holzfreiem Werkdruckpapier gedruckt und gebunden von Kösel, Krugzell
ISBN 978-3-608-94454-9

Bibliographische Information Der Deutschen Nationalbibliothek
Die Deutsche Nationalbibliothek verzeichnet diese Publikation in der Deutschen Nationalbibliographie; detaillierte bibliographische Daten sind im Internet über <http://dnb.d-nb.de> abrufbar.

INHALT

Spät erst habe ich dich geliebt, Schönheit du, immer alt und immer neu, spät erst habe ich dich geliebt.

Augustinus

Auch die Götter geben es zu,
Schönheit selbst ist eine Himmelsmacht.

Ovid, Amores

O ihr, die ihr das Höchste und Beste sucht, in der Tiefe des Wissens, im Getümmel des Handelns, im Dunkel der Vergangenheit, im Labyrinthe der Zukunft, in den Gräbern oder über den Sternen! wißt ihr seinen Nahmen? den Nahmen deß, das Eins ist und Alles? Sein Nahme ist Schönheit.

Friedrich Hölderlin

Ohne geschichtliches Eingedenken wäre kein Schönes.

Theodor W. Adorno

WORUM ES GEHT

Vergangenes historisch artikulieren heißt nicht, es erkennen, ›wie es denn eigentlich gewesen ist‹. Es heißt, sich einer Erinnerung bemächtigen, wie sie im Augenblick einer Gefahr aufblitzt. (...) In jeder Epoche muß versucht werden, die Überlieferung von neuem dem Konformismus abzugewinnen, der im Begriff steht, sie zu überwältigen.

Walter Benjamin

Und die Sonne Homers, siehe! sie lächelt auch uns.« Friedrich von Schillers berühmt gewordenes Wort beschließt die 1795 entstandene »Elegie«, seit 1800 unter dem Titel »Der Spaziergang« eines seiner großen programmatischen und wirkmächtigen Gedichte. In ihm gestaltet Schiller eine poetische Vision vom Gang der Geschichte: Der Mensch erblickt beim Aufstieg auf einen Berg die Stufen der Menschheitsentwicklung. Diese durchläuft einen Verfallsprozeß bis zu einem Tiefpunkt, an dem die Gesellschaft zu einer toten und seelenlosen »Mumie« erstarrt. Aus diesem Schreckensbild erlöst den Wanderer jedoch der Blick auf die ihn umgebende unwandelbare Natur. Ihre Schönheit erinnert daran, daß die Werte des Humanen entgegen dem aus der Geschichte gewonnenen Eindruck noch nicht untergegangen sind. Der Mensch muß sich nur vom Licht der Sonne, die Schillers Figur beim Austritt aus ihrer Behausung zu Anfang emphatisch begrüßt, die Augen öffnen lassen. Dann wird er in der Vergangenheit nicht bloß das Verhängnis des Menschen, sondern zugleich jene Leuchtpunkte erkennen, die ihm den Weg in eine bessere Zukunft weisen. Am Ende des befreienden Bildungsgangs, den Schiller seinen Spaziergänger durchlaufen läßt, kommt das Licht der Erkenntnis von jener Sonne, die den Griechen in ihrer glücklichsten Periode geschienen hat.

Die Sonne Homers leuchtete also über jenen Jahrzehnten um 1800, die zur »Sattelzeit« der Moderne (Reinhart Koselleck) geworden sind. Der homerische Himmel hat sich freilich, so sieht es heute aus, in den zurückliegenden zwei Jahrhunderten erneut verfinstert. Beim Blick auf Homer und die Antike entdecken viele Zeitgenossen nicht mehr blühendes Leben, Geist von unserem Geist, sondern eine ferngerückte, rätselhaft gewordene Materie, die ihre fremdartigen Strukturen nur noch im kalten Röntgenlicht unbeteiligter Beobachtung und Analyse preiszugeben scheint. Die Wissenschaft hat die Alten wieder in ihre Gräber geschickt – dorthin, wo sie aus dem Blickwinkel der Moderne scheinbar hingehören.

Daß das ein Trugschluß sei, das ist die Überzeugung, von der mein Buch getragen wird. Der Grund ist ganz elementar: Die Menschen können nicht leben ohne Halt in der Vergangenheit. Nur jener Ausschnitt aus ihr, der in der Gegenwart jeweils lebendig ist, meint unsere Vorstellung von Geschichte. Seit den Griechen (siehe Kap. 1) wird diese Geschichte von Tradition und Rezeption, Überlieferung und Aneignung von Vergangenheit (siehe den Prolog), bestimmt. Diese Vorgänge vollziehen sich in der Gesellschaft spontan und gleichsam naturwüchsig, denn der Blick zurück in die Vergangenheit erweckt zu jeder Zeit die Aufmerksamkeit der Menschen. Deshalb wird es keinem Geschichtswissenschaftler gelingen, eine Vergangenheit im Sarg der Gelehrsamkeit zu verschließen.

Wie stark das Bedürfnis nach geschichtlicher Orientierung sich bis heute gerade an der griechischen und römischen Antike entzünden ließe, bedarf mit Blick auf den kulturellen und touristischen Betrieb eigentlich keines weiteren Beweises. Tatsächlich bin ich in den letzten Jahrzehnten vielen Menschen begegnet, dem sprichwörtlichen Mann auf der Straße ebenso wie Kollegen ganz anderer Wissenschaftsbereiche und nicht zuletzt meinen Studenten, die für die Lebensferne der gegenwärtigen Altertumswissenschaft kein Verständnis aufbringen konnten. Sie wollten und wollen vielmehr in ihrem Bedürfnis nach Geschichte ernstgenommen werden und setzen sich im allgemeinen sehr dankbar mit jedem historischen Deutungsangebot auseinander, das die antike Vergangenheit in Perspektiven der Gegenwart hereinholt. Für diese Menschen habe ich mein Buch geschrieben.

»Unbedingt europäisch ist alles, was von drei Quellen – Athen, Rom und Jerusalem – herrührt.« Diese knappe Feststellung Paul Valérys (1871–1945) benennt in kürzester Form die Fundamente, auf denen sich das Leben der europäischen Völker seit 1500 Jahren, seit dem Ende der Antike, entfaltet hat. Wie grundlegend die Antike als Tradition bis auf den heutigen Tag geblieben ist, wurde im letzten halben Jahrhundert immer wieder auf überzeugende Weise bewußt gemacht. In sehr vielen Bereichen unseres Lebens – von unserer urbanen Lebensweise bis zu den Grundbegriffen der Kunst und Philosophie, von Politik, Recht, Verwaltung und Religion bis zur technischen Formung der natürlichen Lebenswelt – stehen wir, ob wir es zustimmend zur Kenntnis nehmen oder nicht, nach wie vor in vieler Hinsicht auf den Schultern der antiken Welt.

Doch genügt der Hinweis auf eine einst kräftige Verbindung und die sorgsame Pflege der immer noch vorhandenen Überreste der Antike nicht mehr, wo sich doch die Welt im ganzen, so scheint es vielen, völlig verändert hat. Von diesem vermeintlich historisch einzigartigen Standpunkt aus betrachtet, fügt sich die griechisch-römische Welt zwangsläufig in den großen Kreis vormoderner Kulturen ein – von Ägypten, Assur und Babylon bis zum Alten Mexiko oder China. Sie alle erachtet die moderne Wissenschaft für gleich gültig, und damit werden sie jedoch für uns – trotz bleibender Faszination – »gleichgültig«. Dem Bedürfnis nach Geschichte kommt aber nur der entgegen, der Antwort auf die Frage zu geben vermag, warum eine bestimmte Vergangenheit es wert ist, erinnert zu werden. So könnte die Beschäftigung mit der Antike etwa, wie nicht wenige meinen, heute vor allem darauf zielen, die Europäer darüber zu belehren, wie einseitig und ungerecht ihr bisher scharf ausgeprägtes und abgrenzendes Selbstbild sei. Daher müßte man das in der Antike wurzelnde Europa von seinem Kothurn stürzen und sich gegenüber den anderen Weltkulturen nicht bloß stärker öffnen – was die intellektuelle Redlichkeit ohnehin gebietet –, sondern sich selbst mitsamt den traditionsgesättigten Idealen überhaupt aufgeben zugunsten eines neuen (aber diffusen und geschichtlich grundlosen) Universalismus.

Dies ganz gewiß nicht, und das bedeutet beileibe nicht, einem unsinnigen Kampf der Kulturen das Wort zu reden. Wenn die europäisch geprägte Welt jedoch die kulturellen Herausforderungen unseres Jahrhunderts bestehen will, dann muß sie in Austausch und Dialog mit anderen einen eigenen und eindeutigen Standpunkt einnehmen. Zu ihm gehört zum Beispiel, daß Lernfähigkeit und Toleranz selbst ein unverwechselbares Element der europäischen Tradition seit dem kulturoffenen Imperium Romanum sind. Wer das versteht, darf also das Ideal der freiheitlichen Lebensform, die in der Antike gefunden wurde, nicht für relativierbar halten. Und er wird für ein modernes Geschichtsverständnis eintreten, das am Bezug zur Antike für die Bildung auch des heutigen europäischen Selbstverständnisses festhält. Dies aufzugeben hieße, gedankenlos aufs Spiel zu setzen, was die Geschichte Europas eben seit den Griechen in ihrer Eigenart bewegt und geformt hat. Vor dem Hintergrund dieser intellektuellen Auseinandersetzung bedeutet die Hinwendung zur Antike nicht nur eine neue Vergewisserung in der Tradition, sondern auch das Bedürfnis nach Orientierung stiftender Geschichte für die Gegenwart. Dieses erwächst aus dem schöpferischen Bestreben, die Gegenwart zu überwinden und eine erneuerte Zukunft zu gewinnen.

Mein Buch sieht sich denn auch besonders all jenen verpflichtet, die den ursprünglich kritischen, ja revolutionären Impuls nicht vergessen konnten und wollten, mit dem man sich seit den Tagen Johann Joachim Winckelmanns in der Mitte des 18. Jahrhunderts (siehe den Prolog) dem Altertum zugewandt hatte. Die großen Geister der Goethezeit haben allesamt aus der Antike die Kraft ihres neuen Denkens geschöpft, um mit einer menschenfeindlich gewordenen Epoche abzurechnen und eine von humanen Idealen geleitete Zukunft zu zeichnen. Von da aus führt eine Linie über Friedrich Nietzsche und Jacob Burckhardt im 19. Jahrhundert bis zu den 20er und 30er Jahren des 20. Jahrhunderts (George-Kreis, Rudolf Borchardt, Werner Jaeger u. a.). Sie alle haben es verstanden, aus dem Rückgriff auf die Antike gegenwarts- und modernitätskritische Funken zu schlagen, an denen sich die Vision einer Korrektur oder Überwindung der Moderne entzünden konnte. Der brutale Modernitätsschub der Nazi-Diktatur hat sie mundtot gemacht, oder es ist ihnen durch politische Indienstnahme das Wort im Munde verdreht worden; danach wurden sie von der Wucht der wirtschaftlichen und sozialen Veränderungen der Nachkriegszeit überrollt. Das ändert nichts an der bleibenden Bedeutung dieses die Entwicklung der Moderne begleitenden Denkens, das mit Blick auf die Antike problematische Entwicklungen in der Moderne erkannt hat. Wenn ich mich mit großer Bescheidenheit von dieser häufig vergessenen oder zu Unrecht diffamierten Tradition zu meinem Buch angeregt und aufgefordert sehe, so folge ich weder nostalgischen Gefühlen noch mangelt es dabei an der gebotenen Reflexivität. Vielmehr darf ich mit Blick auf die europäische Erfahrung davon ausgehen, daß in einer Situation des Traditionsbruchs die Wiedergewinnung von Geschichte nur über die bewußte Wiederaneignung von Vergangenheit führt.

Freilich wäre ohne die Befunde und Sichtweisen der neueren Wissenschaft, die seit den 1960er Jahren eine schon lange steril gewordene historistische Geschichtsbetrachtung abgelöst haben, auch dieses Buch nicht entstanden. Wenn wir heute wieder fruchtbar über die Antike nachdenken können, so waren dafür die Einführung diachron und interkulturell vergleichender Methoden und der Austausch mit Sozialanthropologie, Semiotik oder Bildwissenschaften eine wesentliche Voraussetzung. Jedoch erscheint es heute vielfach so, als würden die daraus gezogenen Schlußfolgerungen erneut in die Irre führen. In programmatisch zugespitzter Weise wurde wiederholt als einzig verbliebener Sinn einer Beschäftigung mit der Antike gesehen, ihre Andersartigkeit (Alterität) aufzuzeigen, um alle bisherigen »Humanismen« als zeitgebundene Projektionen zu entlarven und dadurch die vermeintlich begehbaren Brücken zwischen Gegenwart und Antike vollständig einzureißen. Vom Standpunkt der Moderne aus sei die gezielte »Dekonstruktion« aller früheren, konstruierten Mythen über die Antike die einzig mögliche Haltung. Damit hält indes ein erneuerter, nun methodisch vollendeter Historismus und – trotz aller Affinität zu theoretischer Reflexion – forschungspraktischer Positivismus Einzug, aus dem letztlich nur der Abbruch jeglichen, über die Moderne zurückreichenden historischen Gedächtnisses folgt. Aus der Not einer tatsächlich krisenhaften Umbruchssituation wird auf diese Weise die angebliche Tugend radikaler Aufklärung im Dienste einer Moderne, die sich für historisch einzigartig und nicht mehr hintergehbar hält und daher für ihre Orientierung auf die offene Zukunft hin auf Geschichte als konstruktiven Dialog mit der Vergangenheit verzichten zu können glaubt. Eine solche Position geht entgegen einem durchaus verbreiteten Modernitätsbewußtsein in der Gesellschaft an deren zugleich zu beobachtendem Bedürfnis nach Geschichte völlig vorbei und stellt sich daher gegenüber einem breiteren Publikum selbst ins Abseits.

Dem für jeden einzelnen legitimen und für die Gesellschaft als Ganze überlebensnotwendigen historischen Bedürfnis möchte dieses Buch gerecht werden. Seine Kapitel beleuchten ein Spektrum von Lebensbereichen, in denen wir uns bis heute bewegen. Es beginnt mit unserem Dasein in der Zeit, also der Geschichte, und führt über unsere selbst geschaffenen Lebensräume sowie die Grundtypen der gemeinschaftlichen Ordnungen und die Formen von Bindung und Zusammenhalt der Gesellschaft zu den Bildräumen, in denen sich das gesellschaftliche Leben im Kleinen entfaltet, und schließlich zum künstlerisch gestalteten Ideal des einzelnen Menschen. Ausgehend von zumeist recht bekannten antiken Relikten, möchte ich Bilder zeichnen, die in sich abgeschlossen sind und je für sich stehen. Sie werden eingerahmt von zwei bis heute wirksamen, gedanklich und praktisch gelungenen Aneignungen der Antike am Beginn der Moderne.

Alle diese Bilder konfrontieren uns mit »Botschaften des Schönen«. »Das Schöne« – ein Zentralbegriff des philosophischen Denkens seit der Antike – scheint spätestens seit Imanuel Kant nur noch im Auge des Betrachters zu liegen, und die Kunst der Moderne hat das alte Ideal schon seit einem Jahrhundert gründlich zertrümmert. Dennoch gehört es zu den eindrücklichsten Erfahrungen gerade im Umgang mit solchen Menschen, die gänzlich unbeeinflußt von Residuen der bildungsbürgerlichen Tradition sind, daß diese sich immer wieder von kulturellen Zeugnissen der Vergangenheit spontan und existentiell angesprochen fühlen. Offenbar gibt es ein anthropologisch konstantes »Verlangen nach Schönheit« (Hans-Georg Gadamer), ein Bedürfnis, wie selbstverständlich von der sinnlichen Evidenz überwältigt zu werden. Wer sich von Schönheit betroffen machen läßt, erfährt in ihr nicht ein bestimmtes Stilideal, sondern das Bezwingende einer Erscheinung. Sie kann Zustimmung fordern und individuelle Erfüllung versprechen, weil in ihr die Wirklichkeit von Werten zum Vorschein kommt, deren Geltung nicht zu unserer Disposition steht. Das Schöne ist nichts nur Äußerliches, sondern etwas den Menschen, Dingen, Taten, Gedanken oder Strukturen Wesentliches. Schön können daher nicht nur Statuen, Bilder oder Architekturen sein, sondern auch Ideen wie etwa die Geschichte, Raumstrukturen, wie sie die antiken Städte aufweisen, oder politische und soziale Ordnungen wie Republik und Monarchie. Und deswegen dürfen und müssen wir nach den Botschaften dieses Schönen fragen und uns auf sie einlassen.

Die Darstellungsform, in der das unternommen wird, ist nicht die theoretische Erörterung, sondern immer das exemplarisch gemeinte und historisch-konkrete Einzelbild. Das Buch möchte nicht mit der antiken Kultur in allen Facetten und deren jeweiliger historischer Entwicklung bekannt machen. Aber es stellt uns eine Auswahl solcher Konstellationen antiken Lebens vor Augen, auf die sich das historische Denken der Gegenwart mit Gewinn für die Zukunft beziehen kann. Manche anderen ließen sich noch hinzufügen.

Die Schillersche Sonne Homers ist mitnichten untergegangen, sondern kann auch heute das an den Tag bringen, was uns Griechen und Römer immer wieder zu geben haben.

PROLOG

JOHANN JOACHIM WINCKELMANN UND DIE ENTDECKUNG DER GRIECHEN

Die offnen Felder sind als in der Erndte Tage
Mit Geistigkeit ist weit umher die alte Sage,
Und neues Leben kommt aus Menschheit wieder

Friedrich Hölderlin

Wenn das Schöne und Große nimmer zeugt, dann hat man kein Recht darauf. Daß es noch zeugt dadurch leben wir.

Friedrich Gundolf

VERGANGENHEIT UND GESCHICHTE

Geschichte und Vergangenheit sind nicht das gleiche. Jede Gegenwart hat eine Vergangenheit, die im Prinzip zeitlich ins Unendliche zurückreicht. Aber diese Vergangenheit ist unwiderruflich vergangen und in keinem ihrer Teile oder in keiner ihrer Zeitstufen, so kurz oder so lang sie auch zurückliegen mögen, unmittelbar zugänglich. Dennoch ist von jeher jede Gegenwart unauflöslich mit ihrer Vergangenheit verbunden, und diese selbst ist, obgleich als solche und in ihrer Ganzheit tot und vorbei, in ganz bestimmten Formen stets gegenwärtig und wirksam. Auf diese Formen der Gegenwärtigkeit von Vergangenheit kommt es also an, und der Begriff »Geschichte« schließt diese Formen keineswegs alle ein, sondern definiert seinerseits eine ganz besondere Art und Weise des Gegenwärtigseins von Vergangenheit.

TRADITION UND REZEPTION

In jeder Gesellschaft ist das Vergangene normalerweise gegenwärtig durch das Leben mit der Tradition. Tradition bedeutet, daß Bestandteile des vergangenen Lebens von Generation zu Generation an die jeweilige Gegenwart weitergegeben werden. Sie unterliegen dabei nur geringfügigen Veränderungen. Solche traditionalen Formen gegenwärtiger Vergangenheit sind beispielsweise bauliche Monumente und Kunstwerke, Zeugnisse von Dichtung und Literatur, Schriftstücke der verschiedensten Art, nicht zuletzt Sitten und Gebräuche. In all dem manifestieren sich moralische Werte, ästhetische Normen, individuelle und kollektive Selbstbilder und alltägliche Lebensformen. Sie sind für die jeweilige Gegenwart ganz selbstverständlich maßgebend. Dies setzt voraus, daß sie über eingespielte Übermittlungskanäle und Medien ständig reproduziert werden. Keine Gesellschaft kann ohne solche in der Regel unbewußte und unreflektierte Traditionsbestände auskommen. Sie finden sich denn auch überall und bilden für den Historiker eine der großen Arten oder Gattungen seiner Quellen. Solche Quellen werden seit dem 19. Jahrhundert mit dem Begriff »Überreste« bezeichnet. Für sich genommen sind diese Überreste freilich noch nicht Geschichte, sondern gewissermaßen nur ein Rohstoff für sie. Geschichte ist mithin weder die Vergangenheit schlechthin, noch durch die Existenz von Traditionen einfach gegeben.

Geschichte gründet vielmehr in einem Akt der Rezeption, d. h. der absichtlichen Hinwendung zu einer bestimmten Vergangenheit, der zielgerichteten Anknüpfung an sie oder – die wörtliche Bedeutung von Rezeption – der Wiederaufnahme von Vergangenem in das Bewußtsein der Gegenwart. Geschichte entsteht also nur dann, wenn eine bestimmte Vergangenheit der Gegenwart wieder ausdrücklich zur Anschauung gebracht wird. Das bedeutet, daß die Vergangenheit der Gegenwart gewissermaßen anverwandelt wird und dadurch zu einem klaren Bild geformt worden ist. Erst das Ergebnis dieser Gestaltung, eine Rekonstruktion, nennen wir Geschichte. Ihr primäres Medium ist die Sprache, und Geschichte existiert also nur in und durch Sprache. Es ist die Sprache des Geschichtsschreibers, der Geschichte erzählt.

Traditionen sind immer ein Grundelement aller menschlichen Gesellschaften gewesen. Universalhistorisch gesehen stellen sie die normale Form dar, durch die Gesellschaften sich im Fluß der Zeit halten und bewegen und ihre Vergangenheit und Zukunft besitzen. Geschichte ist demgegenüber etwas welthistorisch Einzigartiges und gehört, soweit ich sehen kann, allein zum geistigen Haushalt der Völker Europas. Diese neue Form der Vergegenwärtigung und Vergewisserung von Vergangenheit steht neben vielem anderen am Beginn der europäischen Geschichte und ist von den Griechen im 5. Jahrhundert v. Chr. erfunden worden. Das erste Geschichtswerk ist die Historie des Herodot von

Halikarnassos (siehe Kap. 1), und bereits an ihr können wir zwei Grundbedingungen für die Entstehung von Geschichte erkennen. Erstens: Geschichte entsteht nur durch die Erzählung eines Geschichtsschreibers. Er schafft, einem Künstler gleich, Geschichte, indem er aus der prinzipiell unendlichen und formlosen Vergangenheit ein bestimmtes, durch seine Sprache gestaltetes Vergangenheitsbild wiedererstehen und als ein sinnhaltiges Geschehen zu verstehen lehrt. Der Geschichtsschreiber erzählt seine Geschichten also so, daß die Gegenwart an ihnen etwas erkennen kann, das Verortung und Orientierung in der Zeit ermöglicht. Geschichte kann also nur das sein, was für Gegenwart und Zukunft von Belang ist.

Hieraus ergibt sich notwendig die zweite Bedingung: Der Historiker kann seine Geschichte, d. h. seine deutende Erzählung immer nur im Hinblick auf ein Publikum finden. Schon seit der Historie von Herodot muß sich jeder Historiker daher immer fragen, für wen er etwas schreibt und warum er das tut. Geschichte lebt also immer von ihrer reflektierten Verbindung mit der Gesellschaft, ihr Deutungsangebot richtet sich an Adressaten, die sich mit ihr auseinandersetzen, die sich von ihr befruchten lassen oder die sie verwerfen.

Geschichte entsteht also niemals durch die »Ordnung der Archive der Vergangenheit«, wie Theodor Mommsen, einer der größten Historiker des 19. Jahrhunderts, in seinen späteren Tagen das Geschäft des Historikers beschrieben hat. Geschichte besteht auch nicht in einem nostalgischen Reliquienkult, sondern ist ein stets individueller schöpferischer Akt in der Verbindung und im Austausch mit der Gesellschaft als ganzer. Theodor Mommsen selbst lebt als Historiker bis heute fort durch eine solche große Schöpfung, seine seit 1854 erschienene »Römische Geschichte«. Über Jahrzehnte hin erreichte dieses Werk breiteste Leserschichten, und Mommsen wurde dafür 1902 zu Recht mit dem Nobelpreis für Literatur geehrt. Mommsens Rezeption der römischen Vergangenheit war entstanden unter dem Eindruck der nationalliberalen Bewegung und der Revolution von 1848, und sein Bild der römischen Geschichte artikulierte, was die Menschen in jenen Jahren bewegte.

Jede gelungene Geschichte, die durch ihre Sinndeutung die Köpfe und Herzen der Menschen erreicht, ist, obwohl sie ganz aus dem Boden der eigenen Zeit hervorgeht, doch unvergänglich und von nie versiegender Neuheit. Sie birgt daher ihrerseits einen Kraftquell für neuerliche Rezeptionen. Alle großen Geschichtsschreiber Europas haben dies gewußt: Geschichte liegt nur in dem, was noch nach zweitausend, tausend oder hundert Jahren zu neuem Leben erweckt werden kann, also in der Gegenwart lebt. Zu Geschichte wird niemals nur deswegen etwas, weil es vor langer oder kurzer Zeit einfach einmal da war.

Einen solchen stets lebendig bleibenden Wendepunkt für das geistige Leben Deutschlands und Europas stellt das Werk von Johann Joachim Winckelmann dar. Es liegt für uns heute fast genau zweihundertfünfzig Jahre zurück und hat nichts weniger bewirkt, als daß den Griechen ein völlig neuer Platz auf der geistigen Landkarte Europas eingezeichnet wurde, ein Ort, den sie im Prinzip immer noch einnehmen.

WINCKELMANNS LEBEN: DER WEG ZUR NACHAHMUNG DER GRIECHEN

Johann Joachim Winckelmann lebte von 1717 bis 1768. Sein Werdegang hat bis heute nichts von seiner Faszination verloren, und sein Werk macht ihn zu einer der größten Gestalten des 18. Jahrhunderts. Seine säkulare Bedeutung und seine geradezu revolutionäre Wirkung liegen darin, daß er der Initiator und Wegbereiter der sogenannten deutschen Klassik gewesen ist. Deren herausragende Vertreter, Friedrich von Schiller (1759–1805) und Johann Wolfgang von Goethe (1749–1832), haben im letzten Jahrzehnt des 18. Jahrhunderts das zuerst von Winckelmann unter Rückgriff auf die antiken Griechen erblickte Ideal einer neuen Humanität in ihren Schriften und Dichtungen weiter ausgearbeitet. Dadurch wurde es zur Grundlage einer breiten geistigen und kulturellen Bewegung. Ihre Zentren befanden sich in Dresden, Jena, Weimar und Berlin, und sie ist außer mit Schiller und Goethe verbunden mit Philosophen wie etwa Johann Gottlieb Fichte (1762–1814), 1810 der erste Rektor der neuen Berliner Universität, und Friedrich Schleiermacher (1768–1834), dem wir die bis heute am meisten benutzte Übersetzung der Werke Platons verdanken, mit Schriftstellern und Dichtern wie etwa August Wilhelm Schlegel (1767–1845), der Shakespeare übersetzt und in Deutschland heimisch gemacht hat, und seinem Bruder Friedrich Schlegel (1772–1829), der den ersten modernen Roman geschrieben hat, mit Wilhelm von Humboldt (1767–1835), der die bis heute lebendige Idee der Universität entwickelt hat, Heinrich von Kleist (1777–1811) und Friedrich Hölderlin (1770–1843), die die deutsche Sprache bis zur höchsten Vollendung gebracht haben, mit Künstlern und Baumeistern wie etwa Christian Daniel Rauch (1777–1857), dessen Denkmal für Friedrich den Großen ein Maßstab für Geschichtskultur ist, Johann Gottfried Schadow (1764–1850), dessen bezaubernde Skulpturen die griechische Plastik wieder auferstehen lassen und Karl Friedrich Schinkel (1781–1841), ohne dessen grandiose stadtbauliche und architektonische Entwürfe Berlin bis heute nicht das wäre, was es ist. Das sind nur einige herausragende Namen.

Mit ihnen befinden wir uns in diesen Jahrzehnten an einer ganz entscheidenden Stelle der geistigen Entwicklung Europas. Denn dieser klassizistische und frühromantische Aufbruch hat auch auf ganz Europa ausgestrahlt und in Deutschland die Kultur des 19. Jahrhunderts entscheidend geprägt. Wesentlich war insbesondere das Werk Wilhelms von Humboldt (1767–1835), der das an der Antike gewonnene humanistische Menschenbild zu einem allgemeinen Bildungsziel erhob. Dieses begründete die Tradition des humanistischen Gymnasiums und, auf diesem fußend, die spezifische Idee der deutschen Universität, die im Laufe des 19. Jahrhunderts zum Vorbild für die ganze Welt wurde und um deren Relevanz heute gestritten wird.

Diese ganze geistige Entwicklung und Bewegung mutet recht erstaunlich an, wenn man sich die desolaten politischen Zustände in Deutschland im späteren 18. Jahrhundert vor Augen führt. Und an ihrem Anfang steht eben jener Winkelmann. Angesichts der von ihm heraufgeführten epochalen geistigen Wende wiegt es fast weniger, daß er durchaus auch ganz konkret als Gründungsheros zweier Wissenschaften, der Archäologie und der Kunstgeschichte, in Anspruch genommen werden kann. Und was die Geschichte selbst angeht, so hat Winkelmann diese zwar nicht als Wissenschaft gegründet – das war erst Anfang des 19. Jahrhunderts Barthold Georg Niebuhr. Gleichwohl darf Winckelmann auch als einer der großen Geschichtsschreiber in seinem Jahrhundert gelten.

Vor dem Hintergrund ihrer überragenden Bedeutung tritt das Faszinierende der Persönlichkeit Winckelmanns, seiner Herkunft und seines Lebensweges um so deutlicher hervor. Winckelmann stammte aus Stendal in der Altmark, einer zeitweise durchaus wohlhabenden, der Hanse angehörigen Handels- und Agrarstadt, nordwestlich von Magdeburg in der Nähe der Elbe. Winckelmanns Geburt am 9. Dezember 1717 fiel in eine Zeit bitterer Armut. Sie wurde in den Verhältnissen, unter denen Winckelmann aufwuchs, besonders fühlbar. Er war der Sohn eines kränklichen Schusters, geachteter Leute gewiß, doch nichts von dem, was er einst leisten sollte, war ihm in die Wiege gelegt. Seine Begabung, vor allem im Sprachlichen, wurde zufällig entdeckt. So konnte er die örtliche Lateinschule besuchen, deren Rektor sein Talent erkannte und förderte. 1735, siebzehnjährig, wurde er nach Berlin geschickt und besuchte dort das Cöllnische Gymnasium. Von dessen Konrektor wurde er im Griechischen unterrichtet, lernte erstmals Homer und Pindar kennen.

Winckelmanns Schulbildung endete nach einem weiteren Jahr 1737 im Gymnasium von Salzwedel.

1738 bis 1740 studierte er Theologie in Halle, offiziell jedenfalls, denn dies war für einen mittellosen jungen Mann die einzige Möglichkeit, eine finanzielle Unterstützung für das Studium zu erhalten. Doch tatsächlich widmete er sich intensiv der Philosophie und der Ästhetik. Das kurze Studium endete nach zwei Jahren pro forma mit einem theologischen Examen. Es folgte ein Jahr als Hauslehrer, doch Winckelmann wollte sich damit nicht zufriedengeben. In Jena nahm er 1741 bis 1742 ein naturwissenschaftliches Studium auf, aber das blieb ein Suchen ohne Ergebnis. Noch einmal wird er Hauslehrer in der Nähe von Magdeburg, bevor er seit 1743 für fünf Jahre sein Leben als Konrektor einer Lateinschule in Seehausen, südlich von Bad Frankenhausen am Kyffhäuser, fristet. Dies war gemessen an der Herkunft ein Aufstieg in eine bessere Welt, auch wenn der Schulmeister jener Zeit im allgemeinen noch eine vergleichsweise inferiore Position einnahm. Winckelmann empfand seine Stellung aber vor allem als demütigend, der Unterricht erfüllte seine hohen Ansprüche nie, er zog sich die Feindschaft seiner spießigen und engstirnigen Kollegen und der Geistlichkeit zu. In seiner völligen Vereinsamung flüchtete er sich, ausgestattet nur mit dürftigen Mitteln, in ein rastloses Studium der antiken Texte.

Da erhielt der Frustrierte und nach seinem Empfinden am Leben Gescheiterte, eben dreißig geworden, die Chance seines Lebens, und er ergriff sie sofort. Über ehemalige Studienfreunde war er empfohlen worden und erhielt vom Reichsgrafen von Bünau das Angebot, zu ihm als Bibliothekar nach Schloß Nöthnitz bei Dresden zu kommen. Bünau arbeitete an einer groß angelegten deutschen Kaiser- und Reichsgeschichte, das erste Unternehmen dieser Art übrigens, und Winckelmann sollte dafür Zuarbeit leisten. Das war für ihn keine Schwierigkeit, und mit dem immensen Fleiß, der ihm eigen war, konnte er in einer der größten Privatbibliotheken jener Zeit auch seinen eigenen Interessen und Neigungen ausgiebig nachgehen. Das brachte ihn notwendigerweise in Kontakt mit Dresden selbst und seinen bedeutenden Kunstsammlungen am Hof des Kurfürsten von Sachsen. Er wurde mit einer Reihe von Künstlern, Fachleuten und hohen Geistlichen bekannt und siedelte schließlich 1754 für ein Jahr nach Dresden um.

Die Wende, die Winckelmanns Leben genommen hatte, trug 1755 sichtbare Früchte in seinem ersten, dem sächsischen Kurfürsten gewidmeten Werk »Gedanken über die Nachahmung der griechischen Werke in der Malerei und

Bildhauerkunst«. Es ist ein schmales Bändchen, aber es enthält einen Gedanken von großer Reichweite: Die Entdeckung der Griechen als Ideal einer besseren Welt. Die Schrift wurde das Gründungsmanifest eines neuen Geistes, der unter Berufung auf die Antike die Welt verändern sollte: ästhetisch, sittlich und politisch. Wie ein Lauffeuer verbreiteten sich die Thesen Winckelmanns in Europa und machten ihren Urheber mit einem Schlage berühmt.

Noch im gleichen Jahr 1755 erhielt Winckelmann ein großzügiges Stipendium des sächsischen Kurfürsten, das ihm eine unabhängige Gelehrtenexistenz ermöglichen sollte. Auf Vermittlung des päpstlichen Nuntius begab sich Winckelmann, der mittlerweile zum Katholizismus konvertiert war, nach Rom. Seit etwa 150 Jahren, seit der Gegenreformation und der Gründung des Jesuitenordens, war Rom die Hauptstadt des Barock. Die barocke Formensprache dominierte seit der ersten Hälfte des 17. Jahrhunderts die Architektur und Bildhauerei, die Malerei und die Musik. Zugleich war Rom aber auch der einzige Ort, an dem Winckelmann der Hinterlassenschaft jener Welt unmittelbar begegnen konnte, die für ihn der Bezugspunkt seiner geschichtlichen Vision war: der Antike. Hier begegnete Winckelmann erstmals der ganzen Fülle der Zeugnisse antiker Kunst, deren Vorbildlichkeit er in seiner Erstlingsschrift kühn behauptet hatte – ein Leitmotiv, unter das er die letzten dreizehn Jahre seines Lebens stellen sollte:

> Der einzige Weg für uns, groß, ja, wenn es möglich ist, unnachahmlich zu werden, ist die Nachahmung der Alten.
> (Johann Joachim Winckelmann: Gedanken über die Nachahmung der griechischen Werke in der Malerei und Bildhauerkunst (1755). Hrsg. v. Ludwig Uhlig. Stuttgart 1995, S. 4)

Winckelmann proklamiert nicht die Idee einer völlig neuen, im Niemandsland der Utopie liegenden Zukunft. Im Gegenteil: Er ruft dazu auf, in die Tiefe der Zeiten hinabzusteigen und sich durch nachahmende Erneuerung der Antike für die eigene Zukunft frei zu machen. Das klingt nur scheinbar paradox; darin steckt vielmehr die gedankliche Grundfigur jeder rezeptiven Erschaffung von Geschichte seit den Tagen ihres Erfinders, des Herodot von Halikarnassos in der Mitte des 5. Jahrhunderts v. Chr.

Daß aus der »Nachahmung« Winckelmanns mit der Entstehung des Historismus der unwahrhaftige und blutleere Klassizismus des 19. Jahrhunderts wurde, ist eine spätere Erscheinung und nimmt den Winckelmannschen

Gedanken im Nachhinein nichts von ihrer ursprünglich fulminanten Strahl- und Sprengkraft, die noch über ein halbes Jahrhundert lang von ihnen ausgingen. Winckelmann war ein wirklicher Revolutionär: Gegen die barocke Formenwelt, deren Ausdruck übersteigert und deren Inhalt durch ihre Bindung an Kirche und absolutistische Herrschaft diskreditiert waren, setzte er ein neues Bild der Kunst und ihrer Stellung in der Gesellschaft. In Übereinstimmung mit anderen Zeittendenzen, wie sie sich etwa bei Jean Jacques Rousseau finden, sollte die Kunst durch ihre Hinwendung zur Antike, für Winckelmann zur griechischen Antike, zu ihren Ursprüngen zurückkehren und dadurch frei und natürlich werden. In seiner »Nachahmung der griechischen Werke …« wird dieses Ziel in den leuchtendsten Farben vorgestellt.

> Unter einem so gemäßigten, und zwischen Wärme und Kälte gleichsam abgewogenen Himmel spürt die Kreatur einen gleichausgeteilten Einfluß desselben. Alle Früchte erhalten ihre völlige Reife, und selbst die wilden Arten derselben gehen in eine bessere Natur hinüber; so wie bei Tieren, welche besser gedeihen und öfter werfen. Ein solcher Himmel, sagt Hippokrates, bildet unter Menschen die schönsten und wohlgebildetesten Geschöpfe und Gewächse, und eine Übereinstimmung der Neigungen mit der Gestalt.
> (Johann Joachim Winckelmann: Erläuterung der Gedanken von der Nachahmung der griechischen Werke … (1756). Hrsg. v. Ludwig Uhlig. Stuttgart 1995, S. 78)

Winckelmanns weit ausgreifendes Denken, das in seiner Vergleichsmethodik ganz modern anmutet, zeigt die folgende Passage:

> Seht den schnellen Indianer an, der einem Hirsche zu Fuße nachsetzet: wie flüchtig werden seine Säfte, wie biegsam und schnell werden seine Nerven und Muskeln, und wie leicht wird der ganze Bau des Körpers gemacht. So bildet uns Homer seine Helden, und seinen Achilles bezeichnet er vorzüglich durch die Geschwindigkeit seiner Füße.
> (Johann Joachim Winckelmann: Gedanken über die Nachahmung … S. 6)

Das ist gewiß noch nicht im Sinne des 19. Jahrhunderts materialistisch gedacht. Aber es zeugt von Winckelmanns Einsicht, daß der Mensch, um zu sich selbst zurückzufinden, Lebensbedingungen benötigt, die so frei und natürlich sind, wie Winckelmann sie bei den Griechen vorzufinden glaubte. Auf sie beruft er sich daher, wenn er höfischem Zwang und einengender Äußerlichkeit den Kampf ansagt:

> Nach dem war der ganze Anzug der Griechen so beschaffen, daß er der bildenden Natur nicht den geringsten Zwang antat. Der Wachstum der schönen Form litte nichts durch die verschiedenen Arten und Teile unserer heutigen pressenden und klemmenden Kleidung, sonderlich am Halse, an den Hüften und Schenkeln.
> (Ebd.)

> In Griechenland aber, wo man sich der Lust und Freude von Jugend auf weihete, wo ein gewisser heutiger bürgerlicher Wohlstand der Freiheit der Sitten niemals Eintrag getan, da zeigte sich die schöne Natur unverhüllet zum großen Unterrichte der Künstler.
> (Johann Joachim Winckelmann: Gedanken über die Nachahmung … S. 8)

In der tonangebenden Welt des 18. Jahrhunderts interessierte man sich für die Antike lediglich als eines willkommenen Mediums der eigenen Repräsentation. Die Hinterlassenschaften der Antike füllten stolze Sammlungen oder waren dekorative Staffage für festliche öffentliche Auftritte, oder sie bildeten den Steinbruch für aus dem Zusammenhang gerissene Maximen der moralischen und politischen Erziehung. Winckelmann beendet diese Vergewaltigung. Er gibt die Antike sich selbst zurück. Er will ihre Kunstwerke um der Kunst und ihrer Schönheit willen. Diese Absage an die verlogene Künstlichkeit des Barock und Rokoko wurde von vielen Zeitgenossen als Befreiung zum Natürlichen schwärmerisch begrüßt.

Die Nachahmung der Griechen – das bedeutete für Winckelmann eine Neuschöpfung, einen Neuanfang aus dem Geist der griechischen Antike. Unter den einstigen Umständen der griechischen Geschichte, wie Winckelmann sie sah, konnte sich das Natürliche als das Vollkommene entwickeln. Daß die Griechen Vorbilder für die Gegenwart sein sollen, heißt nicht, daß man sie kopieren müsse. Nachahmung bedeutet vielmehr, den eigenen geschichtlichen Bedingungen entsprechend, das gefundene Ideal neu zu verwirklichen. So wird Geschichte weder zum Arsenal, aus dem sich die Gegenwart beliebig bedienen kann, noch zum utopischen Fluchtort, sondern zu einem für Gegenwart und Zukunft produktiven Bezugspunkt. Um auf den Kernsatz noch einmal zurückzukommen: der einzige Weg, unnachahmlich zu werden –

das heißt für Winckelmann eine eigenständige, zukunftshaltige Position zu gewinnen – führt über die Nachahmung der Alten, indem die geschichtliche Idee, die an ihnen zu erkennen ist, rekonstruiert wird. Diese gedankliche Grundfigur bestimmt Winckelmanns Bild der Griechen und seine Beschäftigung mit ihrer Kunst. Und eben darin besteht Winkelmanns Rezeption der Griechen, und diese erhalten dadurch eine neue Geschichte.

In Rom fand Winckelmann eine außerordentliche Resonanz. Schnell trat er in engen Kontakt mit allen Größen des Geisteslebens und wurde auch von den führenden Persönlichkeiten der päpstlichen Stadt umworben. Winckelmann verzichtete auf sein Stipendium aus der Heimat und trat in den Dienst verschiedener privater Bibliotheken, zuletzt der des Kardinals Alessandro Albani, des größten Antikensammlers in Rom. Durch dessen Vermittlung übertrug der Papst 1763 Winckelmann das Amt eines Oberaufsehers aller Altertümer in und um Rom. Der Mann, der aus dem Nichts kam, war binnen weniger Jahre zur Spitze der Gelehrtenwelt aufgestiegen und zur führenden Autorität in der Altertumskunde geworden. Dafür legen sein unermüdlich geführter Briefwechsel mit Gleichgesinnten in ganz Europa ebenso Zeugnis ab wie seine rastlose Sammler- und Entdeckertätigkeit in Rom und Italien oder seine Gabe, unzähligen ausländischen Besuchern der Ewigen Stadt deren antike Schätze nahe zu bringen. Das literarische Erzeugnis dieser Jahre in Rom war die 1764 publizierte »Geschichte der Kunst des Altertums«. Sie ist das erste Werk der modernen Kunstgeschichte und sicherte ihrem Autor bleibenden Ruhm.

Mehrere Reisen führten Winckelmann zu Arbeiten nach Florenz und wiederholt nach Neapel, Pompeji und Herculaneum. Im Frühjahr 1768 begibt er sich zusammen mit einem befreundeten Bildhauer auf eine lange aufgeschobene Reise nach Deutschland. Winckelmann kehrt aus bis heute ungeklärten Gründen schon in Regensburg um und begibt sich über München nach Wien, wo er Depeschen seines Kardinals an den Hof zu überbringen hatte. Winckelmann erfüllt diese Pflicht, empfängt kaiserliche Ehrungen und verläßt die Stadt so schnell er kann in Richtung Triest. Dort wollte er sich nach Ancona einschiffen. Doch dazu kommt es nicht mehr: am 8. Juni 1768 wird Winckelmann das Opfer eines Raubmordes. Die Hintergründe und Motive für die Bluttat sind bis heute umstritten und geben immer wieder zu neuen Spekulationen Anlaß. Dies nicht nur deswegen, weil Winckelmann als sozialer Emporkömmling in die höchsten gesellschaftlichen und politischen Kreise eingedrungen war, sondern auch, weil Winckelmann als Homosexueller zeitlebens in einer Situation großer geistiger und nervlicher Anspannung lebte.

WIRKUNGEN AUF DIE NACHWELT

Praktisch unmittelbar nach Winckelmanns Tod setzte eine geradezu heroische Verehrung des früh Verstorbenen ein. Johann Wolfgang von Goethe hat im Abstand eines halben Jahrhunderts die Reaktionen auf Winckelmanns Tod festgehalten, wie er sie als fast neunzehnjähriger Student in Leipzig miterlebt hatte:

> Bei allen Bemühungen jedoch, welche sich auf Kunst und Altertum bezogen, hatte jeder stets Winckelmann vor Augen, dessen Tüchtigkeit im Vaterlande mit Enthusiasmus anerkannt wurde. Wir lasen fleißig seine Schriften und suchten uns die Umstände bekannt zu machen, unter welchen er die ersten geschrieben hatte (...). Winckelmann genoß einer solchen allgemeinen, unangetasteten Verehrung, und man weiß, wie empfindlich er war gegen irgend etwas Öffentliches, das seiner wohlgefühlten Würde nicht gemäß schien. Alle Zeitschriften stimmten zu seinem Ruhme überein, die besseren Reisenden kamen belehrt und entzückt zurück, und die neuen Ansichten, die er gab, verbreiteten sich über Wissenschaft und Leben. Der Fürst von Dessau [Leopold III. Friedrich Franz von Anhalt – Dessau, 1751–1817] hatte sich zu einer gleichen Achtung emporgeschwungen (...). Nun vernahmen wir jungen Leute mit Jubel, daß Winckelmann aus Italien zurückkehren, seinen fürstlichen Freund besuchen, unterwegs bei Öser [dem Maler Adam Friedrich Öser, 1717–1799] eintreten und also auch in unseren Gesichtskreis kommen würde. Wir machten keinen Anspruch, mit ihm zu reden; aber wir hofften ihn zu sehen, und weil man in solchen Jahren einen jeden Anlaß gern in eine Lustpartie verwandelt, so hatten wir schon Ritt und Fahrt nach Dessau verabredet (...).
>
> Öser war selbst ganz exaltiert, wenn er nur daran dachte [Winckelmann stand in seinen Dresdener Jahren in sehr engem Kontakt mit Öser], und wie ein Donnerschlag bei klarem Himmel fiel die Nachricht von Winckelmanns Tode zwischen uns nieder (...).
>
> Dieser ungeheure Vorfall tat eine ungeheure Wirkung, es war ein allgemeines Jammern und Wehklagen, und sein frühzeitiger Tod schärfte die Aufmerksamkeit auf den Wert seines Lebens. Ja vielleicht wäre die Wirkung seiner Tätigkeit, wenn er sie auch bis in ein höheres Alter fortgesetzt hätte, nicht so groß gewesen, als sie jetzt werden mußte, da er, wie mehrere außer-

ordentliche Menschen, auch noch durch ein seltsames und widerwärtiges Ende vom Schicksal ausgezeichnet worden.
(J. W. v. Goethe, Dichtung und Wahrheit, Teil 2, achtes Buch, 1812. Goethe, Werke Hrsg. v. F. Apel u. a. Bd. 5. Frankfurt a. M. 1998, S. 295–297)

»Wen die Götter lieben, der stirbt jung«, nach diesem antiken Wort bewertet Goethe Winckelmanns Tod, der nicht nur für diesen selbst, sondern auch für die Nachwelt in gewissem Sinne ein Glück gewesen sei, wie Goethe bereits Jahre zuvor in einer anderen Stellungnahme geäußert hat:

> Nun genießt er (Winckelmann) im Andenken der Nachwelt den Vorteil, als ein ewig Tüchtiger und Kräftiger zu erscheinen: denn in der Gestalt, wie der Mensch die Erde verläßt, wandelt er unter den Schatten, und so bleibt uns Achilles als ewig strebender Jüngling allgegenwärtig. Daß Winckelmann früh hinwegschied, kommt auch uns zugute. Von seinem Grabe her stärkt uns der Anhauch seiner Kraft und erregt in uns den lebhaftesten Drang, das, was er begonnen, mit Eifer und Liebe fort und immer fortzusetzen.
> (J. W. v. Goethe, Winckelmann, 1805. Goethes Werke. Hamburger Ausg. Bd. 12, S. 129)

WINCKELMANN ALS GRÜNDER EINER NEUEN ALTERTUMSKUNDE

Was war es, das Goethe zu solchem Eifer in der Nachfolge Winckelmanns anspornte? Zunächst einmal gewiß nicht das, wofür Winckelmanns Name bis heute nach allgemeinem Verständnis hauptsächlich steht: die Begründung der neuen Wissenschaften der Archäologie und Kunstgeschichte. Das Hauptwerk entwickelt auf relativ knappem Raum den großen Wurf einer neuen Geschichte der Kunst des Altertums. Mit ihr hat er die Beschäftigung mit der antiken Kunst auf völlig neue Grundlagen gestellt.

Denn noch bis zu Winckelmanns Zeit bestand das Interesse an antiker Kunst und damit an der Antike überhaupt darin, Einzelstücke oder Einzelheiten zusammenzutragen, die man für bedeutend hielt, weil sie dem jeweiligen individuellen Geschmack oder einer bestimmten politisch-moralischen Absicht im Rahmen der Zeitströmungen entsprachen. Soweit sich die Kunstwerke nicht durch wundersamen Zufall über die Jahrhunderte erhalten hatten, suchte man mehr oder weniger zufällig und wahllos nach ihnen und betrieb das, was man aus heutiger Sicht als Raubgräberei bezeichnen muß. Die reichen, in der Regel adligen Sammler konnten dabei schon auf einen Kunsthandel zurückgreifen. Schon seit der Renaissance wurden die Paläste, Schlösser und Villen mit antiken Statuen und Keramikgefäßen ausgestattet. Die Antike bildete den Schmuck für ein standesgemäßes Ambiente. Besonders konnten sich dabei natürlich die hervortun, die den ersten Zugriff auf die antiken Werke hatten: die geistlichen und weltlichen Fürsten Italiens und besonders in Rom, die auf diese Weise zu Antiquaren wurden, die die Schätze der Antike sammelten und bewahrten.

Das war die Situation, auf die Winckelmann in Rom traf, und die Dienste, die er in mehreren großen Häusern geleistet hat, galten eben der Aufgabe, in die immer mehr anschwellende Fülle des Gesammelten Ordnung zu bringen. Winckelmann hat sich dieser Arbeit vollkommen hingegeben, zuletzt für längere Zeit in der Villa des Kardinals Albani. Da er seit seinen Dresdener Jahren zugleich von seiner Idee erfüllt war, verstand er seine Aufgabe freilich über alles Pragmatische hinaus als eine intensive Auseinandersetzung mit den »Schöpfungen der Alten« und gelangte so zu seinem fundamentalen Neuansatz.

Wurde die antike Hinterlassenschaft bislang als weitgehend einheitlicher Block ohne historische Differenzierung angesehen, so hat Winckelmann als erster versucht, eine kunstgeschichtliche Entwicklung zu rekonstruieren, in die die einzelnen Werke nach formal-ästhetischen Merkmalen eingeordnet wurden. Mit hochsensiblem Blick hat Winckelmann in der verwirrenden Fülle des Überkommenden eine übergreifende Ordnung erkannt. Er überwand das bisher rein additive Sammlungsverfahren, das nach Gesichtspunkten erfolgte, die an die Kunstwerke von außen herangetragen wurden. Winckelmann las der Formensprache der Kunstwerke selbst die maßgeblichen Ordnungskriterien ab. Die Brille, derer er sich dabei bediente, ließ ihn eine Dynamik organischen Wachstums und Verfalls erkennen, in der das einzelne Kunstwerk seinen Platz fand.

Winckelmann unterschied vier Stufen der Kunstentwicklung: den älteren Stil, den hohen Stil (die Klassik des 5. und 4. Jahrhunderts v. Chr.), den schönen Stil (Höhepunkt in der 2. Hälfte des 4. Jahrhunderts) und den Stil der Nachahmung, d. h. eine lange Zeit des Niedergangs und Verfalls (den größten Teil des Hellenismus sowie die römische Kunst). Diese Entwicklungsgeschichte der Kunststile ist rein methodisch-strukturell bis heute verbindlich und hat in der Folge weit über den rein künstlerischen Bereich hinaus maßgeblich das ebenfalls bis heute kanonische Periodisierungsmodell der antiken

Geschichte bestimmt. Andere bleibende Leistungen Winckelmanns waren etwa seine Versuche, erstmals griechische Originale und römische Kopien zu unterscheiden oder auch ein neues Verständnis der Darstellungsgegenstände, die für ihn zu Recht primär dem griechischen Mythos, und nicht der römischen Geschichte entstammten.

Nach mehr als zweihundert Jahren klingen in den heutigen Ohren natürlich die meisten der Winckelmannschen Begriffe und Urteile gleichsam naiv und geradezu unwissenschaftlich. Seine Gliederungskategorien sind längst durch eine andere Fachterminologie ersetzt worden (archaisch, klassisch, hellenistisch, römisch). Insbesondere wird die von Winckelmann gesehene parabelförmige Entwicklungslinie von Wachstum, Blüte im goldenen Zeitalter des Phidias und einem langen Verfall der antiken Kunst und des antiken Lebens heute in dieser Form gewiß nicht mehr geteilt. Jeder Epoche und jeder künstlerischen Äußerung soll ihr eigenes Recht zugestanden werden. Doch muß man sich für eine zutreffende Beurteilung von Winckelmanns Leistung klarmachen, wie groß und einschneidend dieser erste Schritt gewesen ist, überhaupt erst einmal ein allgemeines und methodisch überprüfbares Ordnungsinstrument geschaffen zu haben. Eben dies markiert den Beginn einer neuen, nämlich wissenschaftlichen Form der Auseinandersetzung mit der Antike. Und darum gründet die Altertumskunde bis heute in Winckelmanns Tat.

DIE GRIECHEN ALS VORBILD FÜR EIN ERNEUERTES GEMEINWESEN AUS DEM GEIST DER FREIHEIT

Der in der »Geschichte der Kunst des Altertums« niedergelegte epochemachende Ordnungsentwurf allein kann jedoch die Wirkung Winckelmanns auf ein ganzes Jahrhundert nicht erklären – den enormen Widerhall seines Wirkens, die Hinwendung einer ganzen Gesellschaft zu den Griechen, die Gräzisierung ihres Lebensstils in Malerei und Architektur, in Gartenbau und Möbelkunst, in Tischsitten und Kleidermode. Ausschlaggebend dafür war, daß Winckelmanns wissenschaftliche Leistung mit entschiedenen Überzeugungen und Werturteilen einherging. Sie bargen die Vision einer neuen und besseren Welt, die durch eine Revolution der gesellschaftlichen Moral herbeigeführt werden sollte. Deren Grundwerte hießen Schönheit, Natur und Freiheit. Winckelmann betonte, daß die künstlerische Leistung der Griechen in engem Zusammenhang mit der freiheitlichen Ordnung ihres Zusammenlebens gestanden habe.

> Die Ehre und das Glück des Künstlers hiengen nicht von dem Eigensinne eines unwissenden Stolzes ab, und ihre Werke waren nicht nach dem elenden Geschmacke, oder nach dem übel geschaffenen Auge eines durch die Schmeicheley und Knechtschaft aufgeworfenen Richters, gebildet, sondern die weisesten des ganzen Volks urtheileten und belohneten sie, und ihre Werke, in der Versammlung aller Griechen.
> (Johann Joachim Winckelmann: Geschichte der Kunst des Alterthums. (Dresden 1764). Hrsg. v. Adolf H. Borbein u. a. Mainz 2002, S. 226/228)

Die Folie dafür bildet also das Bild der eigenen verhaßten gesellschaftlichen und politischen Zustände. Demgegenüber wird die Freiheit als entscheidender Grundzug der griechischen Lebensordnung von Winckelmann emphatisch gefeiert:

> In Absicht der Verfassung und Regierung von Griechenland ist die Freyheit die vornehmste Ursache des Vorzugs der Kunst. Die Freyheit hat in Griechenland allezeit den Sitz gehabt (…).
> Durch die Freyheit erhob sich, wie ein edler Zweig aus einem gesunden Stamme, das Denken des ganzen Volks.
> (Johann Joachim Winckelmann: Geschichte der Kunst … S. 218/222)

Wer wollte, konnte in solchen Sätzen nichts Geringeres lesen als einen Aufruf zur Überwindung der spätabsolutistischen Herrschaft und ein Bekenntnis zur politischen Mündigkeit des Bürgers. Doch mußte dies in den Augen Winckelmanns nicht notwendig zur Revolution führen. So hat es denn auch schon eine Generation vor den Ereignissen in Frankreich und natürlich erst recht nach diesen in manchen deutschen Ländern Reformbestrebungen gegeben.

Der vielleicht Reformwilligste der deutschen Landesfürsten war Franz von Anhalt-Dessau (1751–1815), der mit Winckelmann eng bekannt und von ihm tief beeindruckt war. Fünf Monate lang ließ er sich zusammen mit seinem Baumeister Friedrich Wilhelm von Erdmannsdorff von Winckelmann durch Italien führen. Dieses Erlebnis der Antike fand seinen bleibenden Ausdruck in dem von Erdmannsdorff geschaffenen Gesamtkunstwerk des Parks von Wörlitz bei Dessau, mit dem in Deutschland zum ersten Mal der barocke Repräsentationsgeschmack verabschiedet wurde und in dem Naturschönheit und antike Kunst eine enge Verbindung eingingen. Das kleine Fürstentum selbst sollte in ein Musterland verwandelt werden, in dem eine Vielzahl von Reformen verwirklicht wurde, die den Schritt in eine neue Zukunft eröffneten: Wirtschafts- und Verwaltungsreformen, Bauernbefreiung, soziale Sicherheit für die Arbeiter, bürgerliche Kultur, Judenemanzipation, allgemeine Volkserziehung. Überall ist bei den neuen Einrichtungen der Einfluß von Winckelmanns idealistisch verklärender Griechenschau spürbar. So waren etwa Leibesübungen ein wichtiger Bestandteil im Erziehungsprogramm des »Philanthropin«, und an einem Nationalfest versuchten die Dessauer Winckelmann-Schüler ein Olympia en miniature mit Pferderennen und Wettlauf der Burschen und Mädchen wiederzubeleben. Es ist schwer zu beurteilen, inwieweit solche geradezu idyllisch anmutenden Wege in die neue Zukunft auch in Machtstaaten wie Preußen oder Sachsen eine Chance gehabt hätten. Immerhin: zwanzig Jahre nach Winckelmanns Tod fegte für fast eine Generation der Sturm der Revolution über Europa hinweg; und danach bestand eine der Wurzeln, aus denen das neue Preußen sich erhob, im Rückbezug auf die Antike aus dem Geiste Winckelmanns, dessen Idee in der deutschen Klassik weiterlebte.

ÄSTHETISCHE ERZIEHUNG: DAS ERLEBNIS DES SCHÖNEN

Die praktischen Wirkungen von Winckelmanns Werk reichten also weit ins Politisch-Staatliche hinein. Sie offenbaren, daß im Zentrum von Winckelmanns Auseinandersetzung mit der antiken Kunst nicht die Verbesserung unserer Kenntnisse oder ein wissenschaftliches Ordnungsideal standen, sondern das politische Ideal des Strebens nach menschenwürdigeren Lebensverhältnissen auf der Grundlage einer radikalen ethischen Umkehr. Die Griechen Winckelmanns verkörpern also das Ideal eines goldenen Zeitalters. In dessen Kunstwerken und ihrer Schönheit spiegelt sich die aus dem Geiste der Freiheit geborene sittliche Vollkommenheit. Die Idee des Schönen ist, so hatte schon Platon gedacht, nichts anderes als die Idee des sittlich Vollkommenen. Winckelmanns Deutung der Ästhetik der Kunstwerke ist nicht zu trennen von seiner Forderung nach moralischer Erneuerung.

> Ich schreibe von Dingen, die zur Erleuchtung unserer Nation und zum guten Geschmack beitragen, und nicht Sachen, die bloße Gelehrsamkeit betreffen. (Johann Joachim Winckelmann, zit. n. Hellmut Sichtermann: Kulturgeschichte der Klassischen Archäologie. München 1996, S. 91)

Die griechischen Kunstwerke stellten deswegen künstlerische Vorbilder dar, weil sie zugleich Vorbilder für das Leben in der Gegenwart sein sollten. An griechischer Kunst war zu lernen, wie und wofür der Mensch zu leben habe. Nach Winckelmann verlangte daher die Betrachtung der Kunstwerke und die Empfindung ihrer Schönheit, daß der ganze Mensch mit seiner physischen, moralischen und geistigen Natur ergriffen wurde.

> Man lernt nicht, wenn man ihn [Winckelmann] liest, aber man wird etwas. (J. W. v. Goethe, Gespräche mit Eckermann, 16. 2. 1827. Goethe. Münchener Ausg. Bd. 19, S. 217)

So hat Goethe 1827, mehr als ein halbes Jahrhundert nach Winckelmanns Tod, an dessen umfassenden Bildungsanspruch erinnert.

Die Vereinigung von gefühlsmäßigen mit moralisch urteilenden und kritisch kognitiven Elementen steigert die Kunstbetrachtung zum Kunsterlebnis. Diese neue Form einer ästhetischen Erziehung stieß schon zu Winckelmanns Lebzeiten auf breite Resonanz und wurde zu einem Kernstück der deutschen Klassik. Besonders zwei exemplarische Beschreibungen Winkelmanns von Kunstwerken im Vatikan wurden rasch berühmt. Es handelt sich um den Torso im Belvedere – einem Teil der Vatikanischen Museen – und eine ebenfalls dort befindliche Apollostatue. Über diese hat Winckelmann eine Beschreibung verfaßt, über die er sich brieflich, wie folgt, geäußert hat:

> Die Beschreibung des Apollo erfordert den höchsten Stil, eine Erhebung über alles was menschlich ist.

Abb. 1: Apollon vom Belvedere

Es ist unbeschreiblich, was der Anblick desselben für eine Wirkung macht. (Johann Joachim Winckelmann: An Francke, 20. März 1756. – In: Ders.: Briefe aus Rom. Ausgew. v. Martin Disselkamp. Mainz 1997, S. 55)

Der Text umfaßt insgesamt etwa nur eine Seite, er enthält aber in gedrängtester Form Winckelmanns Vision des Griechentums.

Gehe mit deinem Geiste in das Reich unkörperlicher Schönheiten«, so wird der Leser aufgefordert, »und versuche ein Schöpfer einer Himmlischen Natur zu werden, um den Geist mit Schönheiten, die sich über die Natur erheben, zu erfüllen: denn hier ist nichts Sterbliches, noch was die Menschliche Dürftigkeit erfordert.

Winckelmanns ästhetisches Sensorium erfaßt die sinnliche Ausstrahlung, die von der Figur ausgeht. Er sieht in ihr die Schönheit aller Götterdarstellungen vereinigt:

Eine Stirn des Jupiters, die mit der Göttinn der Weisheit schwanger ist [bezieht sich auf die Kopfgeburt der Athena], und Augenbranen, die durch ihr Winken ihren Willen erklären: Augen der Königinn der Göttinnen, mit Großheit gewölbet, und ein Mund, welcher denjenigen bildet, der dem geliebten Branchus die Wollüste einflößet [der Seher Branchus wurde von Apollon geliebt]. Sein weiches Haar spielet wie die zarten und flüßigen Schlingen edler Weinreben, gleichsam von einer sanften Luft bewegt, um dieses göttliche Haupt: es scheint gesalbet mit dem Oel der Götter, und von den Gratien mit holder Pracht auf seinem Scheitel gebunden.

Die ästhetischen Einzelbeobachtungen verdichten sich zu großen Vorstellungen über das Wesen des Dargestellten:

Ein ewiger Frühling, wie in dem glücklichen Elysien, bekleidet die reizende Männlichkeit vollkommener Jahre mit gefälliger Jugend, und spielet mit sanften Zärtlichkeiten auf dem stolzen Gebäude seiner Glieder. (...) Keine Adern noch Sehnen erhitzen und regen diesen Körper, sondern ein Himmlischer Geist, der sich wie ein sanfter Strohm ergossen, hat gleichsam die ganze Umschreibung dieser Figur erfüllet. Er hat den Python, wider welchen er zuerst seinen Bogen gebraucht, verfolget, und sein mächtiger

Schritt hat ihn erreichet und erleget. Von der Höhe seiner Genugsamkeit geht sein erhabener Blick, wie ins Unendliche, weit über seinen Sieg hinaus. Verachtung sitzt auf seinen Lippen, und der Unmuth, welchen er in sich zieht, blähet sich in den Nüssen seiner Nase, und tritt bis in die stolze Stirn hinauf. Aber der Friede, welcher in einer seligen Stille auf derselben schwebet, bleibt ungestört, und sein Auge ist voll Süßigkeit, wie unter den Musen, die ihn zu umarmen suchen.

Der Ton, auf den die ganze Beschreibung gestimmt ist, ihr hoher Stil, machen deutlich, daß es Winckelmann bei aller Präzision der Beobachtungen in den Einzelformen nicht um nüchternes Betrachten oder um vordergründigen Genuß geht, sondern um die Formulierung des Anrufs, den er bei der Betrachtung der Statue zu vernehmen glaubt. Vergleichbar einer religiösen Kontemplation fühlt er sich denn auch als Person ganz in das an der Statue Gesehene einbezogen.

> Ich vergesse alles andere über dem Anblicke dieses Wunderwerks der Kunst, und ich nehme selbst einen erhabenen Stand an, um mit Würdigkeit anzuschauen. Mit Verehrung scheint sich meine Brust zu erweitern und zu erheben, wie diejenigen, die ich vom Geiste der Weißagung aufgeschwellet sehe, und ich fühle mich weggerückt nach Delos und in die Lykischen Hayne [Delos ist die Geburtsstätte Apollons, in Lykien liegt das Apollon-Heiligtum von Patara], Orte, welche Apollo mit seiner Gegenwart beehrete: denn mein Bild scheint Leben und Bewegung zu bekommen, wie des Pygmalions Schönheit. Wie ist es möglich, es zu malen und zu beschreiben. Die Kunst selbst müßte mir rathen, und die Hand leiten, die ersten Züge, welche ich hier entworfen habe, künftig auszuführen. Ich lege den Begriff, welchen ich von diesem Bilde gegeben habe, zu dessen Füßen, wie die Kränze derjenigen, die das Haupt der Gottheiten, welche sie krönen wollten, nicht erreichen konnten.
> (Johann Joachim Winckelmann: Geschichte der Kunst ... S. 780)

Für den heutigen Leser ist es nicht ohne weiteres nachzuvollziehen, daß diese Zeilen Winckelmanns eine wahre ästhetische Revolution hervorgerufen haben. Denn wir sind es gewohnt, die Wirkungen dieser Prosa nur in der neuen deutschen Sprache bei Herder, Goethe oder Hölderlin wahrzunehmen. Denn Winckelmanns neues Deutsch ist in der Sprache der deutschen Klassik gleichsam aufgehoben. Winckelmann war sich der ästhetischen Dimension seines eigenen Werks wohl bewußt. Nur ein neuer, das Erlebnis der Schönheit einfangender Stil zu Schreiben konnte dem hohen Stil der antiken Meisterwerke gerecht werden. So etwas aber war zu seiner Zeit ganz neu:

> Meine Absicht ist allezeit gewesen und ist es noch, ein Werck zu liefern, dergleichen in Deutscher Sprache in was vor Art es sey, noch niemahls ans Licht getreten, um den Ausländern zu zeigen, was man vermögend ist zu thun.
> (Johann Joachim Winckelmann: An Berendis, 15. May 1758. – In: Ders.: Briefe aus Rom. Ausgew. v. Martin Disselkamp. Mainz 1997, S. 97)

Winckelmanns Kunstgeschichte als authentischer Akt historischer Rezeption untermauert somit das eingangs genannte Gesetz der Geschichtsschreibung, »daß zum neuen Erleben eines geschichtlichen Inhalts immer auch das neue Wort gehört«, wie der Archäologe Ludwig Curtius es ausgedrückt hat. Die neue Deutung der künstlerischen Form und ihrer geschichtlichen Bedeutung erforderte eine neue Sprache der Beschreibung. Und diese steht, so der italienische Archäologe Bianchi Bandinelli, »weit über dem, was wir dann bei der folgenden Generation der Philologen finden, bei denen als Reaktion auf diese lyrische Schreibweise eine trockene und objektivierende Prosa in Gebrauch kommt, die sich aber durch besondere Langeweile und schlechten Stil auszeichnet und die bis heute noch nicht ausgemerzt ist.«

WAS BLEIBT

Bis zur deutschen Klassik im letzten Drittel des 18. Jahrhunderts war Winckelmann neben Rousseau der größte geistige Revolutionär dieses Jahrhunderts. Von seiner Kunstbetrachtung gingen tiefgreifende Wirkungen auf andere gesellschaftliche Bereiche aus, ja auf ein ganzes Weltbild. Sein Anliegen einer ästhetischen Erziehung, d. h. einer moralischen Verbesserung durch das Erleben von Schönheit in einer freien geistigen Atmosphäre hat seinen stärksten Widerhall in der deutschen Klassik – beispielhaft in Schillers »Briefen über die ästhetische Erziehung des Menschen« – gefunden und bleibt dort für alle Zeiten aufbewahrt.

An Winckelmanns Ideal der Begegnung mit antiker Kunst orientierte sich noch das ganze 19. Jahrhundert hindurch einer der Hauptwege der historischen Rekonstruktion der Antike. Allerdings wurde in zunehmendem Maße nur noch die eine Seite der von Winckelmann untrennbar zusammengehörig gedachten

Verbindung von Ästhetik und Ethik wahrgenommen. Das Ziel der moralischen Befreiung zur Mündigkeit, dessen revolutionäre Sprengkraft der etablierten bürgerlichen Gesellschaft nichts mehr zu sagen hatte, wurde ausgeblendet. Übrig blieb die ästhetische Kontemplation, die aber, ihres eigentlichen Zieles beraubt, zu subjektiver Unverbindlichkeit oder ideologischer Voreingenommenheit verkam. Hundert Jahre nach Winckelmann war das klassizistische Ideal – und wir dürfen dabei die Großen der Weimarer Klassik mit einschließen – zu jener kalten und lebensfremden Gipsklassik erstarrt, wie sie die öffentliche Kultur Deutschlands bis zum Ersten Weltkrieg und teilweise darüber hinaus noch bis in die 1950er Jahre geprägt hat. Gewissermaßen spiegelverkehrt zu dieser Entwicklung vollzog sich der Aufstieg der positivistischen Wissenschaften im Zeichen des Historismus. Aus deren Perspektive erscheint Winckelmanns Konzept bestenfalls als idealistische Schwärmerei, normalerweise wird es als unwissenschaftlich und für den wahren Gang der Wissenschaft irrelevant abgetan. Beide Entwicklungen zusammen aber, die innere Aushöhlung des von Winckelmann inaugurierten Klassizismus wie das unerhörte Fortschreiten spezialisierter Wissensbestände in den historischen Geisteswissenschaften, gewissermaßen mit viel Verstand, aber ohne jeden Sinn – dies beides hat uns in jene Sackgasse geführt, in der wir noch heute stehen.

Zum Glück hat es immer wieder hellsichtige Geister gegeben, die verstanden haben, was Winckelmann wollte, und die in der Lage waren, es für sich selbst produktiv wiederaufzunehmen. Zu ihnen gehören etwa Friedrich Nietzsche und Jacob Burckhardt im 19. Jahrhundert, im zwanzigsten etwa die Klassischen Philologen Werner Jaeger und Wolfgang Schadewaldt oder der Archäologe Ernst Buschor. Er hat 1932 das Bleibende an Winckelmanns Verständnis von Archäologie wie folgt formuliert:

> Die griechisch-römische [Archäologie] hat (…) eine bestimmte Mission, die sie nicht verleugnen kann, ohne ihr Wesen aufzugeben (…): von der Antike und dem Griechentum als lebensspendender Kraft zu künden und damit den Menschen zu verändern.
> (Ernst Buschor, Begriff und Methoden der Archäologie. – In: U. Hausmann (Hrsg.): Allgemeine Grundlagen der Archäologie. München 1969, S. 10)

Im gleichen Sinne, dem in Worte gefaßten Kunsterlebnis Winckelmanns kongenial und vom gleichen Anliegen getragen, ist das Gedicht von Rainer Maria Rilke »Archaischer Torso Apollos« von 1908.

Archaischer Torso Apollos

Wir kannten nicht sein unerhörtes Haupt,
darin die Augäpfel reiften. Aber
sein Torso glüht noch wie ein Kandelaber,
in dem sein Schauen, nur zurückgeschraubt,

sich hält und glänzt. Sonst könnte nicht der Bug
der Brust dich blenden, und im leisen Drehen
der Lenden könnte nicht ein Lächeln gehen
zu jener Mitte, die die Zeugung trug.

Sonst stünde dieser Stein entstellt und kurz
unter der Schultern durchsichtigem Sturz
und flimmerte nicht so wie Raubtierfelle;

und bräche nicht aus allen seinen Rändern
aus wie ein Stern: denn da ist keine Stelle,
die dich nicht sieht. Du mußt dein Leben ändern.

Die Spur Winckelmanns ist heute fast bis zur Unkenntlichkeit verblaßt. Und doch ist es möglich, aus den Erstarrungen und stagnierenden Konfrontationen unseres geistigen Lebens herauszufinden, so wie es in der Geschichte immer wieder geschehen ist. Die Gestaltung einer neuen Zukunft war stets ein Erfolg historischer Rezeption (siehe auch Kap. 2). Welche konkrete Vergangenheit wir dabei zu unserer Geschichte machen, ist einerlei. Daß es sich aber auch und gerade in einer Zeit, in der sich in unserer Lebenswelt alles ständig zu verändern scheint, lohnt, aus der Erinnerung an die griechisch-römische Antike gegenwärtige Geschichte zu machen, dafür steht am Beginn der folgenden zwölf auf einander bezogenen Einzelbilder jener Winckelmann. Die Quintessenz aus der Beschäftigung mit ihm könnte von Ludwig Curtius stammen, die er kurz vor seinem Tod 1954 formulierte:

> Wissenschaft allein ist keine Macht, welche die Zeitalter verändert, wenn sie nicht mit einem Enthusiasmus sich verbindet, der weniger der Erkenntnis dessen gilt, was wirklich ist und war, sondern dem, was sein und daher auch gewesen sein soll.
> (Ludwig Curtius, Johann Joachim Winckelmann, in: Die Großen Deutschen. Hrsg. v. H. Heimpel u. a. Bd. 2. Berlin 1958, S. 157)

GESCHICHTE –
DER BRUNNEN DER VERGANGENHEIT UND
DIE ERFINDUNG DER HISTORIE

I.

GESCHICHTE ALS KRITIK – DER GESCHICHTSSCHREIBER HERODOT IM DEMOKRATISCHEN ATHEN

Ich wüßte nicht, was die klassische Philologie in unserer Zeit für einen Sinn hätte, wenn nicht den, in ihr unzeitgemäß – das heißt gegen die Zeit und dadurch auf die Zeit und hoffentlich zugunsten einer kommenden Zeit – zu wirken.

Friedrich Nietzsche

Die historische Imagination ist in Zeiten der Dürre die einzige Quelle.

Nicolás Gómez Dávila

EIN VORMITTAG IN ATHEN

Hunderte von Bürgern Athens waren am frühen Morgen zu ihrem Versammlungsplatz gekommen. Es war die Stunde, in der sonst die Volksversammlung zusammentrat. Keiner erwartete heute, daß man wie bei einer regulären Sitzung dieses Gremiums den ganzen Tag hier zubringen würde. Dennoch hatten sich die meisten Sitzkissen mitgebracht, denn die noch milde Frühlingssonne vermochte den kalten Fels nur langsam zu erwärmen. Die Menge fand bequem Platz auf dem leicht ansteigenden Halbrund. Es umschloß fast wie in einem Theater eine kleine Orchestra mit einer hölzernen Rednertribüne.

Schon die Großväter hatten sich an diesem Ort, auf dem Nymphenhügel, zusammengefunden. Und es hatte Monate gegeben, da man sich verzweifelt die Köpfe heiß geredet hatte: Wie war es möglich, sich dem übermächtigen Großkönig der Perser und seinem gewaltigen Heer entgegenzustemmen? Oder sollte man sich unterwerfen, wie einige Griechengemeinden es für richtig gehalten hatten? Es waren denkwürdige und für die Bürgerschaft ruhmreiche Tage gewesen. Denn sie hatten zusammengestanden, und der kühne und zugleich kühl berechnende Rat des Mitbürgers Themistokles hatte das Wunder des Sieges gebracht. Auf dem Meer vor Salamis hatten die Athener am Ende die eigene Heimat wie die der Hellenen insgesamt vor der persischen Tyrannis gerettet. Das war im Jahr 480 v. Chr. Seitdem hatte sich die Versammlung der Bürger nur noch an diesem herausgehobenen Ort, der Pnyx, getroffen.

An diesem Aprilmorgen des Jahres 443 v. Chr. warteten die Bürger nicht auf die Anrufung von Zeus Agoraios und der anderen Götter durch den Archon, wie es zu geschehen hatte, wenn eine Sitzung der Volksversammlung eröffnet wurde. Sie warteten auf einen kleinen, fast unscheinbaren Mann, vielen von ihnen schon aus den vergangenen Jahren bekannt. Er war ein weiteres Mal in der Stadt erschienen, als man nach dem Ende des rauheren Winterwetters das Meer wieder zu befahren begonnen hatte. Der Mann stammte aus der verbündeten Stadt Halikarnassos, an der benachbarten Küste in Kleinasien gelegen. Seit vielen Jahren pflegte der Besucher die Welt des östlichen Mittelmeeres zu bereisen. Den Winter hatte er wie so oft in Samos verbracht, das ihm zur Wahlheimat geworden war. Von dort hatte er sich nach Athen aufgemacht und bei den Prytanen, den Geschäftsführern des Rates, um die Erlaubnis nachgesucht, vor der Versammlung der Bürger zu sprechen. Er wolle von seinen Erkundungen über die barbarischen Länder des Ostens und Nordens berichten, besonders aber über die Hintergründe und den Verlauf der Kriege, die die Hellenen gegen die Barbaren führen mußten. Und er vergaß nicht hinzuzufügen, daß diese Stadt sich dabei vor allen anderen ausgezeichnet hatte. Die Prytanen gaben der Bitte des Mannes ohne weiteres statt. Sein Auftreten hatte doch bereits früher reges Interesse geweckt und für reichlichen Gesprächsstoff auf der Agora und in den Gymnasien gesorgt. Auf der Pnyx war man nun gespannt darauf, welche merkwürdigen und wunderbaren Geschichten der Fremde diesmal mitgebracht hatte und welche der hier und anderenorts umlaufenden Erinnerungen an den großen Krieg und die noch früheren Zeiten er zum Besten geben würde.

Von ihren Plätzen aus bot sich den Wartenden das Bild ihrer Stadt: zu Füßen der Versammlungsstätte das Dreieck der *agora*, des politischen Zentrums, gesäumt von zahlreichen Heiligtümern und Altären sowie den Amtsgebäuden der Magistrate und des Volksrates. Hervorstachen die hellen Dächer der Säulenhallen, erst vor gut zwei Jahrzehnten auf Betreiben des reichen Kimon errichtet, mit ihren mitreißenden Gemälden vom Krieg gegen die Barbaren; halb rechts der Burgfelsen, die Akropolis. Auch aus der Entfernung war dort ein dichtes Gewirr von Baugerüsten und Kränen auszumachen, einschneidende Veränderungen der künftigen Stadtsilhouette kündigten sich an. In der Phantasie so manchen Betrachters erstand bereits das Bild jenes kostbaren Tempels, den die Bürger ihrer göttlichen Stadtherrin Athena Parthenos erbauten. Er sollte, so hatte die Bürgerschaft beschlossen, an Größe und Pracht alles übertreffen, was diese oder andere Städte je gesehen hatten.

Ein Mann mittleren Alters, umringt von einer Schar junger, vornehm gekleideter Bürger, betrat die Versammlungsstätte. Er bestieg das Rednerpodest und zog sofort die ungeteilte Aufmerksamkeit des Publikums auf sich. Die Athener waren gewohnt, genau und ausdauernd zuzuhören. Sie lebten in einer Gesellschaft, die sehr vom Gespräch geprägt war und deren kulturelles Wissen fast ausschließlich mündlich gepflegt und weitergegeben wurde. Da war es lebenswichtig, stets ein offenes Ohr für das Gegenüber zu haben, sich an Situationen und Erzählungen lange und genau erinnern zu können, auch ein Gespür für Nuancen des sprachlichen Ausdrucks zu entwickeln, ja nach Möglichkeit selbst über die Fähigkeit zu schöner, eindringlicher und überzeugender Rede zu verfügen. In der Volksversammlung wie in den Gerichten, im Theater wie beim Opferfest, beim Kult oder beim Wettstreit der Rhapsoden – überall erhielt das Leben der Athener seine charakteristische Färbung vom gesprochenen Wort und der Rede. So empfand denn auch niemand auf der Pnyx den bevorstehenden Vortrag als etwas Ungewöhnliches. Was nicht heißt, daß man nicht hohe Erwartungen mitgebracht hatte. Denn dem Vortragenden eilte der Ruf voraus, spannend und abwechslungsreich erzählen zu können. Und die Athener ihrerseits waren dafür bekannt, immer auf der Suche nach etwas anderem, nach Neuem zu sein, wie einer ihrer Landsleute, der Historiker Thukydides, einige Jahre später bemerkte.

DIE ERZÄHLUNGEN DES HALIKARNASSIERS

Die Zuhörer wurden in den folgenden Stunden auch nicht enttäuscht, mehr noch: sie waren überrascht. An manchen Ecken und Plätzen der Stadt hatte man schon Geschichtenerzählern gelauscht. Doch was dieser Mann zu sagen hatte, war immer wieder neu und unerhört. Mancher fühlte sich davon herausgefordert, manchem war aus dem Herzen gesprochen, die meisten jedenfalls stimmte das Gehörte zunehmend nachdenklich. Als die Menge am frühen

Abb. 2:
Bildnis des Herodot von Halikarnassos

Nachmittag vom Versammlungsplatz herabstieg und sich auf den Plätzen und in den Wohnquartieren der Stadt zerstreute, hatte man sich an vielen bemerkenswerten und zuweilen vergnüglichen Geschichten erfreut. In Erinnerung blieb etwa der gerissenste Dieb der Welt, der den ägyptischen Pharao Ramses (III.) so lange zu überlisten vermochte, bis dieser ihm aus Bewunderung für seine Schläue die eigene Tochter zur Frau gab. Eine andere Geschichte handelte vom griechischen Landsmann Hippokleides, der zur Zeit der Vorväter seine schon sicher geglaubte Braut, die Tochter des damals mächtigen Herrschers von Sikyon, durch unschickliches Benehmen wieder verlor. Die Geschichte war allseits bekannt wegen eines geflügelten Wortes, das sich an sie knüpfte – »Hippokleides, du hast deine Hochzeit vertanzt.« Der Erzähler hatte es verstanden, sein Publikum zu fesseln, indem er die Begebenheit am Hof des Tyrannen von Sikyon in das Panorama einer vergangenen Welt einbettete, deren Mittelpunkt noch nicht die eigene Stadt, noch nicht dieses neue Athen war. Die Protagonisten dieser Geschichte dachten ganz ähnlich und handelten wie jene Bürger, die dem Erzähler gerade lauschten. Und doch waren ihre Namen nur durch fleißiges Nachforschen dem Vergessen entrissen worden. Auch die glänzende Herrschaft eines Tyrannen, die das Zentrum der Geschehnisse in Sikyon wie vieler anderer Geschichten bildete, war längst nur noch Schall und Rauch.

Nicht anders war es, so vernahmen die Athener ebenfalls, dem steinreichen Kroisos, dem König der Lyder, ergangen. Der ehrwürdige Solon hatte ihn besucht und ihn vergeblich davor gewarnt, die eigenen Kräfte zu überschätzen. Das Gespräch der beiden Männer hatte man so gebannt verfolgt wie später die Unterredung des persischen Großkönigs Xerxes mit seinem Onkel

Artabanos. Auch hier ging es um die unersättliche Machtgier eines Herrschers, die, einmal angestachelt, nicht zu zügeln war. Und so mußte Xerxes am Ende den entscheidenden Rückschlag erleiden wegen der Unberechenbarkeit des Schicksals, wegen seiner eigenen Verblendung und weil sich ihm in den Griechen ein freies und tapferes Volk entgegengestellt hatte. *Nomos* und *arete*, Gesetzesgehorsam, Bürgerpflicht und Tapferkeit hatten den Sieg über die Barbaren gebracht – dieser Lehre der Vergangenheit konnten die Zuhörer ohne Zögern zustimmen.

Zum Schluß dieses Vormittags auf der Pnyx hatten die Athener noch eine andere Weisheit vernommen. Der Erzähler machte seine Bilanz auf: Alle menschlichen Dinge unterliegen im Laufe der Zeit einem Kreislauf der Veränderung. Das jetzt Große werde dereinst klein, das jetzt Unbedeutende einmal groß werden. Sollte denn diese Einsicht nicht wirklich wahr sein, wo sie durch die Schilderung so vieler vergangener Geschichten doch aufgewiesen wurde; und sollte das nicht jedem zu denken geben?

Die Kunde von der Weisheit und der Erzählkunst des Mannes aus Halikarnassos verbreitete sich rasch in ganz Attika. Noch viele Athener wurden in den folgenden Wochen durch Kostproben aus seinem nicht enden wollenden Vorrat an Geschichten aus der Vergangenheit der hellenischen Gemeinden oder über die eigentümlichen Sitten und Gebräuche ferner barbarischer Völker unterhalten, und ihr Wissensdurst wurde gestillt. Die vornehmen Zuhörer luden den stadtbekannten Fremden am Abend zum Symposion ein. Sie ließen es sich gern gefallen, selbst nach ihren Familienerinnerungen befragt zu werden. Der Erzähler wurde dann seinerseits zum aufmerksamen Hörer, und sein Griffel flog über die Wachstafel, das Gehörte möglichst getreu festzuhalten.

DIE ENTSTEHUNG DES GESCHICHTSWERKS

Schließlich wurde bekannt, daß der Halikarnassier sich im Spätsommer den Apoikisten, den Auswanderern, nach Thurioi, einer von den Athenern neu gegründeten Stadt, anschließen wolle. Da wurden die zukünftigen Thurier allgemein beglückwünscht, diesen Mann zu ihren Bürgern zählen zu dürfen. In der nächstfolgenden regulären Volksversammlung jedoch wurde ein Antrag des Anytos angenommen, Herodotos von Halikarnassos zum Dank für seine der Bürgerschaft geleisteten Dienste mit drei silbernen Kränzen und einem ansehnlichen Geldgeschenk zu ehren.

Zwei Jahrzehnte später sehen wir den alt gewordenen Herodot in der neuen Stadt im äußersten Süden Italiens. In seinem Studierzimmer stapeln sich zahllose Papyrusrollen. Auf ihnen legte er mit stupendem Fleiß den Ertrag seines lebenslangen Suchens nach Wissen und Erkenntnis nieder. Aus dem schier unerschöpflichen Schatz seiner *historiai*, seiner Nachforschungen, ist in der Abgeschiedenheit von Thurioi ein einziges großes zusammenhängendes Erzählwerk geworden. In ihm wollte Herodot seinen Zeitgenossen das größte Ereignis ihrer jüngeren Vergangenheit, den griechischen Sieg über die übermächtig erscheinenden Perser, in Erinnerung rufen.

Das ging nur durch geduldiges Erzählen. So wuchs ein kaum überschaubares Geflecht von Geschichten, die weit in die Vergangenheit der hellenischen Gemeinden zurückreichten. Seine Aufgabe, davon war Herodot überzeugt, mußte ganz weitreichend verstanden werden: Nur wer auch viele andere Völker und ihre Schicksale kannte, konnte begreifen, was in diesem großen Krieg geschehen war, wer die Gegner der Griechen waren und was dieses kleine Volk geleistet hatte. Darauf zielte also die Erkenntnis, die es zu verbreiten und für alle Zukunft festzuhalten galt.

Aus tausend Fäden hatte Herodot ein dichtes Gewebe geknüpft. Nun stand er vor dem Ergebnis seiner Mühen: es war ein prächtiger Teppich von Erzählungen geworden. Wer den Mustern dieses Gewebes nachspürte, wer sich den Texten anvertraute, dem mußte sich die Vergangenheit als sinnvolles Geschehen erschließen. Geschichte konnte sichtbar werden. Daß dies tatsächlich möglich war, hatte Herodot früher erfahren dürfen, als er immer wieder seine Geschichten vortrug. Zuversicht erfüllte ihn, daß auch das fertige Ganze der selbst entdeckten Aufgabe gerecht werden würde.

In seiner letzten Geschichte hatte er noch einmal den ersten persischen König Kyros auftreten lassen. Mit diesem Kyros hatte das Wachstum der persischen Macht begonnen. Jetzt, da der Geschichtsschreiber seit 431 v. Chr. den neuerlichen großen Krieg, den griechischen Bruderkampf zwischen den beiden führenden Mächten, Athen und Sparta, mit tiefer Sorge betrachtete – jetzt drängte es ihn, sich noch einmal jenen Satz vorzunehmen, den er an den Anfang seines Werkes zu stellen gedachte:

> Des Herodot von Thurioi öffentlicher Aufweis seiner Erkundung (*histories apodexis*) ist dies, auf daß weder das von Menschen Geschehene durch die Wirkung der Zeit verblasse noch die großen und staunenswerten Werke, ob sie nun von Hellenen oder von Barbaren aufgewiesen wurden, ohne Kunde blieben.

Zwang der verheerende Krieg zwischen Hellenen nicht dazu, von Anfang an deutlicher den Finger darauf zu legen, worauf es ihm in seiner Erkundung (*historie*) nicht zuletzt angekommen war: zu erklären, wie es in einem zeitlich sich weit erstreckenden Geflecht menschlicher Handlungen und Entscheidungen zu einem solchen Krieg kommen konnte? So fügte er denn seinem Eingangssatz eine lapidare, aber eindeutige Ankündigung an:

> unter anderem auch, aus welcher Verschuldung sie gegeneinander Krieg geführt haben.

Das Jahrhundert, das mit jenem denkwürdigen Sieg der Griechen über die Perser begonnen hatte, endete in einem weiteren, einem katastrophalen Krieg, von dem sich die Welt der freien und politisch eigenständigen griechischen Stadtstaaten nie mehr richtig erholen sollte. Das war die Welt, in der die Geschichte geboren wurde. In dieser Umwelt und unter diesen Umständen hat Herodot gewirkt, vor allem in Athen. Der *pater historiae*, der Vater der Geschichte – so hat ihn viel später der Römer Cicero genannt –, hat mit seinem Werk eine bislang unbekannte Weise entdeckt, sich in den im Lauf der Zeit geschehenden menschlichen Dingen zurechtzufinden.

Wahrscheinlich auch im Vergleich mit den anderen großen Kulturen der Welt erweist sich das, was Herodot geschaffen hat, als völlig neue und einzigartige Form, sich mit der Vergangenheit auseinanderzusetzen und sie festzuhalten. Sie war für die Zeitgenossen so überzeugend, daß noch zu Herodots Lebzeiten weitere Verfasser von Geschichte(n) auftraten. Seitdem gehört die Geschichte zum wesentlichen und bis heute nicht verlorengegangenen Grundbestand der europäischen Literatur.

Der erste programmatische Satz des herodoteischen Geschichtswerks, der gerade wiedergegeben wurde, verbindet sich mit Herodots Grundperspektive der historischen Wahrnehmung, dem Wandel, der Veränderung aller menschlichen Dinge in der Zeit. Das ist Herodots Gründungsmanifest der Geschichte, und wir sprechen bis heute mit eben dem Wort Herodots von der Historie. Die Kerngedanken seines Programms beschreiben das Geschäft und die Aufgabe des Historikers.

Von drei Gesichtspunkten aus wird am Werk Herodots erkennbar, daß diese von ihm erfundene Historie auch noch die unsere ist: Geschichte lebt in der Erzählung des Historikers. Diese hat ihren Ort in einer Gesellschaft, deren Gemeinsamkeit in einem politischen Raum gestiftet wird. Dieses Politische haben die Griechen nur wenige Generationen vor Herodot im Laufe des 7. und 6. Jahrhunderts v. Chr. entdeckt. Und dieses Politische ist die Voraussetzung und der Nährboden für Herodots *historie*.

Geschichte entsteht, zweitens, dadurch, daß Gegenwart und Vergangenheit in eine sinnvolle Beziehung gesetzt werden. Dieser Sinn erschließt sich, drittens, in der engen Verbindung zwischen dem Geschichtsschreiber und seinem Publikum.

HERODOTS *HISTORIE*

Vorstellungen von Vergangenheit, in denen die Erfahrung von Zeit verarbeitet wird, gehörten von jeher zum Grundbestand des Wissensvorrats einer höher entwickelten Gesellschaft – bei den Ägyptern, Babyloniern, Assyrern, Hethitern oder den alten Israeliten ebenso wie bei den Griechen und Römern. Die Griechen hatten lange Zeit nur ihre mythischen Geschichten, ein lose verknüpftes Konglomerat von Erzählungen über die Götter und die Menschen der Vorzeit, lebendig erhalten von ihren Dichtern und Sängern. Vor allem die Epen Homers hatten den Mythos in eingängige und gültige Bilder geprägt. Homer war den Griechen noch bis zu Herodots Zeiten der erste und verläßliche Führer in ihre Vergangenheit. Er gab gültige Auskunft auf die Fragen »Woher kommen wir?« und »Was sind wir?« Neben dem Mythos wurden seit wenigen Menschenaltern in einzelnen aristokratischen Familien bestimmte Erinnerungen an tatsächliche Ereignisse und Gestalten der Vergangenheit mündlich weitergegeben. Andere mündliche Überlieferungen bezogen sich auf die Gemeinden als ganze.

Dieser Halt in einer Vergangenheit als Tradition, sei sie prinzipiell abgeschlossen wie der Mythos oder auch sich ständig erweiternd und wandelnd wie die mündliche Überlieferung, genügte angesichts neuartiger Erfahrungen im 5. Jahrhundert v. Chr. offenbar nicht mehr. Seit den Kriegen gegen die Perser und verstärkt seit den 460er Jahren hatten sich dem politischen Handeln besonders in Athen neue Horizonte eröffnet. Die Mentalität der in der Volksversammlung agierenden politischen Wortführer wandelte sich. Die fortschreitende und intensive Verwirklichung der bürgerstaatlichen Idee wurde vorangetrieben von einem Bewußtsein, die Ordnung stehe jenseits aller Vorgaben der Tradition gänzlich in der Verfügungsmacht des über sich selbst herrschenden Volkes. Die unvergleichliche bauliche Ausgestaltung der Stadt, vor allem das Akropolis-Projekt – auf dem Burgfelsen wurden mehrere große Tempel und Heiligtümer errichtet –, schien eine praktisch grenzenlose Machbarkeit in technischer wie in ideologisch-religiöser Hinsicht zu bezeugen. Der Ausbau der äußeren Herrschaft im Attischen Seebund, einem die ganze Ägäis einbeziehenden Bündnissystem, hatte, so konnte man glauben, schrankenlosen Erfolg, und im ganzen erschien diese Herrschaft erstaunlich stabil. Die Redner in der Volksversammlung schrieben dies nicht nur bewaffneter Stärke, sondern auch der ordnenden Kraft einer überlegenen Rationalität zu.

Die von den Zeitgenossen als Wandel und Neuerung wahrgenommenen Entwicklungen haben sich also bei nicht wenigen in einer geistigen Haltung niedergeschlagen, wie sie etwa Thukydides in den Worten des Perikles, des führenden Politikers zwischen 460 und 429 v. Chr., Ausdruck verliehen hat:

> Doch wenn die Vorfahren unser Lob verdienen: unsere Väter tun es noch mehr. Zu dem, was sie ererbten, haben sie das Reich, wie wir es besitzen, [den Attischen Seebund] hinzuerrungen, nicht ohne Mühe, und es zusammen mit dem alten Erbe uns Heutigen hinterlassen. Am stärksten aber haben wir selber hier, die wir jetzt noch so ziemlich in den besten Jahren stehen, es ausgebaut und die Stadt in allen Stücken so gerüstet, daß sie im Frieden wie im Kriege gänzlich auf sich selber steht.
> (Thukydides 2, 36)

Perikles führt im folgenden die Vorzüge der eigenen Ordnung auf und schließt u. a. mit der Bemerkung:

> [...] unsere Stadt ist im Ganzen die hohe Schule Griechenlands; [...] wir brauchen keinen Homer zum Lobredner [...]. Überall hin haben wir Meer und Land gezwungen, unserem Wagemut Wege zu bereiten, und dabei allerorts die Male des Bösen wie Guten für alle Zeiten aufgerichtet.
> (Thukydides 2, 41)

Der Redner führt seinen Mitbürgern vor Augen, daß sie den Gipfelpunkt der Geschichte erklommen hätten. Denn nun sei das seit Generationen verfolgte Streben nach eigener Unabhängigkeit und Unterwerfung der anderen Griechen zu seinem Ziel gekommen. Daraus spricht ein unbedingter Wille zur Macht, hinter dem zugleich ein alle bisher gekannten Grenzen hinter sich lassender Anspruch steckt: unter Aufbietung aller menschlichen Kräfte und Fähigkeiten, das Schicksal selbst in die Hand nehmen zu wollen, und die Gewißheit, dies auch zu können.

An dieser Selbsteinschätzung hat nicht nur Herodot gezweifelt. Auch im zeitgenössischen Drama finden wir – etwa in der *Antigone* des Sophokles – deutlich warnende Mahnungen:

> Viel Ungeheures ist, doch nichts
> so Ungeheures wie der Mensch.
> […]
> allerfahren. Unerfahren
> in nichts geht er dem Kommenden entgegen.
> Vor dem Tod allein
> wird er sich kein Entrinnen schaffen.
> […]
> Zeus, deine Macht –
> welche der Menschen Überschreitung
> kann sie beschränken?
> (Sophokles, *Antigone* 332 f., 360 ff., 604 ff.)

Für »allerfahren« hält Sophokles den Menschen, weil dieser das Meer und die Erde bezwungen, sich die Natur dienstbar gemacht und durch Sprache, Vernunft und Vergesellschaftung einen spezifisch menschlichen Kosmos geschaffen hat. Jedoch setzen die Ungewißheit der Zukunft und der Tod der menschlichen Handlungsmacht unübersteigbare Grenzen. Wer diese Sphäre des Unverfügbaren mißachten zu können meint, verfällt der *hybris*, der unerlaubten »Überschreitung« menschlicher Verfügung, und auf ihn wartet die göttliche Vergeltung.

Nicht nur Außenstehenden wie dem Mann aus Halikarnassos ist also der neue Stil, Politik zu treiben, suspekt, das Dröhnen der offiziellen Verlautbarungen, wie es uns aus den Äußerungen des Perikles bei Thukydides entgegenschallt, unheimlich gewesen. Insbesondere so mancher Aristokrat wird das Bedürfnis verspürt haben, seine soziale und politische Identität zu bekräftigen und öffentlich darzutun. Die bisherige Form geschichtlicher Tradition – vor allem die mündliche Überlieferung –, in Frage gestellt oder beiseite geschoben, konnte dies nicht mehr leisten. Es bedurfte vielmehr einer neuen, reflektierten Aneignung von Vergangenheit. Sie hat Herodot mit seiner *historie* gefunden.

Herodots Geschichtswerk ist aus den öffentlichen Vorträgen erwachsen, die er in ganz Griechenland hielt. Seine *historie* gab seinen Zeitgenossen jene

Antworten, die ihnen Orientierung in den sie bedrängenden Fragen vermittelten: Die Aufzeichnung und Verarbeitung der mündlichen Überlieferung half, sich der Tradition aus der nahen und fernen Vergangenheit zu versichern; eine Fülle von *exempla* konnte man drohenden oder bereits eingetretenen Fehlentwicklungen demokratischer Politik entgegenhalten; und die Gestaltung all dieser Traditionen enthielt Einsichten, die leicht nachvollziehbar waren und für die eigene Lebenspraxis grundlegend werden konnten.

Ausschlaggebend hierfür war, daß Herodot den Mythos ganz aus seiner *historie* herausgehalten und diese ausschließlich auf eine Betrachtung der Menschengeschichte konzentriert hat. Darin spielte direktes göttliches Handeln praktisch keine Rolle mehr. So bewegte sich diese Rekonstruktion von Vergangenheit auf dem gleichen Rationalitätsniveau, das die Argumentationen der zeitgenössischen Politik und Kultur für sich behaupteten. Der selbstsicheren Proklamation der eigenen Kräfte und Leistungen eines Perikles hat Herodot ebenso selbstbewußt sein eigenständiges Erforschen der Vergangenheit entgegengehalten:

> Des Herodot von Thurioi öffentlicher Aufweis seiner Erkundung [...].

Diese Erkundungen reichten so weit wie die Informationsquellen, die der Geschichtsschreiber zum Sprudeln bringen konnte. In seinem Kopf entstand daraus ein bestimmtes Bild der Vergangenheit. Geformt wurde dieses Bild damit, daß Herodot selbst die gesammelte Kunde am Ende zu Papier gebracht hat. Er hat Vergangenheit durch die Sprache seiner Erzählung in einem Text lebendige Gegenwart werden lassen.

Geschichte in dem durch Herodot gefundenen und von da an maßgebend gewordenen Sinne gibt es einzig und allein durch den vom Geschichtsschreiber erzählten Text. Die im Erzähltext gewonnene Historie der Geschichtsschreiber gehört seitdem zu den Formen, über die Gesellschaften verfügen, um sich ihrer Vergangenheit zu vergewissern. Herodot hat, wie sich schon sehr bald zeigen sollte, eine neue literarische Gattung begründet. Sein jüngerer Zeitgenosse und Nachfolger Thukydides sowie manche Historiker des 4. Jahrhunderts v. Chr. haben mit ihren Geschichten ebenfalls die Aneignung der Vergangenheit als Geschichte in Athen und der griechischen Welt maßgeblich bestimmt.

Ein den Verhältnissen im griechischen Bürgerstaat vergleichbares Publikum begegnet in Europa erst wieder seit dem 18. Jahrhundert mit dem Durchbruch einer vorrangig auf das Lesen gestützten Kommunikation sowie mit den verschiedenen politischen und sozialen Emanzipationsprozessen. Seitdem sind die von Historikern erzählten Geschichten Teil unseres gesellschaftlichen Wissensvorrats.

HISTORISCHE SINNBILDUNG

Angesichts der menschlichen Vergangenheit scheiden sich die Geister. Für die einen ist alles Frühere ein letztlich austauschbarer, gleich wertvoller Stoff. Sie wollen ihn erkennen, ordnen, aufbewahren, gewiß auch in seiner Eigenart durchdringen, kurz: erforschen. Erforscht werden kann und soll alles – und alles mit gleichem Recht. Herauszufinden, wie es eigentlich gewesen ist, so lautet ein berühmt gewordenes Prinzip, an dem sich der Blick auf die Vergangenheit zu orientieren habe. Als antiquarische Auffassung von Geschichte hat der Philosoph Friedrich Nietzsche diese Haltung in seiner bedeutenden und bis heute nicht überholten Schrift *Vom Nutzen und Nachteil der Historie für das Leben* (1874) bezeichnet. Später sprach man von Positivismus oder von »Historischer Sozialwissenschaft«.

Nur: Wozu aber interesselos-gleichgültige oder auch nur auf einen einzigen, zufällig gewählten Gegenstand konzentrierte Sammelwut von Vergangenem? Wofür die abstrakten Spielereien theoriegeleiteter Rekonstruktionen? Geschichte entsteht dabei jedenfalls nicht. Ein Blick auf die Anfänge der Geschichte bei Herodot führt uns denn auch eine völlig andere Haltung vor Augen. Herodot steht häufig in dem Ruf, die Vergangenheit als ein großes Panorama disparater Geschehnisse, ja nicht selten als ein Panoptikum von Kuriositäten zum wohlgefälligen Anschauen vorzustellen. Das ist grundfalsch. Wie Herodot seine Geschichten auswählt, erzählt und anordnet, das zeugt von einer hochentwickelten Fähigkeit, uns oder seinem Publikum nicht einfach nur die zusammengetragenen Relikte der Vergangenheit gleichsam als »Schutt« (Nietzsche) vor die Füße zu kippen. Herodots *historie* erwächst vielmehr aus bewußtem Erleben und qualitativem, also werthaltigem Urteilen zu aussagekräftigen Bildern von Geschichte.

Eben dadurch ist Herodot zum Begründer der Geschichtsschreibung geworden. Nicht deshalb, weil er der erste gewesen wäre, der die Vergangenheit der Griechen schriftlich festgehalten hat. Vielmehr hat er aus der Materie der menschlichen Erinnerung ein Bild geformt, in dem seine Zeitgenossen Antworten auf drängende Probleme finden konnten. Denken wir – ein Beispiel für ein solches Problem – etwa an das zeitgenössische Könnens-Bewußtsein.

Mit diesem Begriff, dem Könnens-Bewußtsein, hat Christian Meier die oben skizzierte Einstellung der Athener gegenüber der eigenen historischen Leistung und den aus ihr abgeleiteten Zukunftshoffnungen bezeichnet. Herodot hat dieser Mentalität Grenzen aufgezeigt, er hat arrogante Selbstsicherheit als *hybris* entlarvt, indem er die universale Bedingtheit des menschlichen Seins auf vielfältige Weise ergründete und erwies. Daraus hat er die Lehre gezogen, daß jede Machtstellung im Laufe der Zeit unaufhaltsam an ihr Ende kommt. Herodot hat seine Botschaft in das Bild vom immerwährenden Kreislauf der menschlichen Dinge gekleidet, dem *kyklos ton anthropeion pregmaton*. Damit hat er – mit der heutigen geschichtstheoretischen Terminologie gesprochen – das Selektionskriterium seiner *historie* formuliert. In diesem liegt für den Geschichtsschreiber die Perspektive für die Auswahl und Umgrenzung seines Gegenstandes. Und er gewinnt aus ihm die leitende Idee für die Rekonstruktion des Trümmerhaufens der Überlieferung.

Durch die Erzählung des Geschichtsschreibers wird Vergangenheit im Licht gegenwärtiger Perspektiven als sinnhaltiges Geschehen, eben als Geschichte erkennbar. Der Text der Geschichte ist seit Herodot immer auch die Botschaft des Geschichtsschreibers an sein Publikum. Durch sie erhält das vergangene Geschehen seinen Sinn. Nur dadurch ist es wirklich unseres Wissens wert – nämlich weil es auch nach zwei Jahrtausenden sinnvoll *ist*, nicht weil es vor 2000 Jahren gelebtes Geschehen *war*.

Aus vergangenen Geschäften und Geschehnissen – den *erga* und *genomena*, wie Herodot sie in seinem ersten Satz bezeichnet – wird mithin vergegenwärtigte Geschichte erst und nur dann, wenn diese zu einem notwendigen und lebendigen Teil unserer Lebenswelt wird. Diese Bedeutung kann sie auf unterschiedliche Weise erhalten. Es gibt im Prinzip zwei Quellen, aus denen die Vergegenwärtigung von Vergangenheit ihre lebenswirksame Kraft schöpfen kann. Beide sind im Altertum bereits erschlossen. Die eine ist der sozusagen von Anbeginn der Welt an feststehende Sinn vergangenen Geschehens. Er bestätigt eine göttliche Ordnung oder offenbart göttlichen Willen. Diese Vorstellung finden wir etwa in Ägypten oder im alten Israel.

Die zweite Quelle ist die *historie* des Herodot. Sie ist geprägt von der freien Deutung von Erinnerung und Überlieferung durch das Individuum des Geschichtsschreibers. Er versetzt mit seiner Erzählung Vergangenheiten in die Gegenwart – unter immer wieder neuer Beleuchtung und anderen Blickwinkeln. Die Vielschichtigkeit vergangenen Geschehens, die Wechselwirkung von Ereignissen, das komplexe Ineinander und Gegeneinander von Handlungen und Motiven kommen in jeder Gegenwart auf andere Weise in den Blick. Und allein der Historiker vermag in dem für sich genommen scheinbar nur dem Zufall unterworfenen Geschehen der Vergangenheit Sinn und Struktur zu erkennen. Seit den Griechen besteht die spezifische Leistung historischen Erzählens also darin, gegenwärtiges Handeln im Lichte von Geschichte auf die Zukunft hin zu orientieren.

Geschichte vollzieht sich aus der Verbindung der schöpferischen Kräfte der Vergangenheit mit den empfänglichen Menschen in der Gegenwart. Nur wer um seine Ahnen ebenso ringt wie um das Eigene und ihnen den gebührenden Platz in seinem Leben einräumt, der kann wissen, wer er in seiner Gegenwart ist, und seinen Blick auf die Zukunft richten. Denn kaum gibt es etwas Gestrigeres, als im Wahn der Modernität immer nur von heute sein zu wollen.

HISTORIES APODEXIS (DER ÖFFENTLICHE AUFWEIS DER ERKUNDUNG)

Der Gegenwartsbezug stellt auch bei unserem ersten Geschichtswerk den Brennpunkt der historiographischen Rekonstruktion dar. Sichtbar wird das nicht nur und nicht in erster Linie an den wenigen ausdrücklichen Bemerkungen, die Herodot über Ereignisse aus der Zeit nach den Perserkriegen, also seiner eigenen Lebenszeit, macht. Vielmehr ist das gesamte Werk von einer Fülle von Geschichten durchzogen, in denen Herodot zum Beispiel wichtige Begriffe verwendet, die auch in der Kommunikation seiner Gegenwart eine große Rolle spielten. Oder er spitzt seine Erzählungen so zu, daß ihre Pointen oder ihre Moral sich ohne weiteres auf Gegenwartssituationen beziehen ließen.

Ohne kommentierende Hinweise sollten die Hörer oder Leser des Geschichtswerks die vom Geschichtsschreiber erzählten Begebenheiten der Vergangenheit mit ihren eigenen Erfahrungen in der Gegenwart verbinden können. Große Schwierigkeiten dürfte ihnen das nicht gemacht haben, waren sie doch schon seit langem gewohnt, etwa im Dionysos-Theater auch sparsamste poetische Andeutungen und Anspielungen aufzunehmen und in der jeweiligen Darbietung der allen bekannten mythischen Stoffe die moralischen und politischen Botschaften ihrer Dichter herauszuhören. Hier wie bei Herodot ging es nicht um abstrakte Analyse, sondern um lebenspralle Geschichten zwischen konkreten Akteuren mit einem hohen ästhetisch-sinnlichen Reiz. Der Geschichtsschreiber Herodot steht in einer Linie mit den Dramatikern und Dichtern. Sie haben sich nicht erst zu seiner Zeit, sondern bis zurück auf Homer als Wegweiser, Aufklärer und Erzieher ihrer Mitbürger verstanden. Herodot konnte folglich darauf vertrauen, daß sein Publikum, während er es in die Vergangenheit versetzte, die Gegenwart mitzudenken verstand.

Die *apodexis*, der Aufweis, von dem Herodot in seinem ersten Satz spricht, wird mit unserem blassen und unscharfen Wort »Darlegung«, das man in den Übersetzungen gewöhnlich findet, nicht zureichend getroffen. *Apodexis* meint vielmehr, daß der Geschichtsschreiber etwas an der Vergangenheit erkannt zu haben glaubt, auf das er mit seiner Erzählung hinauswill, und daß er dies nur kann, indem er es vor einem Publikum und für dieses aufweist. Wenn Geschichtsschreibung aus einem lebensweltlichen Orientierungsbedürfnis erwächst, dann ist für sie das Bezogensein auf diese Lebenswelt konstitutiv. Anders formuliert: Geschichte schreiben kann man nie für sich selbst, sondern immer nur für andere.

Das ist allerdings nicht so zu verstehen, daß die Darstellung des Geschichtsschreibers einfach das Produkt lebensweltlicher Zwänge wäre. Sonst fehlte gerade das Wesentliche an der von Herodot erfundenen Geschichtsschreibung: daß nämlich der Historiker sich auf den Markt begibt, um seine Geschichte zu erzählen, und daß er dies von Beginn an tut im Wettbewerb mit anderen konkurrierenden Geschichten. Das lehrt schon der kritische Bezug des nur wenig jüngeren Thukydides auf seinen Vorgänger. Anders als bei den sich immer nur wiederholenden Aufzeichnungen feststehender traditioneller Vergangenheitsmuster wie im Alten Orient, anders auch als bei allen lediglich von partikularen Machtinteressen diktierten Rückgriffen auf die Vergangenheit speist sich die Geschichtsschreibung Herodots aus den Zukunftsfragen einer offenen, weil von den Bürgern selbst bestimmten und getragenen Gemeinschaft. In einer solchen Situation sind die Antworten, die die Historiker mit der Rekonstruktion von Vergangenheit formulieren, nicht festgelegt und vorhersehbar. Vielmehr sind sie vielfältig und immer wieder neu. Von großer Prägnanz und bleibendem Wert ist Geschichtsschreibung immer dann, wenn sie aus einer Position der Kritik heraus erwächst. Die Erfahrungen einer solchen Geschichte zwingen zur Einsicht in die prinzipielle Offenheit aller Zukunftsentwürfe. Gelingen kann Geschichtsschreibung daher nur, wenn der Historiker ganz Zeitgenosse ist und sich mit einem empfindlichen Sensorium im öffentlich-politischen Raum bewegt.

Geschichtsschreibung ist folglich von vornherein ein auf Kommunikation angelegter Text. Seine Rezeption und seine Produktion sind nicht voneinander zu trennen. Recht verstanden steht im übrigen die Geschichtsschreibung deshalb auch nie vor dem Problem, wie ein vermeintlich in Einsamkeit und Distanz von der Welt entstandener Text einem Publikum adäquat nahezubringen wäre. Dieses Problem der didaktischen Umsetzung und Vermittlung existiert im Grunde überhaupt nicht oder nur infolge einer mangelnden Reflexion über die Aufgabe des Historikers. Denn der Geschichtsschreiber kann seine Deutung stets nur im Hinblick auf ein Publikum finden, das die Geschichte als die seine begreifen und akzeptieren muß. Das gilt für alle denkbaren Situationen der Produktion von Geschichte: in der Schule, im Museum, bei Zeitung und Fernsehen, am Ort des Geschehens oder im Hörsaal der Universität. Die erste Frage, die die Arbeit jedes Historikers begleitet und begleiten muß, lautet deshalb: Wen interessiert das? Seit Herodots *histories apodexis* existiert Geschichte also nur mit Bezug auf öffentliches Leben und Bewußtsein, oder sie existiert gar nicht.

Historie kann sich aber nur in der Öffentlichkeit entfalten und auf das Orientierungsbedürfnis im Wandel der Zeit eingehen, wenn ihre Botschaft auch eine ästhetische Dimension besitzt. Geschichte gibt es nur als Sprache. Sie ist daher »ein Zweig der Literatur«, wie Sebastian Haffner einmal treffend bemerkt hat. Die literarisch-ästhetische Gestalt eines Geschichtswerks ist nicht das Transportmittel für historische Erkenntnisse, die angeblich auf einer anderen Ebene erzielt würden. Die Ästhetik der Sprache ist vielmehr ein integraler Bestandteil der Historie von eigenem Gewicht. Jeder Historiker seit Herodot kennt die Erfahrung, daß historische Einsicht sich erst beim Schreiben, bei der Formulierung des Erzähltextes einstellt. Alle bedeutenden historiographischen Leistungen sind das auch deswegen, weil sie zugleich einen literarischen Anspruch haben. Die Botschaft der Geschichte kann nur literarisch-ästhetisch wirken. Man darf daran erinnern, daß es die Macht ihrer Sprache war, die die *Römische Geschichte* Theodor Mommsens zum Gemeingut aller Bürgerhäuser des 19. Jahrhunderts werden ließ und ihrem Autor als bis heute einzigem Geschichtsschreiber – abgesehen vielleicht von Winston Churchill – den Nobelpreis für Literatur einbrachte. Ein Herodot und ein Thukydides hätten ihn bestimmt auch erhalten – nicht anders als ein Sallust oder Tacitus.

Es ist also kein Wunder, daß es mitunter nicht leicht ist, eine klare Grenze zwischen Geschichtsschreibung und Dichtung zu ziehen. Selbstverständlich zeichnet dieses Wesensmerkmal bereits die *histories apodexis* des Herodot aus. Kein Wunder auch, daß in späteren Jahrhunderten sein Werk nicht selten nur noch als literarisches Kunstwerk gelesen wurde, auch als man die Wahrheit seiner geschichtlichen Botschaften nicht mehr verstand. Allerdings ist, gerade auch heute wieder, zuweilen die Gefahr nicht von der Hand zu weisen, daß die ästhetische Inszenierung von historischer Vergegenwärtigung zum Selbstzweck wird – so in manchen Ausstellungen, in Filmen, in Bildbänden oder historischen Romanen. Gegenüber einer solchen Verzerrung ist an der Einheit der hier herausgearbeiteten Elemente festzuhalten, die die Geschichtsschreibung seit ihrer Erfindung durch Herodot bestimmt haben: die freie Erforschung einer Vergangenheit, vom Geschichtsschreiber als literarische Form so gestaltet, daß sie in ihrer Sinnhaftigkeit von einem Publikum identifizierbar und mitunter auch kritisierbar wird.

Und wo – so mag man sich spätestens jetzt fragen – wo bleibt bei alledem die Wissenschaft? Ist seit der Entstehung von Geschichtswissenschaft im 19. Jahrhundert die *histories apodexis* des Herodot nicht lediglich noch ein vormodernes und überholtes Relikt? Sicher nicht, wie gerade die großartigen Zeugnisse der Geschichtswissenschaft eben des 19. Jahrhunderts beweisen; auch die wichtigste Neuerung dieses Jahrhunderts, die Einführung sozialwissenschaftlicher Methodik, hat daran nichts Prinzipielles geändert. Der Grund dafür ist ganz einfach: Wissenschaftliche Geschichtsschreibung ist keine grundsätzlich andersartige, sondern bloß eine besondere Weise historischen Erzählens. In ihr werden spezifische, differenzierte und systematisierte Methoden zur Auffindung, Sicherung und Erklärung der Quelleninformationen angewandt. Das Ziel ist, den Geltungsanspruch der erzählten Geschichten zu steigern. Jede Geschichtsschreibung setzt daher heute die Anwendung dieses Instrumentariums historischer Quellen- und Sachkritik voraus. Aber sie erschöpft sich darin keineswegs. Denn um die wissenschaftlichen Verfahren sachgerecht und ertragreich einsetzen zu können, bedarf es vor allem der Fähigkeit, gute Fragen stellen zu können; und darüber verfügt allein, wer Vergangenheit mit Gegenwart und Zukunftserwartungen in eine fruchtbare Verbindung zu bringen vermag.

Deshalb geht die immer noch weit verbreitete Unterscheidung in eine gleichsam hohe, wissenschaftliche Literatur einerseits und zahlreiche Spielarten populärer oder trivialer Geschichtsbücher andererseits schon vom Ansatz her an der Sache vorbei. Geschichtsschreibung ist immer dann gelungen, wenn sie unter Anwendung der methodischen Möglichkeiten oder reflektierter Zugrundelegung des Kenntnisstandes der Wissenschaft ihre gesellschaftliche Orientierungsaufgabe zu erfüllen versteht. Inwieweit und in welcher Weise die wissenschaftliche Fundierung Eingang in die jeweilige Darstellungsform findet, ist eine zweite Frage, die von dem jeweils ins Auge gefaßten Publikum abhängt. Mißlungen ist ein Geschichtsbuch in jedem Fall, wenn es vorhandene Erkenntnismöglichkeiten ignoriert. Ebenso verfehlt ist es freilich, sich hinter hoch spezialisierten und teilweise selbst für den Fachkundigen unzugänglichen Methoden, Begriffen oder Theorien zu verschanzen und dies dann für die Sache selbst zu halten.

Es ist leider symptomatisch für die Lage in den Geschichts- und Kulturwissenschaften, daß die Stimme der wissenschaftlichen Historiographie im öffentlichen Konzert der historischen Bücher und anderen Darstellungsformen kaum noch vernehmbar ist. Die in der Wissenschaft tätigen Historiker dürfen sich deswegen der Herausforderung nicht entziehen, die von häufig als populär- oder unwissenschaftlich abqualifizierten Erscheinungsformen von Geschichte ausgeht. Niemand muß dabei auf die durch wissenschaftliche Methoden eröffneten Erkenntnismöglichkeiten verzichten. Letztlich geht es darum, die Kluft zwischen Wissenschaft und Lebenswelt, die mit der Entwicklung der Wissenschaft seit mehr als 100 Jahren immer größer geworden ist, wieder zu überbrücken, um der Geschichtsschreibung die Bedeutung zurückzugeben, die ihr in der Öffentlichkeit einer demokratischen Ordnung zukommen sollte. Vom einzelnen Historiker verlangt dies ganz konkret – wie Rudolf Vierhaus bemerkt hat –, »die erzählende Darstellung lebensweltlicher Vorgänge [...] nicht auf Zahlen, Kurven, Tabellen, Schaubilder« einzuengen, sondern »die Fähigkeit [...] zur Reduktion von Komplexität, zur Unterscheidung des Wichtigen vom weniger Wichtigen, zur pars pro toto-Demonstration und zur Hervorhebung des Charakteristischen und Symptomatischen [...]« unter Beweis zu stellen.

Soll Geschichte gelingen, so muß sie in sich immer drei Weisen des Sprechens und damit drei Ziele gleichermaßen vereinigen. Erstens die mühsame Arbeit der Ermittlung und Sicherung der Bausteine unseres Wissens über die Vergangenheit: Ziel dabei ist die Begründung von Wahrheit und Geltung durch Beachtung allgemein nachvollziehbarer methodischer Regeln, die dem jeweiligen Standard der wissenschaftlichen Rationalität folgen; zweitens das aus diesem Tatsachenmaterial durch Auswahl, Gewichtung, Zuspitzung und Wertung vom Historiker geschaffene Gewebe seiner Geschichte: deren Ziel ist der Aufweis sinnhaltiger Botschaften, derer die Gegenwart für ihre Orientierung in der Zeit bedarf – gewissermaßen die reflektierte Arbeit am und im Mythos; dieses Ziel kann, drittens, nur erreicht werden, wenn der Historiker seine Botschaft mit ästhetischen Mitteln evident macht und dadurch sein Publikum erreicht. Im Medium von Wort- oder Bildkunst – Verstand, Sinne und Gefühl zugleich ergreifend – vollzieht sich die Begegnung mit der Geschichte. Keiner dieser Wege, zur Geschichte zu kommen, kann für sich allein beschritten werden. Keiner kann einen Vorrang vor dem anderen beanspruchen. Auf keinen kann aber auch verzichtet werden. Was hier nur analytisch getrennt wurde, ist in der Realität historischer Erkenntnisarbeit untrennbar verbunden.

Diese Qualitäten besaßen bereits unsere ersten Geschichtsschreiber, Herodot und Thukydides. Sie bieten deswegen für uns nicht totes Quellenmaterial, sondern verkörpern bis heute lebendige und in vielem geradezu aktuelle Beispiele gelungener Historie. Der Schriftsteller Siegfried Lenz hat darauf mit folgenden Worten aufmerksam gemacht:

> Nicht lückenlose, buchhalterische Beweisführung macht Vergangenheit transparent, sondern der verdichtete Augenblick. [...] Ein Thukydides ebenso wie ein Herodot [...] trafen nicht nur ihre Wahl unter dem historischen Stoff, sondern erlaubten sich, das Ausgewählte in einen aufschlußreichen Zusammenhang zu bringen, es anzureichern und gar moralisierend zu bewerten. [...] Den Gehalt historischen Geschehens ermittelte erst die Vision, [...] die dichterische Imagination. An Herodot denkend, an Homer, wird man wohl ohne größere Bedenken zugeben, daß sie nie veraltet, überholt sein werden, und zwar nicht, weil ihre historischen Fakten unbezweifelbar sind, sondern weil sie die tiefen Erfahrungen ihrer Zeit zum Ausdruck brachten.
> (Siegfried Lenz: Geschichte erzählen. – In: FAZ 11. 10. 1986)

Dem wäre in Anlehnung an eine Formulierung von Thomas Mann nur noch hinzuzufügen: Die antiken Historiker haben zum ersten Mal den »Brunnen der Vergangenheit« bis in eine solche gedankliche Tiefe ausgelotet, daß die daraus geschöpfte Erkenntnis eine für alle Zeiten gültige Botschaft enthält. Sie besteht in der Entdeckung der Geschichte als einer neuen Existenz- und Denkweise des Menschen. Wir dürfen die Werke eines Herodot oder eines Thukydides daher klassisch nennen, denn sie werden auch in Zukunft zu den Büchern gehören, ohne die es keine Geschichte gäbe.

2.

GESCHICHTE ALS MONUMENT – KAISER AUGUSTUS UND SEIN FORUM IN ROM

Aber es kommt alles darauf an, was einer ist: ob er sich wiederfinden darf, ob er an Weite, Tiefe, Möglichkeiten genug besitzt, damit sein Sich-Selbst-Wiederfinden nicht nur ihn, sondern auch uns angehe. Denn ohne das Wiederfinden überhaupt wird allerdings zuletzt alle Historie sinnlos …

Karl Reinhardt

ANNÄHERUNGEN AN EIN ANTIKES MONUMENT

Wer sich in Rom vom Quirinal herabkommend durch die fast gassenschmale, von Autos lebhaft befahrene Via Tor de' Conti bewegt, befindet sich am Rand der antiken Subura. Das war ein dicht bevölkertes Wohngebiet, das bis an das öffentliche Zentrum der Stadt heranreichte. Die Straße dürfte es in der Antike auch schon gegeben haben – samt der gewaltigen, größtenteils noch erhaltenen Mauer, die sie auf ihrer einen Seite begleitet. Um so größer ist die Überraschung, wenn man schließlich auf die andere Seite der düsteren Absperrung gelangt und vor sich auf einem weithin freien Gelände umfangreiche Überreste antiker Architektur ausgebreitet sieht: ein paar aufrecht stehende Säulen inmitten eines Haufens von Trümmern vor jener hohen Mauer als Begrenzung im Hintergrund. Aber was bedeutet das schon bei so vielen Säulen und so imposanten Steinen in dieser so alten Stadt?

Gegenüber dieser Ruinenstätte, jenseits der großen, sechsspurigen Via dei Fori Imperiali, liegt das berühmte, von vielen Touristen besuchte Forum Romanum. Die Straße ist Mitte der dreißiger Jahre von Mussolini für die Aufmärsche seiner Bewegung erbaut worden. Sie verbindet das Nationaldenkmal an der Piazza Venezia mit dem Kolosseum und führt mitten durch das politische Herz des kaiserzeitlichen Rom. Heute ist der Verkehr auf dieser Achse kaum erträglich, und die meisten machen daher, daß sie weiterkommen – zum

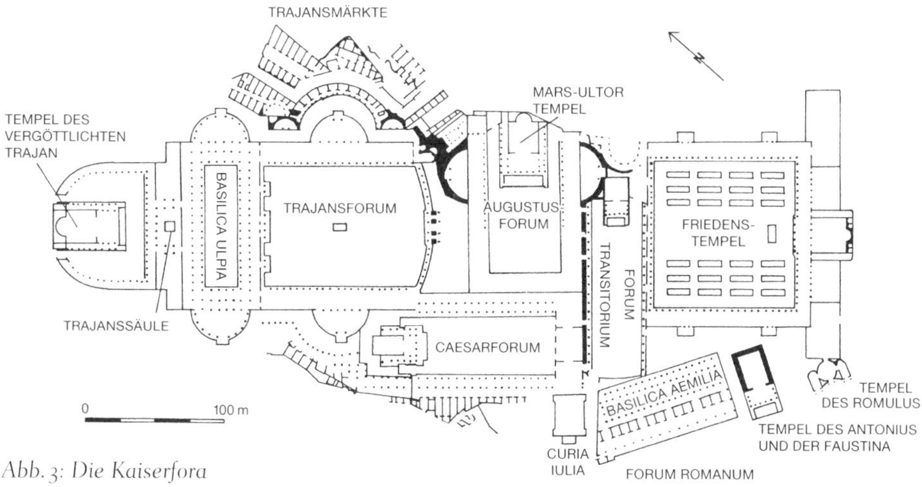

Abb. 3: Die Kaiserfora

Haupteingang des Forum Romanum und zum Palatin, zum großen Magneten Kolosseum oder in die ruhigeren Seitenstraßen am Anstieg zum Esquilin und zum Quirinal. Was sie dabei passieren und nur selten eines ruhigeren Blikkes würdigen, ist der gigantische Baukomplex der Kaiserforen. Ihre Erbauer waren die Kaiser Trajan, Nerva, Vespasian und Augustus. Dessen Forum bildet topographisch wie chronologisch-historisch den Kern dieses weitläufigen öffentlichen Komplexes. Hier hatten innerhalb eines guten Jahrhunderts die Kaiser ihrer Stadt einen neuen Mittelpunkt errichtet.

Das Forum des Augustus ist in den Jahren 1924–26 zum Teil freigelegt worden. Die Straße Mussolinis schneidet das Areal etwa in der Mitte quer durch, so daß weitere Ausgrabungen bis heute unterbleiben mußten. Sie kämen auch dem weniger gut bekannten Forum C. Iulius Caesars zugute, das neben dem des Augustus lag. Manche Einzelfragen wären somit erst nach einer weiteren Erforschung zu klären, im ganzen jedoch ist dieser Glanzpunkt der Bautätigkeit des Augustus in Rom zuverlässig zu rekonstruieren. Architektur und Baukunst sind die Mittel, mit denen hier Geschichte gestaltet wurde, eine Geschichte in Marmor gehauen.

FORUM ROMANUM, CAESARFORUM, AUGUSTUSFORUM

Von der Straße aus schaut der heutige Besucher auf die ein paar Meter tiefer liegenden Überreste des Augustusforums. Sie bedecken das freigelegte Gelände in ziemlich unübersichtlicher Weise, und es ist nicht leicht, sich das

Abb. 4: Das Forum des Augustus

ursprüngliche Aussehen der Anlage vorzustellen. Allein die über 30 m hohe Mauer aus mächtigen römischen Quadern, die den Bezirk zur dichten innerstädtischen Bebauung hin abgrenzt, gibt die antike Situation noch getreu wieder. Sie hat sich erhalten, weil im Mittelalter an sie eine Kirche angebaut war und ein Kloster sich auf einem Teil des Forumsbereichs angesiedelt hatte.

In der Antike war der rechteckige Platz von allen Seiten umschlossen. Die streng auf Schauwirkung berechnete Architektur verlangte, daß die Bürger Roms das Forum nur an einer Schmalseite durch einen Eingang betreten konnten. Wie dieser aussah, wissen wir aufgrund der fehlenden Grabungen bisher nicht. Geklärt ist aber wohl, wie man ihn erreichte. Auf diesem Gang zum Augustusforum konnte der römische Bürger den Weg von der Republik zur neuen Ordnung des Prinzipats abschreiten.

Der Ausgangspunkt lag im alten politischen Zentrum der Stadt, dem Forum Romanum. Unübersehbar hatten die Zeitläufte hier ihre Spuren hinterlassen. Manche Gebäude waren in den Wirren der untergehenden Republik beschädigt worden. Bereits Augustus' Adoptivvater Caesar hatte ihre Wiederherstellung in Angriff genommen. Nach drei Jahrzehnten monarchischer Regierung allerdings erstrahlte der traditionelle Mittelpunkt des römischen Staates in neuem Glanz. *Res publica restituta*, das Gemeinwesen ist wiederhergestellt: diese Maxime der Politik des Augustus mußte selbstverständlich auch im bisherigen urbanen Herz des Staates zum Ausdruck kommen. Der Herrscher hat das alte Forum baulich neu gefaßt und darüber hinaus in Tempeln, Triumphbögen und Standbildern hier seine eigenen Erinnerungsmale errichtet.

Zwischen dem Senatsgebäude, der von Caesar neu gebauten Curia Iulia, und der von Augustus erneuerten Basilica Aemilia hindurch führte der Weg zunächst zum Forum Iulium. Es war Caesar, der nach der Erringung der Alleinherrschaft im Jahre 46 v. Chr. als erster die traditionelle, über Jahrhunderte gewachsene Mitte Roms durch einen aus eigenem Recht geschaffenen öffentlichen Raum ergänzt hat. Unmittelbar neben dem alten Forum gelegen, veranschaulichte das Forum Caesars sehr genau die neue Lage, in die der römische Staat durch den Sieg Caesars im Bürgerkrieg geraten war. Das neue Forum diente allein der Verherrlichung der Person des großen Feldherrn und seiner Familie. Für deren Ahnherrin, die Göttin Venus, ließ Caesar einen Tempel bauen, auf ihn richtete sich der Raum des neuen Forums aus. In welchem Verhältnis dieses zum alten Forum zu stehen hatte, blieb offen. Tatsächlich zog es jedoch einen Teil der öffentlichen Geschäfte an sich.

Nach der Ermordung seines Adoptivvaters 44 v. Chr. hat der junge Erbe – er nannte sich selbst damals aufgrund der Adoption C. Caesar, bis zum Jahre 27 v. Chr. heißt er im heutigen Sprachgebrauch Octavian – es als eine seiner ersten Pflichten verstanden, das noch unfertige Caesarforum zu vollenden. Das Erbe des Diktators anzunehmen hieß für den künftigen Alleinherrscher freilich, seiner Stadt ein eigenes, weiteres neues Forum zu schenken. In seinem Zentrum sollte ein Tempel für den rächenden Mars (Mars Ultor) stehen, den Octavian im Jahre 42 v. Chr. gelobte. Aber erst viel später, im Jahr 17 v. Chr., konnte die Verwirklichung in Angriff genommen werden. Die Vorbereitungen waren umsichtig und veranderten die vorgefundene Stadtstruktur so behutsam wie möglich. Augustus vermied Enteignungen, und infolgedessen mußte er in Kauf nehmen, daß das Areal an der den Wohnvierteln zugewandten Seite sich an die bestehende unregelmäßige Straßenführung anpaßte. Davon zeugt immer noch der eigenartige Verlauf der großen Rückwand des Areals. Die lapidare Mitteilung im Tatenbericht des ersten Kaisers lautet:

> Auf Privatgrund habe ich einen Tempel des Mars Ultor und das Augustusforum aus Mitteln der Kriegsbeute errichtet.
> (Augustus, *Res gestae* 21)

Warum geschah dies ausgerechnet im Jahr 17 v. Chr.? In diesem Jahr kehrte Augustus siegreich von Feldzügen gegen die Parther zurück. Zwei Jahre zuvor hatte er den Norden der iberischen Halbinsel erfolgreich befriedet, und im selben Jahr 19 v. Chr. war seine Stellung als Prinzeps rechtlich abschließend geregelt worden. Dem folgte im Jahr 17 v. Chr. dann die Adoption der beiden Enkel Gaius und Lucius und damit deren Designierung als Nachfolger. Schließlich gehört in den Kontext dieses Jahres noch die Saecularfeier sowie eine Initiative des Prinzeps zur Errichtung von öffentlichen Bauten durch Triumphatoren, die den wichtigsten *vir triumphalis*, Augustus selbst, natürlich am meisten forderte. Das sind die Hintergründe und historischen Rahmenbedingungen für die Stiftung des neuen Baukomplexes. Zudem war der Abstand zu Caesar und seiner problematischen Diktatur nunmehr, nach einem guten Vierteljahrhundert, so groß geworden, daß Augustus die Bauidee Caesars wieder aufnehmen und seine eigene Stellung als Alleinherrscher – zehn Jahre nach der formellen Etablierung – in einem monumentalen Bild zusammenfassend zur Anschauung bringen konnte. Der Ort dafür durfte wie schon für Caesar kein anderer sein als die Mitte der Stadt, der Nabel der Welt.

Der Anschluß an Caesar war überdeutlich. Der Komplex schloß im rechten Winkel direkt an das Forum Iulium an. Der Besucher mußte – gewissermaßen die geschichtliche Entwicklung nachvollziehend – durch dieses hindurchgehen, um zum Eingang des Augustusforums zu gelangen. Er betrat sodann einen 125 × 85 Meter großen Platz, der in seiner Konzeption den eben durchschrittenen nur leicht abwandelte. Langgestreckte Portiken, Säulenhallen, an beiden Seiten lenkten den Blick auf einen kolossalen Tempel, der sich auf einem Podium vor der Rückwand erhob. In Höhe der Tempelfront wurden die Säulenhallen halbkreisförmig erweitert. Wie die Eingangsseite gestaltet war, wissen wir nicht.

DER TEMPEL DES MARS ULTOR

Der Blick fiel als erstes auf die Front des Tempels.

> Wie der Gott, so ungeheuer ist auch der Bau: Nicht anders durfte die Wohnung des Mars sein in der Stadt seines Sohnes.
> (Ovid, *Fasti* V, 553/4)

Der Sohn des Mars ist Romulus, der sagenhafte Gründer Roms. Die Erinnerung an dessen Anfänge ruft der Eindruck des Tempels hervor, wie ihn der

Abb. 5: Der Tempel des Mars Ultor, Rekonstruktion

Dichter Ovid in seinem Kalender der religiösen Feste, den *Fasti*, beschreibt. Tatsächlich übertraf der Bau an Breite und Höhe alle anderen Tempel im augusteischen Rom, vielleicht mit Ausnahme des kapitolinischen Jupitertempels. Über den acht, fast 18 Meter hohen Frontsäulen in korinthischer Ordnung wachte als größte Gestalt in einem Giebelfeld der Herr des Tempels selbst, der Gott Mars. Ovid erinnert an das Auftreten des Gottes:

> Täusche ich mich, oder klirren Waffen? – Ich täusche mich nicht: Waffen klirrten,
> Mars erscheint und hat, erscheinend, Zeichen des Krieges gegeben.
> Der Rächer ist selbst vom Himmel herabgekommen – zu den ihm veranstalteten Ehrungen
> und in den Tempel, der auf dem erhabenen Forum die Blicke auf sich zieht.
> (Ovid, *Fasti* V, 549–552)

Mars Ultor, dem Rächer, galt die Weihung. Und Rache hatte Octavian bereits im Jahr 42 v. Chr. anläßlich der Schlacht bei Philippi gegen die Mörder Caesars gelobt. Mit nacktem Oberkörper, Schwert und Lanze in Händen, den Fuß in der Pose des Siegers auf den Himmelsglobus gesetzt, blickt der Kriegsgott von seinem Tempel herab. Aber in Wirklichkeit ist die Botschaft differenzierter. Das Kultbild im Tempelinneren, das uns nicht in allem übereinstimmende

Nachbildungen überliefern, zeigt den Gott als würdigen Feldherrn, mit üppigem Bart, mit Panzer, Helm, Lanze und Schild gerüstet. Auf dem Schild prangte, wie ein Relief aus Karthago zeigt, die *corona civica*, die Eichenlaub-Krone, mit der Augustus für die Rettung der Bürgerschaft geehrt worden war. Den Bildschmuck des Panzers beherrschten – an einer Statuenkopie aus flavischer Zeit – zwei Greifen, Fabelwesen, die der Rachegöttin Nemesis, aber auch dem Gott der wiederhergestellten Friedensordnung und besonderen Schutzgott des Augustus, Apollon, zugehören. Die Greifen sind durch eine Palmette mit Ranken verbunden, aus denen ein Pflanzenschaft emporwächst. Auf den Schulterklappen des Panzers sieht man gekreuzte Füllhörner. Die Aussage ist klar: Ziel und Sinn aller kriegerischen Anstrengungen, derer es in der Vergangenheit bedurft hatte und für die man auch in Zukunft vorbereitet sein mußte, war es, eine Welt zu schaffen, in der Fülle und Wohlstand herrschen. Der aggressive Gott der Schlachten hat ein zweites Gesicht, das eines väterlichen Wächters über den Frieden.

Doch überspannte der zeitliche Bogen, der durch das gesamte Bildprogramm des Forums gezeichnet wird, viel mehr als die – auch im Bild des Mars ja aufgerufene – persönliche Lebensgeschichte des Monarchen zwischen seinem alle überraschenden Eintritt in die Politik mit 19 Jahren im Jahr 44 v. Chr. und seinem zuletzt für Rom errungenen Kriegsruhm, der – tatsächlich weniger mit militärischer Gewalt als mit Diplomatie und viel Geld erreichten – Rückgabe römischer Feldzeichen, die im Jahre 53 v. Chr. von den Parthern erobert worden waren. Der neue Tempel, dem rächenden Mars geweiht, sollte sie beherbergen.

DIE SKULPTUREN

In der Figurengruppe des Tempelgiebels, den eine kleine Nachbildung aus der Zeit des Kaisers Claudius wiedergibt, erkennt der Betrachter links von Mars die Göttin Venus, die ja schon über dem benachbarten Caesarforum als Venus Genetrix thronte. Und in eben dieser Eigenschaft, Ahnherrin des Geschlechts der Iulier zu sein, verweist sie hier auf die bildliche Ausstattung der linken Portikus. Dort nämlich, in der Mitte der halbrunden Exedra, tritt der Venus-Sohn Aeneas auf. Er ist der Gründervater des römischen Volkes und verbindet dessen Entstehung mit dem vornehmsten Teil der griechischen Mythologie, der Troja-Sage. Zugleich sind Venus und Aeneas über dessen Sohn Iulus die Stammeltern des iulischen Geschlechts. Diesem gehörten

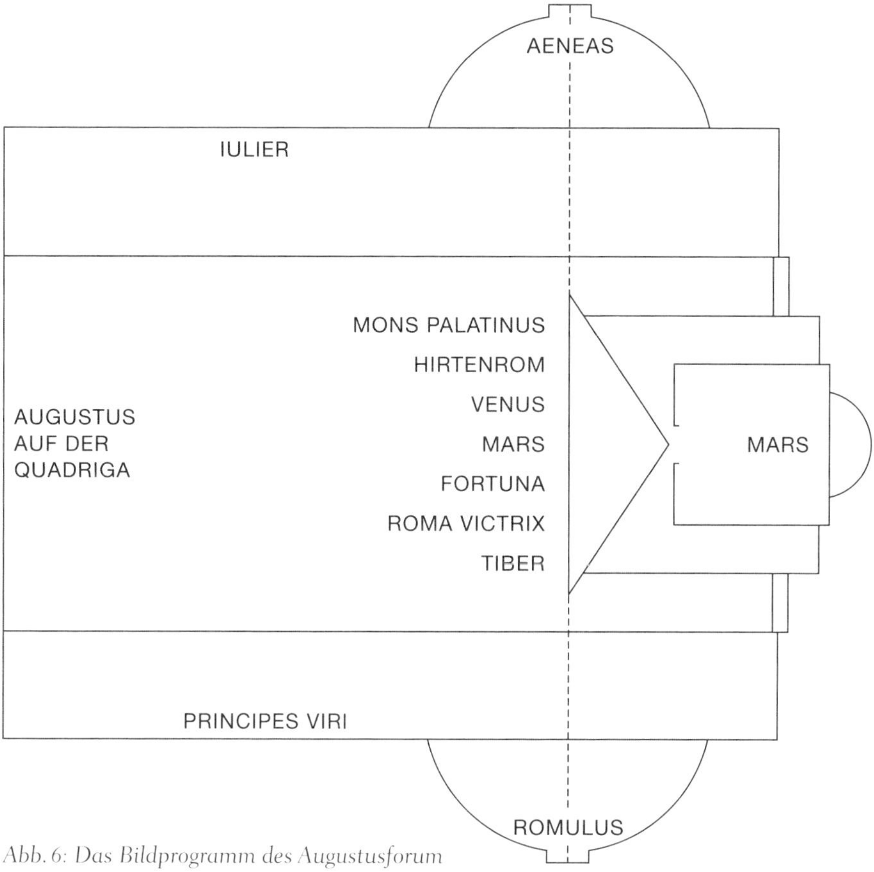

Abb. 6: Das Bildprogramm des Augustusforum

Caesar und Augustus an, und folglich präsentierten sich in den Bildnissen der linken Säulenhalle als Nachfahren des Aeneas die prominenten Mitglieder des iulischen Hauses. Die Reihe gipfelte in einer weit überlebensgroßen Statue Caesars, die in einem eigenen Raum neben der Exedra aufgestellt war.

Noch einmal wandert der Blick auf den Tempelgiebel. Neben Mars und Venus sitzt entweder Romulus oder die Personifikation der Anfänge Roms als Hirtengemeinde, wie Aeneas sie bei seiner Ankunft in Latium vorgefunden hatte. In der Giebelecke links beschließt der personifizierte Mons Palatinus die Figurengruppe. Rechts von Mars steht die Göttin Fortuna, neben der Roma thront, die Verkörperung des vom Glück begünstigten siegreichen Rom. Ganz außen in der Giebelecke lagert der Flußgott Tiber.

Wie in der Portikus zur Linken so findet das Giebelprogramm auch auf der rechten Seite des Platzes seine Fortsetzung. Als Pendant zu Aeneas figuriert hier als Fluchtpunkt einer Skulpturengalerie Romulus, der Gründer der Stadt Rom. Beide Gestalten sind in ihrem ideellen Gehalt eng aufeinander bezogen. Aeneas, angetan mit römischer Rüstung und den Schuhen des Patriziers, hat seinen Sohn Iulus an der Hand und trägt seinen Vater Anchises auf dem Rücken, der wiederum den Schrein mit den Penaten, den Hausgöttern, in seinen Händen birgt –

> bis er gründe die Stadt
> und seine Götter bringe nach Latium –

wie Vergil (*Aeneis* 1, 5/6) sagt. So verließ Aeneas das brennende Troja und begann jene Wanderschaft, die ihn am Ende zum Rom der Hirten führte. Aeneas ist die Ikone der *pietas*, der treuen Pflichterfüllung gegenüber den Göttern, und der Inbegriff sozialer Verantwortung. Sein Gegenüber Romulus ist in dem Moment dargestellt, wo er nach dem siegreichen Zweikampf gegen einen Latinerkönig dessen Waffen, die *spolia opima*, davonträgt. Damit wird jene Lichterkette der Erfolge im Zeichen Fortunas angezündet, an deren Ende Rom zur Herrin des Erdkreises geworden ist. Romulus ist – wie die in augusteischer Zeit auf dem alten Forum angebrachten Triumphalfasten belegten – der erste Triumphator und der Inbegriff der römischen *virtus*, der männlichen Bewährung und Verantwortung. Diese und die *pietas*, sind aber zwei der Kardinaltugenden, die der Monarch sich selbst auf's Panier schrieb. Zusammen mit *iustitia*, dem gerechten Handeln, und *clementia*, der Selbstbeherrschung des Überlegenen, bilden sie das Quartett der Herrschertugenden, die von Augustus, wo immer möglich, öffentlich proklamiert wurden, so etwa auf dem überall im Reich ausgestellten Ehrenschild, den ihm der Senat verliehen hatte.

Mit Romulus beginnt das Heldentum der Römer, das ihre gesamte Geschichte durchziehen sollte. Die bedeutendsten Repräsentanten von der mythischen Frühzeit bis zur ausgehenden Republik begleiteten ihren Gründerheros. Einträchtig nebeneinander standen alle, die in Krieg und Frieden Rang und Namen hatten, auch solche wie Marius und Sulla, Lucullus und Pompeius, die im wirklichen Leben Todfeinde waren. *Sub specie aeternitatis* spielte das keine Rolle mehr. Augustus selbst soll einen großen Teil der *elogia*, der lobenden Würdigungen, abgefaßt haben, in denen auf der Wand unter den Figuren-Nischen die Leistungen seiner Helden für Rom festgehalten waren.

Die Bilder des Augustusforums vergegenwärtigen demnach ebenso Caesar und das Haus der Iulier wie die gesamte Geschichte Roms. Ihren Gipfel erreichen die beiden Traditionslinien im Bauherrn selbst, der sie in seiner Person vereinigte, er, Augustus, der größte der Iulier und zugleich der Vollender der römischen Geschichte. Er überblickte sein Forum von der Quadriga des Triumphators aus. Es kann gut sein, daß sein Standbild über dem Eingang plaziert war, wenn es nicht wie das Reiterstandbild Caesars auf dessen Forum in der Platzmitte stand. Die Inschrift am Sockel führte alle Siege des *pater patriae*, des Vaters des Vaterlandes, an. Daß er aus der Reihe der *principes viri*, der großen Männer der Vergangenheit, heraustrat und sich als der größte der Großen erwies, bedurfte keines besonderen Elogiums mehr. Es ergab sich vielmehr aus der Zusammenschau aller hier versammelten Elemente des Gesamtbildes wie von selbst. Gemeinsam bezogen sie sich alle auf die Person des Prinzeps, ganz wie er es sich – so weiß sein antiker Biograph Sueton – selbst gedacht hatte. Augustus stellte die Statuen von allen

> militärischen Führern, die die Herrschaft des römischen Volkes aus den kleinsten Anfängen zu größter Macht entfaltet hatten in Triumphbekleidung in den beiden Wandelgängen seines Forums auf, wobei er auch in einem Edikt erklärte, er habe sich dies einfallen lassen, damit an deren Vorbild sowohl er selbst, solange er lebe, als auch die Herrscher späterer Zeiten von ihren Bürgern gemessen werden könnten.
> (Sueton, *Augustus* 31, 5)

DIE WIRKUNG DES BAUWERKS

Unterhalb des Tempelgiebels hatte sich der Stifter mit seinem Namen verewigt: Mars

> betrachtet auch den vorn mit dem erhabenen Namen geschmückten Tempel,
> und ihm erscheint, da er Caesars Namen gelesen, noch größer das Werk.

Der in der Bauinschrift festgehaltene »erhabene Name«, *nomen augustum*, verbindet, so noch einmal die Beschreibung Ovids (*Fasti* V, 567/8), den Bauherrn mit der religiösen Aura des Heiligtums. Mit der Weihung des Mars-Ultor-Tempels am 1. August des Jahres 2 v. Chr. war der Gesamtkomplex fertiggestellt. Augustus ließ die Zeremonie durch seine beiden Enkel Gaius und

Lucius Caesar vornehmen und unterstrich damit den auch durch das Bildprogramm zum Ausdruck gebrachten dynastischen Gedanken.

Aus den Worten Ovids spricht die Wirkung, die das Augustusforum von Anfang an ausübte. Die Bewunderung der Mit- und Nachwelt war einhellig. Sueton (*Augustus* 29, 1) nennt das Forum unter der großen Zahl an öffentlichen Bauten des Augustus an erster Stelle, der ältere Plinius rechnet es unter »die schönsten Werke, welche die Welt je gesehen hat« (*Naturalis Historia* XXXVI, 102). Und wenn Augustus selbst sich rühmte, »er hinterlasse die Stadt, die er als Lehmziegelstadt empfangen habe, als marmorne« (Sueton *Augustus* 28, 3), so besteht dieser Ruhm zumindest mit Blick auf sein Forum völlig zu Recht: Wer aus den unmittelbar angrenzenden, dichtbevölkerten Wohnbezirken mit ihren engen, verschatteten, in erdig-matte Beleuchtung getauchten Gassen den großzügigen Platz betrat, wurde förmlich geblendet vom gleißenden Licht der Marmoroberflächen und den leuchtenden Farben der kostbaren Steine. Während der freie Platz weiß gepflastert war und der Tempel ebenfalls in hellem Carrara-Marmor erstrahlte, waren die Innenräume der Portiken, Exedren und des Tempels mit verschiedenen farbigen Mustern ausgelegt und verkleidet. Selbst die Rückwand besaß bis in die Höhe von 15 m marmorne Verzierungen. Um so effektvoller hoben sich die weißen Marmorstatuen und Inschrifttafeln ab. All dies kann sich der heutige Betrachter allenfalls vor sein inneres Auge rufen, vielleicht inspiriert vom Abglanz der drei übriggebliebenen weißen Säulen, so wie einst der große Raffael, der diesen Anblick auf einem Fresko des Borgobrandes in den Stanzen des Vatikan wiedergab.

DER RÜCKGRIFF AUF DIE GRIECHISCHE KUNST

Die bunten Steinsorten der Boden- und Wandbeläge stammten aus dem ganzen Reich. So waren die Provinzen, die durch die Herrschaftspraxis des Augustus rasch die Segnungen des römischen Friedens spürten, in der geistigen Mitte des Reiches virtuell gegenwärtig und huldigten mit ihren natürlichen Schätzen dem Monarchen. Und umgekehrt hat ihnen dieser in der künstlerischen Formensprache der Architektur und Ausstattungsdekoration seine Reverenz erwiesen. Im Vordergrund standen dabei natürlich die griechischen Vorbilder.

Schon seit nahezu zwei Jahrhunderten hatte sich die römische Oberschicht in ihren Privathäusern der als maßgebend empfundenen Kultur der Griechen hingegeben. Augustus machte die griechische Kunst zur bestimmenden Ausdrucksform auch im öffentlichen Raum. Besonders deutlich ist die Bezugnahme auf Athen. Auch für die Römer war dessen kulturelle Führungsrolle im griechischen Osten, ja in der ganzen antiken Welt aufgrund der Geschichte unumstritten. Daher stehen insbesondere die klassischen Formen der griechischen Kunst aus dem 5. Jahrhundert v. Chr., die mit Athens Namen untrennbar verbunden sind, im Vordergrund. Für Augustus bot sich dieser Rückgriff um so mehr an, als sein einstiger Rivale um die Macht, Marcus Antonius, als zeitweiliger Herrscher über den Osten des Reiches mit dem überladenen und raffinierten späthellenistischen Kunststil identifiziert wurde.

Die optisch auffälligste Anleihe hat Augustus im kultischen Mittelpunkt Athens, auf der Akropolis, gemacht. Die vornehmen jungen Athenerinnen, die das Gebälk des kostbaren Erechtheus-Tempels tragen, die sogenannten Karyatiden, erscheinen in maßgenauen Kopien – je 60 auf beiden Seiten an der Zahl – am Attikageschoß der Säulenhallen. Die Originale in Athen waren Teil eines Bemühens um Rückbesinnung und religiöse Erneuerung im Zusammenhang mit dem traumatischen großen Krieg im letzten Drittel des 5. Jahrhunderts v. Chr. Sie unterstützten deshalb vorzüglich die von Augustus selbst verfolgte Politik der religiösen Traditionspflege. Und wie die jungen Frauen, die Koren, am Erechtheion das Grab des Kekrops, des mythischen ersten Königs Athens, umringten, so verliehen die augusteischen Karyatiden den Ahnengalerien der römischen Geschichte einen ehrwürdigen Rahmen.

Die Bezüge auf das klassische Athen sind zahlreich und von Augustus auch gezielt ins öffentliche Bewußtsein gerückt worden. So hat er anläßlich der Einweihungsfeierlichkeiten für das Forum auf einem eigens ausgehobenen See jenseits des Tiber die Seeschlacht von Salamis mit einem gewaltigen Aufgebot von 3000 Darstellern nachspielen lassen. Abermals dient die historische Vergegenwärtigung dazu, den Sinn des erlebten zeitgenössischen Geschehens verständlich zu machen: Der Sieg der Athener bei Salamis hat die Perser als Macht des Ostens in ihre Schranken verwiesen und dadurch die Blüte der griechischen Kultur des 5. Jahrhunderts v. Chr. ermöglicht. Unter dieser Perspektive möchte Augustus seine Siege über die Herrscher des Ostens, Antonius und Kleopatra, und später über die Parther verstanden wissen. Die Schlachten bei Salamis (480 v. Chr.) und bei Actium (31 v. Chr.) erhalten damit die gleiche historische Bedeutung und Dignität.

An der Fassade der Portiken des Augustusforums befanden sich auf den Feldern zwischen den Karyatiden große marmorne Schilde, geschmückt mit

Abb. 7: Die Karyatiden im Attikageschoß der Portiken

Köpfen, neben anderen des Iuppiter Ammon. Ihr Stil und ihr Thema weisen darauf hin, daß die Bezüge zur griechischen Kunst sich keineswegs auf die Klassik beschränken. Mit den Ammonsköpfen wird vielmehr sowohl die Verbindung zu Alexander dem Großen, der überdies an anderer Stelle des Forums in zwei Gemälden des klassischen Malers Apelles zugegen war, als auch zu Ägypten evoziert, das seit dem Jahr 30 v. Chr. persönlicher Besitz des Kaisers war.

Die Stützfiguren sind nur die hervorstechendsten Elemente einer durchgängigen ornamentalen und figürlichen Architekturdekoration aus Säulen samt Basen und Kapitellen, Pilastern, Friesen, Kassettendecken, Dachschmuck und Wasserspeiern. Als Ensemble betrachtet will es scheinen, als seien die erhabenen Vorbilder Griechenlands im Rom des Augustus wieder auferstanden. So erinnert etwa die Kultstatue des Mars an das berühmte Bild der Athena Parthenos des Bildhauers Phidias im Parthenon-Tempel auf der athenischen Akropolis. Wie dieses war der augusteische Mars möglicherweise eine Gold-Elfenbein-Statue. Auch Einzelheiten wie der abgestellte Schild zur

Linken, das Gorgonenhaupt auf dem Brustpanzer oder der Helm mit Sphingen und Flügelpferden erinnern an das ehrwürdige Vorbild.

Man spricht allenthalben – und zuweilen in eher abschätzigem Tonfall – von einer klassizistischen Kunstauffassung, mit der sich Augustus von der in der Republik vorherrschenden absetzte. In der Tat markiert die augusteische Kunstpolitik einen deutlichen Wandel. Aber in der Hinwendung zu einer anderen Formensprache kommt vor allem auch ein Bewußtseinswandel zum Ausdruck. Die griechischen Kunstschätze wurden nicht mehr wie früher räuberisch zusammengerafft, sondern teilweise sogar demonstrativ zurückgegeben. Was man benötigte, versuchte man käuflich zu erwerben, oder man kopierte oder schuf im entsprechenden Stil nach.

In Griechenland selbst, besonders in Athen, hat Augustus ebenfalls ein beispielhaftes Bauprogramm verwirklicht. So entstand etwa auf der Agora in Athen ein Tempel des rächenden Ares (*Ares Timoros*) als Pendant zum Mars-Ultor-Tempel auf dem Augustusforum. Durch weitere Bauten wie das Odeion des Agrippa, Kaiserkultbauten und Statuenweihungen hat Augustus das alte Zentrum Athens im Sinne kultureller Bewahrung und Belebung wie auch zur Manifestation römischer Präsenz gründlich umgestaltet. Die Parallelen zu Rom sind mit Händen zu greifen, und es zeigt sich, daß in dem Maße, wie die Römer dank der Anstrengungen des Kaisers endlich mit den Griechen gleichziehen konnten, der bisher einseitige Akkulturationsprozeß zu einem gegenseitigen Geben und Nehmen wurde.

Die Zurückwendung zum klassischen Athen, von der das Augustusforum kündet, ist deswegen nicht das Ergebnis einfallsloser Nachahmung oder eines oberflächlichen und sinnentleerten Eklektizismus, für den der Zweck jedes Mittel heiligte. Wie bei jedem echten Klassizismus geht es im Kern vielmehr um ein glaubwürdiges, lebendiges und zukunftsweisendes Ideal. Wie kaum ein anderes Bauwerk formuliert das Augustusforum die Idee einer das Imperium übergreifenden künstlerischen Formensprache. In ihr sind Athen und Rom, die Repräsentanten des Ostens und des Westens und die Glanzlichter der Weltgeschichte, erstmals miteinander verbunden und versöhnt. Und diese Kunst kann sich – vor dem Hintergrund der gewonnenen friedlichen Einheit des Reiches – unbeschwert der Höhepunkte der von diesem umfaßten Kulturen bedienen. Die Kunst des Augustusforums vermittelt somit die Vision einer Reichskultur, an der alle gleichermaßen teilhaben sollten. Unter den Nachfolgern des Augustus wurde jene Vision in wenigen Jahrzehnten überall im Reich zur Wirklichkeit.

Die neuen einheitlichen kulturellen Formen ziehen die Summe aus den bisherigen historischen Leistungen der antiken Welt. Das schlägt sich nicht zuletzt in der inneren Struktur dieser Kunst nieder. Es ist diese Struktur, die der römischen Kunst der Kaiserzeit ihre Eigenständigkeit verleiht. Sie orientiert sich am Prinzip der Einheit des Gesamtkunstwerks. In den Worten von Bernard Andreae:

> Faßt man (...) das Ganze ins Auge, so erkennt man das Neue und Folgerichtige der Organisation des Kunstwerks, das in einem bisher nicht so entscheidenden Maße in seiner Gesamtheit beruht. Gewiß war auch im Parthenon und auch im großen Zeusaltar von Pergamon das Ganze mehr als die Summe seiner Teile, aber jeder Stein fügte sich als in sich abgerundete Einheit zum Ganzen zusammen; er empfing nicht umgekehrt vom Ganzen her seinen Sinn, ohne den seine Aussage essentiell und nicht nur graduell unvollkommen blieb.
> (Bernard Andreae: Römische Kunst. Freiburg 1982, S. 109)

Das Forum des Augustus ist ein solches Gesamtkunstwerk zunächst in zweierlei Hinsicht: zum einen im Hinblick auf seine Form. Die ästhetischen Qualitäten der Kunstentwicklung seit den Anfängen der Antike – von der griechischen Archaik über die Klassik bis zum Hellenismus und von der etruskischen über die altitalische bis zur römischen Kunst – gehen in diesem Werk eine schöpferische Liaison ein, aus der die neue Kunst des römischen Imperium in der Kaiserzeit geboren wird. Sie ist von einer organischen Ganzheit geprägt; dadurch werden für sich genommen gegensätzliche Prinzipien harmonisch miteinander ausgeglichen: strenger innerer Aufbau nach Sichtachsen, Fluchtpunkten, Spiegelbildlichkeit, gleichmäßigen Anordnungen, also einer rationalen Konstruktion einerseits und überfließende Fülle von Dekor und Ornament andererseits.

Zum Gesamtkunstwerk wird das Bauwerk aber erst dadurch, daß es eine inhaltliche Mitte besitzt, laut Andreae ein Ganzes, das die einzelnen Teile – inhaltlich wie formal – zu integrieren vermag. Jede Einzelheit, für sich genommen vielleicht wenig aussagekräftig oder oberflächlich, erhält ihre Daseinsberechtigung und ihren Sinn allein in jenem Netzwerk, voll von den Assoziationen und Bezügen, die das Auge des Betrachters im Augustusforum wahrnehmen und sein Verstand erkennen konnte. Diese Mitte, auf die alles zuläuft und in der sich alles verbindet, ist die Person des Augustus und seine geschichtliche Aufgabe als Lenker und Hüter des Erdkreises. Sie ist von Horaz in einem berühmten Gedicht beschrieben, und der Dichter hat in ihm den Geist sehr anschaulich eingefangen, von dem jede Einzelheit auch dieses Bauwerks durchdrungen ist:

(…) Mein Caesar,

Ja, deine Zeit gab wieder der Heimatflur
Der Früchte Pracht, die römischen Adler riß
Sie von des Parthers stolzen Wänden,
Schenkte sie unserem Gotte wieder,

Schloß Janus' Tor, vom Kriege befreit,
(…) und weckte
Wieder den Geist der vergangenen Zeiten,

Durch den einst Latiums Namen, Italiens Macht
Sich kühn erhob, der Ruhm und der Glanz des Reichs
Sich dehnte bis zum Sonnenaufgang
Weithin vom westlichen Abendlager.

Solange Caesar Hüter der Welt ist, stört
Kein Bürgerwahnsinn, keine Gewalt die Ruh',
(…)

Auch wir   am Werktag oder am frommen Fest,
Wir wollen, Bacchus' heiterer Gabe froh,
Wenn wir vereint mit Fraun und Kindern
Fromm zu den Himmlischen erst gebetet,

Von unsrer Feldherrn Taten nach Väterart
Ein festlich Lied zu lydischem Flötenschall,
Von Troja und Anchises singen,
Von dem Geschlechte der Mutter Venus.
(Horaz, Oden IV, 15, 4–9, 12–18, 25–32)

DAS FORUM AUGUSTUM UND DAS RÖMISCHE GESCHICHTSBILD

Von einem Gesamtkunstwerk kann man beim Forum Augustum schließlich aber noch in einem dritten Sinne sprechen. Die Botschaften des Bauwerks haben nämlich eine enge innere Beziehung zum Bild der römischen Geschichte, wie es eben zu der Zeit, als der Bau des Forums begonnen wurde, maßgebend geworden ist. Es war das epische Gedicht Vergils, die *Aeneis*, veröffentlicht 19 v. Chr., das mit einem Schlag der dem Zeitalter gemäßen Anschauung der römischen Vergangenheit eine gültige Form verlieh und mit dem Vergil zum römischen Homer wurde.

Völlig neu war dieses Geschichtsbild nicht. Die Römer hatten bereits seit gut zwei Jahrhunderten die Geschichtswerke der Griechen genau studiert und sich nach diesen Vorbildern Deutungen ihrer eigenen Vergangenheit zurechtgelegt. Als wichtigste Tatsache drängte sich dem rückschauenden Beobachter die Überlegenheit des römischen Volkes über alle anderen Völker auf. Sie manifestierte sich im unaufhaltsamen Aufstieg der römischen Macht. In der Frage, worauf dies zurückzuführen sei, waren sich die römischen Historiker stets über zwei Antworten einig: Die Götter hatten den Römern jederzeit ihre Hilfe gewährt, und: natürlich war dieses Glück nur den Tüchtigen und Tugendhaften hold. Der machtpolitischen Überlegenheit entsprach daher eine überlegene Moral.

Besonders dieser Gedanke ist in den dunklen Stunden, die die Republik während ihres letzten Jahrhunderts durchleben mußte, mit immer größerer Eindringlichkeit betont worden. Für die Krise der Selbstzerfleischung in den Bürgerkriegen war – so die offenbar unausweichliche Lehre der Geschichte – allein der Verfall der guten alten Gesittung, des *mos maiorum*, verantwortlich. In diesem Begriff wurde der Kern der historischen Identität gleichsam kanonisiert. Seine Eckpfeiler waren Ideale wie *virtus* (die männliche Bewährung in Kampf und Politik), *pietas* (Verantwortung im Geist der religiösen Achtung), *iustitia* (die Bindung des Handelns an Recht und Gerechtigkeit), *fides* (Verläßlichkeit und Berechenbarkeit in den gesellschaftlichen und politischen Beziehungen) oder *disciplina* (selbstbeherrschtes Bewahren der überlieferten Lebensordnung). Fortan bildete der *mos maiorum* und damit die Tradition der Vorväter den unverrückbaren Fokus jeder historischen Betrachtung. So schreibt der Historiker T. Livius, mit dem dieses Bemühen um die Sitte der Altvorderen einen zusammenfassenden Abschluß findet, im Vorwort zu seinem Geschichtswerk:

Eines besonders ist beim Eindringen in die Geschichte dienlich, nämlich dies: daß du vorbildhafte Beispiele an hervorleuchtendem Denkmal betrachtest; an ihnen magst du für dich und dein Gemeinwesen lernen, was du nachahmen, an ihnen, was du – weil schändlich schon in seinem Beginn, schändlich in seinem Ausgang – meiden sollst.
(Livius, *Praefatio* 10)

Von hier aus führt offensichtlich der direkte Weg zum Forum des Augustus. Die Leistung des Dichters Vergil war es dann, dieses Bild der Geschichte Roms als vom Schicksal vorherbestimmter wie in eigenen Verdiensten gründender Heilsgeschichte mit den Forderungen des neuen Staates in Einklang gebracht zu haben. Folglich erfüllte sich nun in Augustus für das römische Volk das ihm an seinen Anfängen verheißene Heil. Die römische Geschichte war an ihrem Ziel. Vergil erzählt die mythische Gründung Roms und blendet gleich in sie ein die künftige Geschichte mit ihrer Vollendung in der Gegenwart des Prinzipats. Daß Mythos und Geschichte dabei ineinander übergehen, ja gar nicht voneinander zu unterscheiden sind, deckt sich völlig nicht nur mit dem Verständnis der Römer von Geschichte. Denn auch den Griechen bedeutete die dichterische Gestaltung des Mythos durch Homer zu allen Zeiten nichts anderes als die Beschreibung ihrer realen alten Geschichte.

Die entscheidende Stelle liest man in der Mitte des Heldenepos. Im 6. Buch der *Aeneis* weissagt Anchises seinem Sohn Aeneas die Zukunft des römischen Volkes und stellt ihm die Reihe der Großen, die die Geschichte Roms hervorbringen wird, vor Augen:

Was für Jünglinge – sieh nur! – und was für Kräfte sie zeigen,
Bürgerkrone aus Eichenlaub umschattet die Schläfen.
(Vergil, *Aeneis* 6, 771/2)

Natürlich ist der erste unter ihnen der Marssohn Romulus:

Siehst du, wie doppelt der Helmbusch ihm ragt auf dem Scheitel,
wie ihn mit eigener Ehre schon ziert der Vater der Götter?
Sohn, unter seinen Auspicien dehnt die erhabene Roma
erdkreisfüllend ihr Reich (...).
(Vergil, *Aeneis* 6, 779–782)

Die Auspizien des Romulus, das *augurium augustum*, verweisen auf Augustus. Von Romulus wendet sich der Blick des Sehers denn auch umgehend ans Ende der Geschichte:

> Hierhin wende du jetzt deinen Blick, schau an dieses Volk hier,
> deine Römer: Caesar ist hier und des Iulus gesamte
> Nachkommenschaft, die einst aufsteigt zum Himmelsgewölbe.
> Der aber hier ist der Held, der oft und oft dir verheißen,
> Caesar Augustus, der Sproß des Göttlichen. Goldene Weltzeit
> bringt er wieder für Latiums Flur, wo einst Saturnus
> herrschte, er dehnt sein Reich, wo fern Garamanten und Inder
> wohnen, und weiter (...).
> (Vergil, *Aeneis* 6, 788–795)

Romulus und Augustus, Vergangenheit und Gegenwart werden nahtlos miteinander verbunden. Es folgt die Vorstellung einer Reihe exemplarischer Namen von der Königszeit bis ins 2. Jahrhundert v. Chr. Sie alle haben ihren Teil dazu beigetragen, daß Rom seine historische Mission erfüllen konnte. Diese und damit ein wesentliches Element des römischen Selbstverständnisses, von dem die Herrschaft des Augustus getragen war, gießt Vergil am Schluß der Rede des Anchises in die bekannten Verse:

> Tu regere imperio populos, Romane, memento –
> haec tibi erunt artes – pacique inponere morem,
> parcere subiectis et debellare superbos.
> (Vergil, *Aeneis* 6, 851–853)

> Du aber, Römer, gedenk – so wirst du erfüllen dein Wesen –
> Völker kraft Amtes zu lenken und Ordnung zu stiften dem Frieden,
> Unterworf'ne zu schonen und niederzukämpfen Empörer!

Noch an mehreren anderen zentralen Stellen seines Werkes – so beispielsweise in der Schilderung der Dekoration des vom Gott Vulcanus für Aeneas geschmiedeten Schildes (8, 626–731) – beschreibt Vergil die historische Fluchtlinie, die die Frühzeit Roms mit der weltumspannenden Herrschaft des Prinzeps Augustus verknüpft.

Daraus zu schließen oder dabei zu unterstellen, der Monarch habe seinem Hofdichter eben die Feder geführt, wäre genauso falsch wie das Forum Augustum und seine ins Bild gebrachten Botschaften dadurch abzuqualifizieren, daß man, mit den Erfahrungen unseres Jahrhunderts im Hinterkopf, in ihnen bloß das »hohle Pathos« einer römischen »Walhalla« (Paul Zanker) vernimmt. Dagegen spricht nicht nur, daß dieses Forum tatsächlich zu einem der wichtigsten öffentlichen Räume wurde, auf dem zahlreiche und für die kontinuierliche Selbstvergewisserung der Gemeinschaft sehr wichtige rituelle Zeremonien und politische Handlungen stattfanden. Gegen alle ideologiekritischen Vorbehalte und abwertenden Distanzierungen spricht vielmehr vor allem, wie breit die Resonanz auf Vergils Dichtung wie Augustus' Bauwerk in Rom und im Reich gewesen ist.

Dankbar haben sich die Bürger die Botschaften zu eigen gemacht, die durch die Schönheit ihrer Form auch ihre Herzen erreichten. Gerade Paul Zanker hat in seinem großartigen Buch über die augusteische Bildkunst deren Wirkung bis in das einzelne Bürgerhaus hinein immer wieder aufgewiesen. Und daß dem so war, ist leicht verständlich: Vergil hat als Geschichte nur zur Sprache gebracht und der Kaiser selbst aus dem Marmor hauen lassen, was Millionen im Reich dachten und empfanden, wenn sie über die Bedeutung der neuen Ordnung für ihr Leben nachdachten. Die überwältigende Mehrheit der Reichsbewohner hätte wohl kaum etwas anderes gesagt als jene Schiffahrer aus Alexandria, die, wie Sueton erzählt, Augustus kurz vor seinem Tod in der Bucht von Puteoli begegneten:

> Durch ihn würden sie leben, durch ihn zur See fahren, durch ihn auch Freiheit und Wohlstand genießen.
> (Sueton, *Augustus* 98, 2)

Als die Römer im Jahre 14 n. Chr. ihren toten Monarchen zu Grabe trugen, konnten sie noch einmal jene Botschaft erleben, die zu wiederholen er selbst zeitlebens nicht müde geworden war. Einer unserer Gewährsleute berichtet, wie der Leichenzug – in der Tradition römischer Familienbegräbnisse – zu einem lebenden Bild der Geschichte wurde:

> Die Bahre war aus Elfenbein und Gold angefertigt und mit einer purpurnen Decke geschmückt. Die Leiche lag den Blicken entrückt in einem Sarg. Aber man sah eine Wachsnachbildung von ihm in der Kleidung des Triumphators. Diese wurde von den designierten Konsuln des folgenden Jahres

> aus seinem Haus auf dem Palatin geholt und dem Zug vorangetragen. Eine andere Statue aus Gold kam aus der Curia, eine dritte wurde auf einer Triumphalquadriga mitgeführt. Danach kamen die Bildnisse [vermutlich Darsteller mit entsprechenden Portraitmasken] seiner Vorfahren und verstorbenen Verwandten [...]. Darauf folgten die Bildnisse aller Römer, die sich in irgendeiner Weise hervorgetan hatten, an der Spitze des Zuges ging Romulus selbst. Sogar Pompeius war zu sehen und alle Völkerschaften, die Augustus unterworfen hatte, jeweils in ihrem spezifischen Aufzug.
> (Dio Cassius 56, 34)

Geschichte gibt es nur als Sprache, sei es in der aus Worten oder in der aus Bildern. Und Geschichte ist stets ein Akt bewußter Gestaltung: Aus Vergangenheit wird mit Blick auf Gegenwart und Zukunft Geschichte gemacht. Sie ist daher nie etwas anderes als absichtsvolle Sinndeutung des aus sich heraus sinnlosen Geschehens der Vergangenheit. Der Grieche Herodot hat die Geschichte als kritische Selbstreflexion in einer freien Bürgergesellschaft erfunden. Der Kaiser Augustus hat mit seinem Forum nicht das erste, aber ein besonders herausragendes Monument einer Geschichte als Kontinuitätswahrung und Identitätsstiftung geschaffen. Daß beide, Herodot wie Augustus, ihren historischen Rekonstruktionen nicht die uns geläufigen Standards wissenschaftlicher Rationalität zugrunde legen konnten, mindert nicht den Wert und die Bedeutung des von ihnen Erreichten für uns. Denn beide Geschichten, die durch das Wort gestaltete wie die zum steinernen Bild gewordene, sind Urbilder von Geschichte, wie sie für Europa typisch geworden sind. Seine Völker und Staaten brauchen seitdem beide.

STADT –
GEMEINSCHAFTEN UND IHRE LEBENSRÄUME

3.

RÄUME FÜR DIE BÜRGERGEMEINSCHAFT – ALT-SMYRNA, MILET UND PRIENE

Dabei geht es immer um Utopien. Als Architekt darf man sich diesen Utopien nicht verschließen (...). Man muß die Wirklichkeit herausfordern. Und man muß die Welt verändern wollen. Sonst ist man ein verdammter Akademiker, ein dummer Formalist. Wenn man als Architekt nicht aufpaßt und in die Arbeit keine Utopien einfließen läßt, hat man am Ende tatsächlich Gebäude, die seelenlos sind.

Renzo Piano

DIE BEDEUTUNG DER ANTIKEN STADT

Sokrates bemerkt in Platons *Phaidon* beiläufig (109 a–b), die Griechen wohnten vom Phasis – einem kleinen Fluß im Kaukasus – bis an die Säulen des Herakles – die Straße von Gibraltar – um das Meer herum, »wie Ameisen oder Frösche um einen Tümpel«. Er traf mit diesem einprägsamen und daher vielzitierten Bild wichtige Grundzüge der griechischen Kultur: die gewaltige geographische Ausdehnung des griechischen Siedlungsraumes, der dennoch nur einen schmalen Saum längs der Küsten des Mittelmeeres und des Schwarzen Meeres bedeckte. Und die Frösche, die sich da über das Wasser anquakten, das waren politisch eigenständige Stadtgemeinden.

»Dies verzeih mir schon, mein Bester«, so stellt Sokrates an einer anderen Stelle gegenüber seinem Schüler Phaidros klar, nachdem dieser ihm vorgehalten hatte, er setze normalerweise keinen Fuß vor das Stadttor: »Dies verzeih mir schon, mein Bester. Ich bin eben lernbegierig, und Felder und Bäume wollen mich nichts lehren, wohl aber die Menschen in der Stadt« (*Phaidros* 230 c–d). Menschliches Leben konnte seine Erfüllung nur in einer städtischen Lebenswelt finden. Diese in der Antike einhellige Vorstellung bedeutet, daß Städte weit mehr sind und sein müssen als bloße Siedlungseinheiten. Sie bilden vielmehr den Raum, in dem allein menschliches Leben in allen seinen Dimensionen Ordnung und Form gewinnt und als solches gestaltetes Leben erfahren werden kann – von der Familie bis zu den höchsten politischen Fragen, von den Werken der Menschen bis zum Wirken der Götter. Die Gestalt der Stadt bildet deshalb die Strukturen des Zusammenlebens getreu ab, ja noch mehr: der Städtebau ist in technischer wie architektonisch-ästhetischer Hinsicht ein unverzichtbares Mittel, diesen Strukturen von Gemeinschaft und Gesellschaft Form und Halt zu geben.

Das gilt nicht nur für die Griechen und Römer, die auch nicht die ersten waren, sich dieses Mittels zu bedienen. Sie haben dabei freilich einen historisch völlig neuen Typus von Stadt erfunden, dessen Wirkungsgeschichte bis in unsere Tage anhält. Und die Griechen waren die ersten, die sich der Rolle ihrer städtischen Umwelt ganz bewußt waren und theoretisch darüber reflektierten. Die Stadt als Lebensraum der Gemeinschaft – das ist einer der Traditionsstränge, der die westliche Zivilisation bis heute mit ihren antiken Wurzeln verbindet. Wenn – nicht erst gegenwärtig – sehr lebendig über die Gestaltung unserer Städte nachgedacht und gestritten wird und wenn städtebauliche Entscheidungen zu den wichtigsten politischen Materien zählen, so tun wir gut daran, das Wesen der Sache in ihren Anfängen zu suchen.

Bereits unsere erste Quelle kann man als Zeugen aufrufen: Homer, dessen monumentale Dichtungen, die *Ilias* und die *Odyssee*, zwischen 750 und 700 v. Chr. vermutlich an der kleinasiatischen Ägäisküste entstanden sind. Der Held Odysseus durchleidet eines seiner spannendsten und lehrreichsten Abenteuer auf der Insel der Kyklopen. Diese ungeschlachten Riesen sind in den Augen des Griechen die Prototypen eines Lebens in vollkommener Wildheit. Sie leben allein von dem, was die Natur ihnen ohne weiteres Zutun bietet, und

> sie haben weder ratspflegende Versammlungen noch auch Gesetze, sondern bewohnen die Häupter der hohen Berge in gewölbten Höhlen, und ein jeder setzt die Satzungen fest für seine Kinder und seine Weiber, und sie kümmern sich nicht umeinander.
> (Homer, Odyssee 9, 112–115)

Hier sind die charakteristischen Züge, die nach griechischem Verständnis das Phänomen Stadt ausmachen, auf einem Punkt versammelt und als prägend für die eigene Lebensordnung erkannt: ein dem Zusammensiedeln entgegenkommendes Gelände und Siedlung wie Behausungen als gebautes Werk einer politischen Gemeinschaft mit einer intensiven Kommunikation.

Man staunt, mit welcher Sicherheit und Geläufigkeit der Odyssee-Dichter den Kern der Sache trifft. Denn um 700 v. Chr. steckte die typisch griechische Stadt, die dann für ein Jahrtausend Bestand haben sollte, noch in ihren Kinderschuhen. Diesen entwuchs sie in den folgenden zwei Jahrhunderten: Wie die Bürgergemeinde als politischer Körper Gestalt annahm, so entwickelten sich die ihm entsprechenden Bauformen und Gestaltungsideen. Am Ende stehen umfassende stadtplanerische Entwürfe, nach denen seit der klassischen Zeit viele Städte neu errichtet und alte umgebaut worden sind.

DIE ANFÄNGE DER STADTENTWICKLUNG: DAS ALTE SMYRNA

Auf dem Boden des heutigen Izmir lag in frühgriechischer Zeit eine Siedlung mit Namen Smyrna. Sie ist das für uns anschaulichste Beispiel für die erste Phase der griechischen Stadtentwicklung. Eine durch die Ausgrabungen möglich gewordene Rekonstruktionszeichnung vermittelt einen guten Eindruck, wie das alte Smyrna ausgesehen haben mag. Es erlebte seine Blütezeit gegen Ende des 7. Jahrhunderts v. Chr. Wie die Zuschauerreihen in einem griechischen Theater, so zogen sich 400–500 Häuser den Hang hinauf. Sie hatten Steinfundamente, auf denen Lehmziegelmauern errichtet wurden. Was als erstes auffällt, ist die geschlossene Siedlungsweise. Die Stadt bildete ein auf sehr engem Raum zusammengedrängtes Konglomerat von Behausungen, die ohne einen nennenswerten Wirtschaftstrakt auskamen. Natürlich lebten hier Bauern. Doch ihre Siedlung stellte eine Art Stadtdorf dar. Um dieses Stadtdorf lag die Feldmark der Gemeinde in einer Entfernung, die es jedem Bauern ermöglichte, seine Äcker und Gärten täglich von der Wohnung aus zu erreichen und am Abend wieder zurückzukehren.

Das Territorium Smyrnas dürfte daher allenfalls 100 km² groß gewesen sein. Von dieser Größenordnung hat es viele Städte gegeben, nicht wenige werden auch ein noch kleineres Landgebiet besessen haben. Unter den Hunderten von Städten zählten größere Gemeinden dagegen kaum mehr als ein Dutzend: Theben, Korinth oder Argos, Milet, Syrakus oder Akragas gehörten dazu. Athen mit seinen 2500 km² Territorium und Sparta mit 8500 km² sind die einzigen Ausnahmen nach oben.

Zum geringen Umfang des agrarischen Nutzlandes kommt außerdem noch das Problem sehr unterschiedlicher und häufig sehr eingeschränkter Boden-

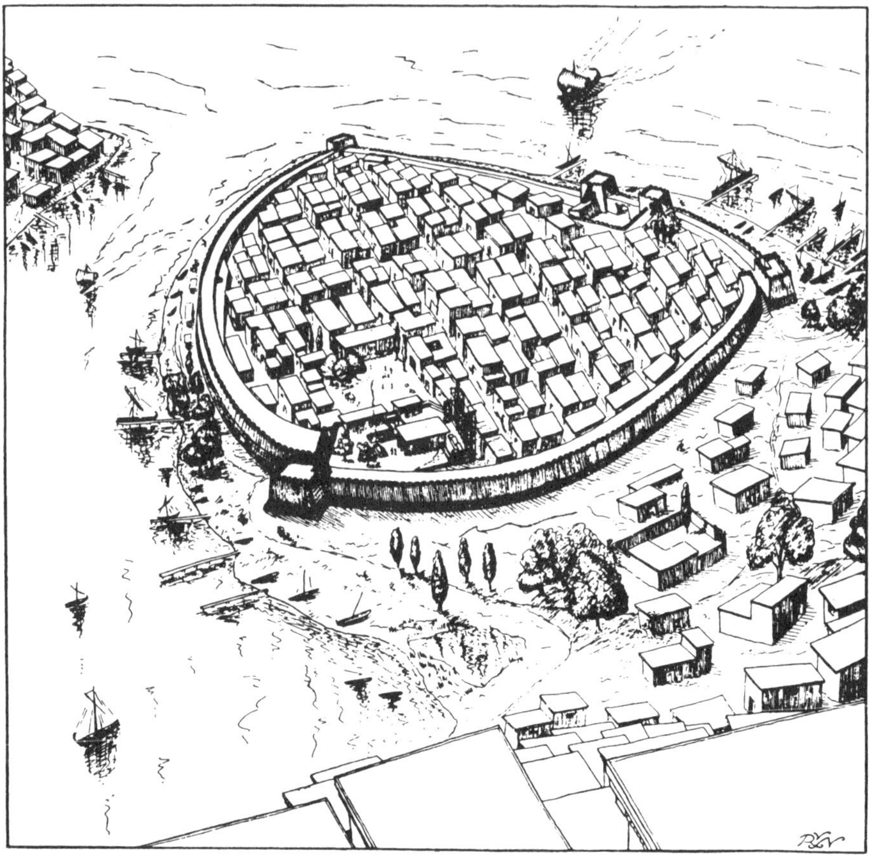

Abb. 8: Alt-Smyrna, Rekonstruktion

qualität hinzu. Diesen Bedingungen entspricht die Zahl der Bewohner. Höchstens 1000–2000 mögen es in Alt-Smyrna gewesen sein. Auch hierin haben wir einen typischen Fall vor uns, nach Zehntausenden zählende Bevölkerungen gab es nur in einigen Sonderfällen. Zwerge blieben die griechischen Städte auch später, und an den siedlungstopographischen Gegebenheiten hat sich nie etwas geändert. Zu diesen gehört die Lage möglichst in der Nähe eines Hafens, sei es direkt am Meer, sei es in schiffbarer Entfernung an einem Fluß. Unser Smyrna umschließt im übrigen gleich zwei vorzügliche natürliche Häfen. Gleichsam auf sie hin ist die Stadt denn auch angelegt.

Sie ist zudem umgeben von einer Mauer, deren stellenweise 18 m dickes Steinfundament entdeckt wurde. Diese massive Befestigung hatte einen handfesten Grund. Anders als etwa im griechischen Mutterland mußten die

Griechen an der Küste Kleinasiens sich gegen eine fremde und nicht selten feindliche Umwelt behaupten. Das Hinterland von Smyrna beherrschten die Lyder. Ihr König Alyattes hat die Stadt gegen 600 v. Chr. belagert und sie mit Hilfe einer überlegenen Belagerungstechnik erobert und vernichtet. Anders als andere zerstörte Städte Ioniens wurde Smyrna aber nicht wieder aufgebaut – für die Archäologen ein Glücksfall. Nur so konnten diese frühesten Stadtstrukturen wieder rekonstruiert werden.

Könnte es sein, daß Homer das Bild von Smyrna vor Augen stand, als er eine griechische Stadt zum ersten Mal literarisch verewigte? Seine Schilderung von Scheria, der Stadt des mythischen Phäakenvölkchens, die er anläßlich der Ankunft von Odysseus dort gibt, hat jedenfalls frappierende Ähnlichkeit:

> Allein, wenn wir die Stadt betreten, um die eine Umwallung ist, eine hohe, und ein schöner Hafen ist beiderseits der Stadt; schmal ist der Zugang und beiderseits geschweifte Schiffe sind den Weg entlang hinaufgezogen, denn alle haben, jeder für sich, dort für die Schiffe ihren Standplatz. Und dort ist ihnen auch der Markt zu beiden Seiten des schönen Poseidontempels, mit herbeigeschleppten Steinen eingefaßt, die in die Erde eingegraben sind. Dort halten sie auch das Gerät der schwarzen Schiffe instand, Tauwerk und Segel, und schärfen die Ruderblätter.
> (Homer, Odyssee 6, 262–269)

Auch in Alt-Smyrna finden sich alle Bestandteile der ersten Städte: die Ausrichtung auf das Meer mit den Hafenanlagen, die dichte und gleichförmige, offenbar nicht ohne Plan angelegte Bebauung, die Strukturierung durch Straßen und Gassen sowie, ganz entscheidend, die Aussparung in der Wohnbebauung zur Schaffung eines öffentlichen Raums mit Agora, Amtsgebäuden und Tempel. Vor allem diese Räume und Bauten, die für das Gemeinschaftsleben bestimmt waren, sind die Kristallisationspunkte, an denen die weitere Entwicklung der Stadt in archaischer Zeit angesetzt hat. Eine der Bedingungen dafür war, daß man begann, gleichsam für die Ewigkeit, also in Stein zu bauen. Das fing bei den Tempeln an. Wie weit man schon ein halbes Jahrhundert nach der Zerstörung von Smyrna die kleinen Anfänge hinter sich gelassen hatte, demonstriert der Tempel der Artemis in Ephesos, um 550 v. Chr. der größte Tempel seiner Zeit. Man wird seine noch heute beeindruckenden Überreste nur als die Spitze des Eisbergs betrachten dürfen. Die Urbanisierung muß in einem solchen Umfeld wohl schon ein beträchtliches Ausmaß erreicht haben.

Ein anderer Faktor für die Beschleunigung der Entwicklung war deren Bewußtwerdung. Entscheidend dazu beigetragen hat sicher die sogenannte griechische Kolonisation. Die Gründung zahlreicher neuer Siedlungen zwang dazu, die neuen Lebensräume systematisch zu planen. Man begriff, daß Stadtwerdung menschlichen Eingriffen unterliegt, und man lernte, gezielt mit den dabei wirksamen Elementen und Bestimmungsgrößen umzugehen. Es ist deshalb kein Wunder, wenn gerade in Prienes Nachbarstadt Milet, die Dutzende von Tochterstädten gegründet hat, die erste Theorie des Städtebaus in Europa entstand: das Werk des Hippodamos, das gleich noch zur Sprache kommen wird.

DIE ENTSTEHUNG DER STADTPLANUNG: DER NEUBAU VON MILET

Im Jahr 500 v. Chr. zettelten einige Machthaber griechischer Städte Kleinasiens, allen voran der Tyrann Aristagoras von Milet, einen Aufstand gegen die damalige Oberhoheit der Perser an. Unter ihr hatten die Griechen seit mehr als einem halben Jahrhundert nicht schlecht gelebt, und die Motive der Aufständischen waren vermutlich eher eigennütziger Natur. Die Perser machten dem Spuk jedoch nach einigen Jahren ein Ende und hielten ein hartes Strafgericht. Die Bewohner der Metropole Milet wurden in das Innere des persischen Reiches deportiert, ihre reiche Stadt geplündert und dem Erdboden gleichgemacht. Ein Vierteljahrhundert später, nach dem griechischen Sieg über die Perser bei Salamis und nach der Loslösung der kleinasiatischen Griechenstädte von der persischen Herrschaft im Jahr 479 v. Chr., konnten die Milesier wieder in ihre Heimat zurückkehren. Auf den Trümmern der alten Siedlung haben sie noch einmal völlig neu angefangen.

Wie bei der Neugründung einer Kolonialstadt haben die Milesier – auch unter Einbeziehung neuer Siedler – das Land neu verteilt, der Bürgerschaft eine innere Gliederung gegeben und ihre Stadt wieder aufgebaut. Natürlich konnten gerade sie sich dabei auf jene Erfahrungen stützen, die sie im vorangegangenen Jahrhundert als Mutterstadt vieler Kolonien in der nördlichen Ägäis und rund um das Schwarze Meer gesammelt hatten. So gründete sich der Neubau ihrer Stadt – erstmals im griechischen Kerngebiet – auf eine einheitliche und bis in die Details durchkomponierte Planung.

Die Fläche der Stadt wurde durch ein Rastersystem von Straßen gegliedert. Es fällt auf, daß die Straßen zwei verschiedene, in sich geschlossene Raster

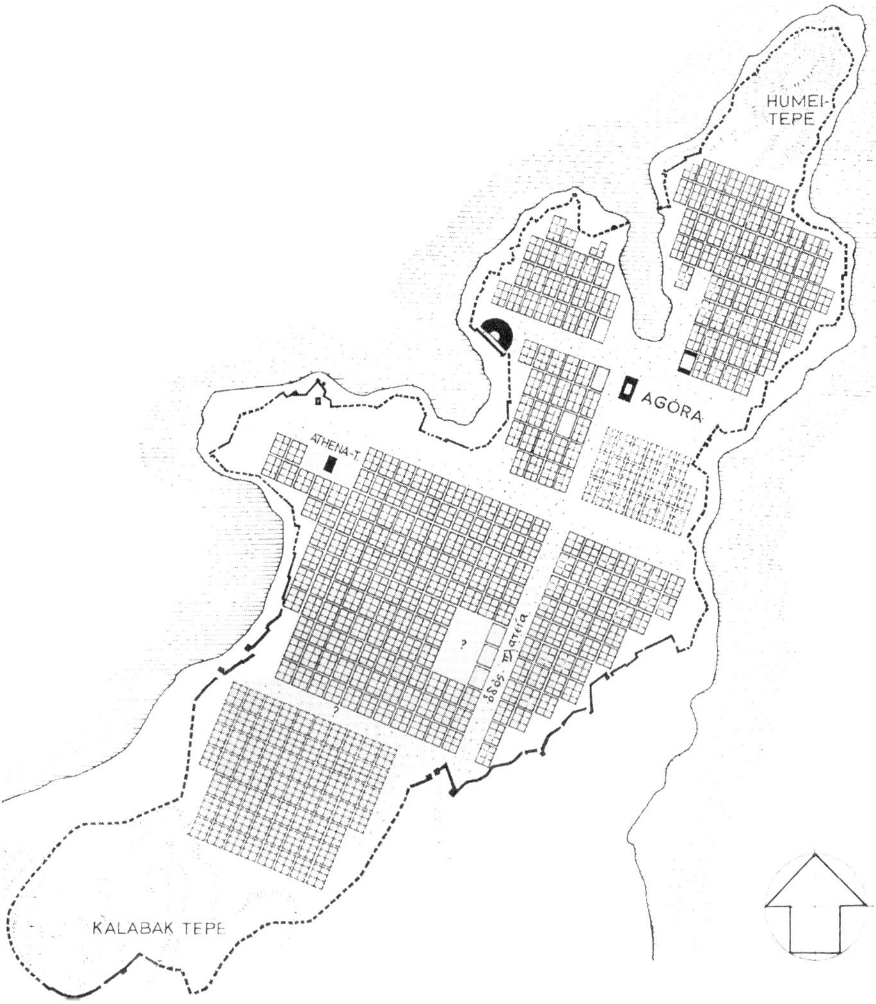

Abb. 9: Stadtplan von Milet

bilden, die gegeneinander leicht gedreht sind. Da das Gelände eine solche Entscheidung nicht erzwingt, muß es andere Ursachen dafür gegeben haben, über die wir bisher nichts wissen. Klar erkennbar ist freilich die vielfältige Gliederung des Straßensystems. Es umfaßt Straßen verschiedener Größe. Neben den Straßen, die die Wohnquartiere durchziehen und 3,5 bis 5 Meter breit sind, sehen wir mehrere breite Straßenzüge in Form eines Achsenkreuzes. Das waren prachtvolle Alleen, die dem öffentlichen Leben wie etwa Festzügen dienten und zu den zentralen Plätzen, Märkten und zur Agora sowie zu verschiedenen öffentlichen Gebäuden führten. Durch das Straßensystem wurde also ein öffentlicher Bereich deutlich markiert und vom Bereich der Wohnbebauung geschieden.

Das Gitternetz der Straßen kommt dadurch zustande, daß die Stadtanlage im ganzen sich gewissermaßen aus Modulen zusammensetzt. Die kleinste Einheit ist immer das Privathaus, der einzelne *oikos*. Es folgt die Addition mehrerer Häuser zu einem von Straßen umschlossenen Geviert, unter dem lateinischen Begriff *insula* bekannt, dann die Zusammenfassung einer gewissen Zahl von *insulae* zu Wohnbezirken, den größten Gliederungseinheiten der Gesamtstadt. Im Prinzip ist dieses Schema schon in den Kolonialsiedlungen angewendet worden; wir kennen ältere Beispiele aus Sizilien und Unteritalien. Das Neue am Plan Milets ist nun, daß hier erstmals *insulae* von gleicher und im übrigen überschaubarer Größe gebildet wurden. Im nördlichen Raster sind die Hausgrundstücke quadratisch, und immer sechs von ihnen formieren sich zu einer *insula* von gut 29 Meter Breite und fast 53 Meter Länge. Im Südteil sind die Parzellen rechteckig, die Größe der *insulae* beträgt etwa 35 Meter auf 44 Meter. In beiden Fällen jedoch war die Fläche der *insulae* gleich, nämlich 6 × 260 Quadratmeter. Der modulare Aufbau ermöglicht mithin eine sehr kleinteilige Struktur. Und das war offenbar beabsichtigt: Dadurch konnte sich der Verkehr in alle Richtungen ungehindert bewegen; für Möglichkeiten und Gelegenheiten, ständig miteinander zu kommunizieren, war gesorgt.

Wie in Milet die größeren Wohnquartiere zustande kamen, ist dem bisher ermittelten Plan noch nicht zu entnehmen. Bekannt ist es aber vom Piräus, der nur wenig jüngeren Neustadt am Hafen von Athen. Dort bildeten sich aus den *insulae* 200 × 300 Meter große Rechtecke, auf denen 100–250 Familien in einem Wohnbezirk zusammenlebten.

In Milet hatten die Hausgrundstücke eine einheitliche Größe von 260 Quadratmeter. Von dem hypothetisch ergänzten Stadtplan ausgehend, läßt sich daraus eine Bevölkerungszahl von 15 000–20 000 Menschen hochrechnen. Obwohl einzelne Häuser bislang nicht ausgegraben werden konnten, scheint gesichert, daß die einheitliche Grundstücksgröße strikt beachtet wurde. Unverkennbar ist der planerische Gestaltungswille, der bis herunter zur kleinsten Einheit, dem einzelnen *oikos*, nichts dem Zufall überlassen wollte. Alles wurde einer rationalen Strukturierung unterworfen. Eines der maßgebenden Prinzipien ist anscheinend die Gleichheit gewesen. Leider verraten unsere Quellen nicht, welche politische Ordnung sich die Milesier in der Zeit nach den Perserkriegen gaben. Höchstwahrscheinlich fand der Wiederaufbau der

Stadt aber unter dem Vorzeichen Athens statt. Milet war wohl Mitglied im Attisch-Delischen Seebund und hat sich als solches vermutlich an das athenische Vorbild angelehnt. Und die Athener lebten schon seit drei Jahrzehnten nach der Ordnung des Kleisthenes, die von der Gleichheit der Bürger bestimmt war. Die Korrelation zu dem urbanistischen Gleichheitsprinzip in der Stadtplanung Milets dürfte daher kein Zufall sein.

Ein anderer Grundsatz war die schon aus Smyrna bekannte Absetzung der Wohnbezirke von den öffentlichen Räumen. Erneut wird damit im städtischen Lebensraum etwas sichtbar gemacht, was das Selbstverständnis der Bürgergemeinde entscheidend prägte: die Unterscheidung zwischen dem, was jedem einzelnen gehört, dem *oikos*, und dem allen Gemeinsamen, der Polis.

Diese Unterscheidung drückte sich in der klassischen Zeit der griechischen Stadt in erster Linie durch die Strukturierung des Stadtraumes aus. Öffentlichkeit stellte sich in der Kommunikation der Bürger her, und die dafür vorgesehenen Plätze waren eher nüchtern ausgestattet. Ihren hohen Symbolgehalt bezogen sie aus Inschriften, Altären oder Ehrenmonumenten, die auf der Agora vom Selbstverständnis und der Geschichte der Gemeinde Kunde gaben. Dem öffentlichen Raum fehlten also noch weitgehend jene monumentalen und komplexen Architekturformen samt ihrer geschickten Plazierung zur Gestaltung bestimmter räumlicher Wirkungen, die uns in den Relikten seit der hellenistischen Zeit normalerweise begegnen. Demgegenüber ist die öffentliche Architektur Milets noch von einer zurückhaltenden Strenge, in der das Grundraster der Stadtplanung alles dominiert. Vermutlich bedeutete erst der großartige Ausbau Athens seit der Mitte des 5. Jahrhunderts v. Chr. eine neue Qualität und hat den Weg zu einer Weiterentwicklung eröffnet.

BÜRGERSTADT UND BÜRGERSTAAT: DIE STADTANLAGE VON PRIENE

Bis weit ins 4. Jahrhundert v. Chr. hinein hat Priene keine materiellen Spuren hinterlassen. Seine Bedeutung wird nicht allzu groß gewesen sein. Wie die meisten Städte in der Umgebung stand es im 5. Jahrhundert v. Chr. im Bannkreis Athens, im Attisch-Delischen Seebund bezahlte es einen relativ geringen Beitrag. Um die Mitte des 4. Jahrhunderts v. Chr. lichtet sich dann das Dunkel: Priene wurde auf einem langgestreckten Felsrücken am Rand des Mykale-Gebirges nach einem einheitlichen Gesamtplan völlig neu aufgebaut.

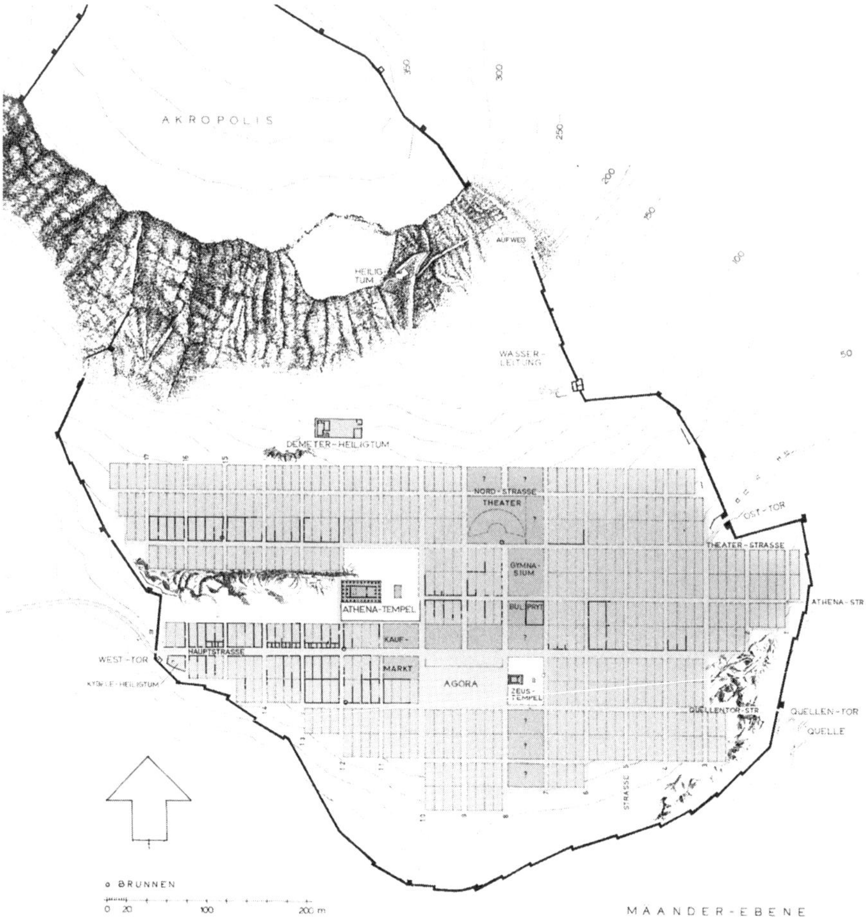

Abb. 10: Stadtplan von Priene

Es ist sehr fraglich, ob es die Bürgerschaft der bis dahin eher unbedeutenden Stadt allein gewesen sein konnte, die zu diesem in vieler Hinsicht kühnen und auf jeden Fall auch kostspieligen Projekt die Initiative ergriffen hat. Meist hat man daher das demokratische Athen der spätklassischen Zeit als Impulsgeber vermutet. Dafür gibt es auch Anhaltspunkte, vor allem eine Inschrift, nach der zwischen Athen und Priene die sogenannte Isopolitie bestanden habe. Das bedeutete, daß man sich gegenseitig das Bürgerrecht verliehen hat – eine ganz außergewöhnliche Verbindung in der damaligen Zeit. Daß das in der Praxis nicht auf Gleichberechtigung hinauslief, lehrt eine andere Bestimmung, die die Priener wie eine athenische Kolonie zur Teilnahme – inklusive der dabei fällig werdenden »Mitbringsel« – am zentralen athenischen Kultfest der Panathenäen verpflichtete. Auch auf der benachbarten Insel Samos gründeten die Athener damals eine Kolonie. Die Unterstützung Prienes gehört demnach in den Zusammenhang der athenischen Politik, an der ionischen Küste Macht und Einfluß zu gewinnen. Nach dem Tod des Königs Maussollos von Karien im Jahre 353 v. Chr. wollten die Athener das entstandene Machtvakuum für sich nutzen.

Vielleicht waren es auch andere, die das prienische Neubauprojekt finanzkräftig gefördert haben. Vor allem hat man an Alexander den Großen gedacht, der am Athena-Tempel von Priene in einer Inschrift tatsächlich als Wohltäter Prienes genannt ist. Vielleicht war das ehrgeizige Vorhaben für das Athen jener Zeit wirklich eine Nummer zu groß. Sehr wahrscheinlich zog sich die Bautätigkeit auch über längere Zeit hin, so daß besonders ein finanzielles Engagement von anderer Seite durchaus plausibel erscheint. Unterdessen haben die Ausgrabungen in Priene seit den 1970er Jahren und die darauf basierende Rekonstruktion der Stadtanlage ganz eindeutige Ergebnisse zutage gefördert: Wenigstens für den Entwurf und seine anfängliche Durchführung kann kaum jemand anderes als Athen die treibende Kraft gewesen sein. Denn nach den Befunden folgt Priene einem urbanistischen Muster, das wir etwa aus Milet und dem Piräus auch kennen. Die Idee hinter der Planung gehört daher zweifellos in den Raum des Bürgerstaates der klassischen Epoche.

Verglichen mit Milet oder dem Piräus war Priene eine kleine Landstadt mit höchstens 5000 Einwohnern. Das Terrain der Siedlung ist nach Süden hin orientiert und hat ein teilweise sehr starkes Gefälle. Im Rücken der Stadt ragt ein Burgberg etwa 200 Meter hoch auf. Die Stadtmauer bezieht ihn sogar ein. Das Gelände machte umfangreiche Terrassierungsarbeiten erforderlich. Allein dies hat die Arbeitskraft der Bürger Prienes weit überfordert. Also mußten Arbeitskräfte von außen eingesetzt und bezahlt werden.

Aus dem heute rekonstruierten Stadtplan wird ersichtlich, daß die Stadtstruktur bis in die Einzelheiten hinein festgelegt wurde und demzufolge auf einen einheitlichen Entwurf zurückgeht. Er wird gewöhnlich mit dem Namen des Baumeisters Pytheos in Verbindung gebracht, weil diesen unsere wichtigste antike Quelle zur Baugeschichte, der römische Architekt Vitruv, als Erbauer des Athena-Tempels bezeichnet.

Das Straßensystem ist exakt nach Süden hin ausgerichtet und setzt sich aus Straßen mit einer Breite zwischen 3,50 Meter und 7,10 Meter zusammen. Von den Außenbezirken bis zur Stadtmitte hin werden die Straßen in regelmäßigen

Abständen breiter. Die *insulae* bestehen aus acht Häusern, die Grundstücksgröße beträgt 8×23 Meter. Eine reichhaltige Ausstattung mit öffentlichen Bauten war von vornherein im Gesamtkonzept vorgesehen. Es gab eine Agora und einen Kaufmarkt, Rathäuser wie das Prytaneion und das Bouleuterion, ein Theater, ein Gymnasion und ein Stadion, Tempelbezirke wie den für die Stadtgöttin Athena; und auch Einrichtungen für die Wasserversorgung sowie eine Stadtmauer wurden gebaut. In ihrer Ausrichtung und Größe paßte man die öffentlichen Gebäude, soweit möglich und notwendig, in das Raster der *insulae* ein.

Die aufregendste Entdeckung der jüngeren Forschungen war allerdings die einheitliche Bebauung mit einem bestimmten Typ von Wohnhäusern. Die privaten Grundstücke waren also nicht nur gleich groß, nämlich 207 Quadratmeter, sondern auf ihnen errichtete man überall die gleichen zweigeschossigen Einfamilienreihenhäuser. Sie hatten eine Fläche von 2×55 Quadratmeter und waren nach Süden ausgerichtet. Zwischen dem Wohnhaus und einem kleinen Wirtschaftstrakt befand sich ein Hof. Ebensolche Häuser standen übrigens schon 150 Jahre früher im Piräus. Auch wenn sie den heutigen Augen auf den ersten Blick recht einfach vorkommen, boten sie in Priene auch dem Normalbürger eine bis dahin unbekannte Lebensqualität, weil die Behausungen in früherer Zeit und vielfach noch später normalerweise enger waren.

Abb. 11: Ansicht von Priene, Rekonstruktion

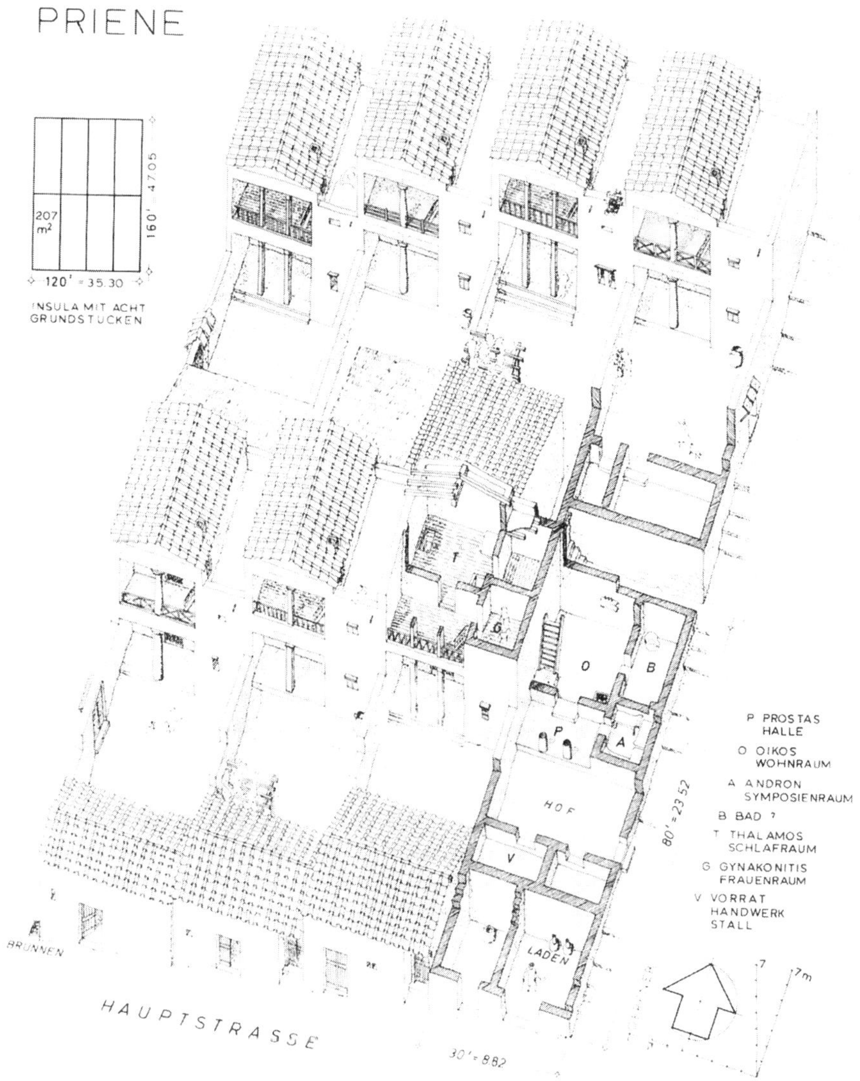

Abb. 12: Insula mit Wohnbebauung in Priene, Rekonstruktion

Im Erdgeschoß des Wohnhauses betritt man zunächst eine offene Vorhalle, an die sich der Hauptwohnraum anschließt. Eine Tür führt zu einem Nebenraum, der vermutlich verschiedenen Funktionen (Vorratshaltung, Webkammer, Badezimmer) diente. An der Schmalseite der Veranda befindet sich der Zugang zum *andron*, dem Männerraum, in dem das Symposion stattfand und der mit einem Estrichfußboden und Wanddekorationen deutlich besser als die anderen Räume ausgestattet war. Im Obergeschoß war eine Loggia, hinter der der Schlafraum der Familie lag, daneben vielleicht ein Badezimmer sowie über dem *andron* die *gynaikonitis*, der für die Hausfrau bestimmte Raum.

Über den in der Regel gepflasterten Hof erreichte man kleine Wirtschaftsräume. Die Häuser waren solide aus Stein gebaut, mit Treppen aus Holz, sehr kleinen Fenstern und stabilen Türen. Die Dächer waren mit gebrannten Ziegeln, manchmal auch nur mit Reisig oder Schilf gedeckt.

Dieses Bürgerhaus ermöglichte ein differenziertes Wohnen in verschiedenen Bereichen: Der private und nach Funktionen gegliederte Wohnbereich war vom Wirtschaftstrakt getrennt, *gynaikonitis* und *andron* markierten die Unterscheidung zwischen durchaus verschiedenen Welten, in denen die Geschlechter lebten, und der gesamte *oikos* war nach außen hin zur Straße wie gegenüber seinen Nachbarn streng abgeschirmt. Dennoch kreuzten sich im *andron* als dem Empfangsraum für Gäste die private und die öffentliche Sphäre.

Es zeigt sich, daß hinter dem architektonischen Entwurf der Häuser eine klar formulierte Aufgabe steckt. Das Haus sollte den Anforderungen an seine interne Funktionsfähigkeit ebenso genügen wie seine Einbindung in die Bürgergemeinschaft sichtbar machen und unterstützen, und schließlich sollten sich seine Bewohner darin auch wohlfühlen. Besonders beeindruckend ist die architektonische Anpassung an die südliche Hanglage. Vorhalle und Loggia bildeten im Sommer kühle Schattenzonen, während im Winter die tiefstehende Sonne voll ausgenutzt werden konnte. Auch durch den Verzicht auf größere Fensterflächen wurde das Klima im Haus begünstigt.

Hinzu kommt außerhalb der Häuser eine beachtliche städtische Infrastruktur. Wasserleitungen führten das Wasser von außen herbei, ein Netz von Laufbrunnen stellte für alle Haushalte die Versorgung mit Frischwasser sicher. Auch für die Entwässerung, vor allem für die Ableitung des Regenwassers wurde durch Kanäle gesorgt. In den Häusern selbst sind Sitzbadewannen nachgewiesen. Toiletten wurden zwar erst im Lauf der hellenistischen Zeit üblich, doch durfte auch in Priene der Nachttopf nicht einfach auf die Straße geleert werden. Unsere Quellen deuten jedenfalls an, daß die Gemeinde Mittel und Wege gefunden hatte, Abfälle und Fäkalien zu beseitigen.

Weder in den einzelnen Häusern noch in der Stadt als ganzer lassen sich Anzeichen für eine luxuriöse oder raffinierte Lebensweise entdecken. Die Stadt orientierte sich insgesamt an den Grundsätzen der Zweckmäßigkeit, der harmonischen Proportionierung und der Zurückhaltung nach außen. Eine gehobenere Lebensweise der sozialen Oberschicht, die es in Priene gewiß gegeben hat, hat sich jedenfalls nicht, zumindest nicht nach der Idee des ersten Stadtentwurfs, in der Architektur niedergeschlagen. Wenn sich das auch seit der Zeit Alexanders des Großen ziemlich rasch geändert hat, so spricht dies dennoch nicht gegen die Aussagekraft des ursprünglichen und für eine gewisse Zeit doch auch verwirklichten Konzepts.

Natürlich stellt die Normierung der Bürgerhäuser einen Zugriff der Gemeinschaft auf einen Bereich dar, der normalerweise allein in der Zuständigkeit des jeweiligen Hausherrn lag. Doch gibt es dafür im Bürgerstaat der klassischen Zeit noch andere Beispiele wie etwa Ehe- und Erbrechtsgesetze. Es geht dabei immer um solche Felder, bei denen die Angelegenheiten des einzelnen *oikos* das Interesse der Gesamtpolis berührten. Das ist im Hinblick auf die Wohnhäuser dann in ganz besonderem Maße der Fall, wenn eine Stadt nach einem einheitlichen Plan errichtet werden sollte. Dabei griff zunächst ein praktischer Gesichtspunkt: Ziel solcher Neustädte war es, schnell und gewiß auch kostengünstig für alle Bürger Wohnraum zu schaffen. Es ist bemerkenswert und zeugt von einem in der klassischen Zeit immer wieder begegnenden zukunftsorientierten Denken, daß man bei Neubauten auch eine verbesserte Wohnqualität anstrebte. Angesichts dieser Ziele war eine standardisierte Architektur eine durchaus vernünftige Lösung, denn sie vereinfachte die Planung und beschleunigte den Bauvorgang.

Darüber hinaus läßt die Stadtplanung von Priene auf ein ausgeprägtes Bewußtsein davon schließen, daß der städtische Lebensraum von den Bürgern als eine politische Gestaltungsaufgabe betrachtet worden ist. Auch die Wohnhäuser waren dann dieser Entscheidung unterzuordnen. Selbstverständlich ist uns dies auch von Monarchien oder gar Diktaturen her geläufig. Jedoch gibt es, wie Wolfgang Schuller zu Recht betont hat,

> einen qualitativen Unterschied, ob unter einem Diktator oder einem absoluten Monarchen alle Leute gleich behandelt werden, also Einheitshäuser erhalten, weil sie eben alle gleiche Untertanen sind, oder ob in einer Demokratie die Häuser gleich sind, weil sie alle gleiche freie Menschen sind. (W. Schuller/W. Hoepfner/E. L. Schwandner (Hrsg.): Demokratie und Architektur. München 1989, S. 31)

In Priene ist die Überzeugung einer demokratisch verfaßten Bürgerschaft Stein geworden, daß die städtische Umwelt – wie daneben die Ausdrucksformen der Bildkunst oder religiöse Praktiken – der Ausbildung des für den Bürgerstaat lebensnotwendigen Gemeinschaftsgefühls und Gemeinsinns förderlich sein müßten. Die politische Ethik und die Gestalt der Stadt bedingen einander. Der Bürgerstaat braucht eine Bürgerstadt.

Was wir in Priene mit seiner durchgreifenden Gesamtplanung und der Erfindung des Typenhauses beobachten können, hat sich in der einen oder anderen Form in der Geschichte der Stadtarchitektur Europas immer wieder ereignet – in unterschiedlichen Epochen und politischen Kontexten bis hin zu den Architekturbewegungen des 20. Jahrhunderts. In den neuen Städten und im neuen Bauen der Griechen in klassischer Zeit ist zum ersten Mal die menschliche Siedlung nicht mehr als das Ergebnis von Herkommen oder Zufall, von individueller Beliebigkeit oder persönlicher Macht einfach hingenommen worden. Die Griechen haben den Bau ihrer Städte vielmehr als ein Geschehen zu begreifen gelernt, das rationaler Planung zugänglich ist sowie politischen, aus den Bedürfnissen des Gemeinschaftslebens erwachsenden Zielen und Entscheidungen unterworfen werden kann. Sie haben damit die für die Europäer maßgeblich gewordene Idee von Stadt entdeckt und verwirklicht.

DIE ORDNUNG DER POLIS UND DIE STADT ALS GESAMTKUNSTWERK

Hippodamos von Milet (etwa 500–440 v. Chr.) gilt nach einer Mitteilung des Aristoteles (*Politik* 1267b 22ff.) als Erfinder der rechtwinkligen Stadtanlage. Die Nachricht ist nicht auf die Goldwaage zu legen, sind doch schon in den Kolonialstädten der archaischen Zeit vergleichbare Strukturen festzustellen. Gleichwohl kommt Hippodamos an der Weiterentwicklung zu einer städtebaulichen Gesamtplanung höchstwahrscheinlich ein entscheidendes Verdienst zu. Vermutlich wird er am Wiederaufbau seiner Heimatstadt nach 478 v. Chr. beteiligt gewesen sein; sicher ist, daß er die neue Stadt am Hafen des Piräus entworfen hat. Dieser Erfolg wurde zum Vorbild für mehrere andere Städte und machte Hippodamos für alle Zeiten berühmt.

Man sprach und spricht bis heute vom hippodamischen Prinzip der Stadtplanung. Auch wenn es als erstes ins Auge fällt – man sollte die hippodamische Idee nicht auf das rechtwinklige Straßenraster reduzieren. Wichtiger ist, daß sich der Städtebauer Hippodamos zugleich als Staatstheoretiker verstand. Stadtplanung hieß für ihn, über die beste Form des gemeindlichen Zusammenlebens nachzudenken. Und dies sollte sich darin niederschlagen, was und wie schließlich gebaut wurde. Der Kern des hippodamischen Prinzips besteht daher in einem Gesamtkonzept, das die funktionale Differenzierung des Raumes mit einem modularen Aufbau und einer maßlichen Durchstrukturierung verbindet.

In der funktionalen Gliederung des Stadtraumes werden die Grundformen des gesellschaftlichen Lebens im Rahmen der Familien und der Kultausübung ebenso sichtbar wie die gemeinschaftlichen Praktiken der Bürgergemeinde. Neben dieser grundlegenden Unterscheidung zwischen den Bereichen von *oikos* und Polis sind innerhalb der Sphäre gemeindlicher Öffentlichkeit wiederum drei Felder des Handelns deutlich voneinander geschieden: Politik, Religion und Totenkult. Ihnen entsprechen im Gefüge der Stadt drei Arten von öffentlichen Räumen: Agora, Heiligtümer und Nekropolen.

Die Agora bot den Raum für Kommunikation und gemeinsames Handeln der Bürger als Bürger. Dazu gehörten Bürgerversammlungen und das Tagen der staatlichen Gremien und die Handlungen der Amtsträger, aber auch religiöse Feste und athletische Wettbewerbe. Die Heiligtümer der Stadt, die in der Frühzeit noch häufig mit dem politischen Zentrum räumlich verbunden waren, wurden im Laufe der Zeit davon klar getrennt, soweit sie nicht ohnehin andere Orte besetzten. Paradebeispiel ist Athen mit der Dualität von Agora und Akropolis. Das heißt nun nicht, daß das Religiös-Kultische nicht auch die Stätten der Politik durchdrungen hätte. Das Gegenteil ist der Fall. Jedoch sind die beiden Bereiche als aufeinander bezogene Pole unverkennbar in das Bild der Stadt eingetragen.

> Es gab einen Raum der politischen Beratung, der Debatte, des Streits, der Entscheidung, und einen anderen Raum der religiösen Fixierung und der Garantie, daß die Gesetze und Beschlüsse Gültigkeit behielten. Einen Raum der menschlichen Autonomie und einen Raum der göttlichen Sanktionierung.
> (Tonio Hölscher: Aus der Frühzeit der Griechen. Räume – Körper – Mythen. Stuttgart/Leipzig 1998, S. 25)

Das gedankliche Gerüst dafür hatte Solon von Athen um 600 v. Chr. in seinem Entwurf einer bürgerstaatlichen Ordnung erstmals formuliert:

> Unsere Stadt aber wird nach Zeus' Willen niemals
> Zugrunde gehen und nach der Absicht der seligen unsterblichen Götter;

Denn so hält die hochherzige Beschützerin, Tochter des starken Vaters,
Pallas Athene, ihre Hände von oben darüber.
Sie selbst aber wollen die mächtige Stadt durch ihre Torheit verderben,
Die Bürger (...).
(Solon, Fragment 3D., 1–6)

Das Handeln der Götter und das der Menschen, die religiöse und die politische Sphäre sind in diesem Text zum ersten Mal klar geschieden. Damit ist eine typische Grundfigur von Gemeinschaftsordnung gezeichnet, die trotz aller gegensätzlichen Bestrebungen die gesamte Geschichte Europas bis auf den heutigen Tag mit geprägt hat. Sie hat in der Raumstruktur der griechischen Stadt sichtbare Gestalt angenommen.

Der dritte Raum von Öffentlichkeit waren die Nekropolen, die Friedhöfe. Charakteristisch nicht nur für die griechische Stadt, sondern für die Stadt der Antike ganz allgemein war, daß den Toten ein eigener Raum zugewiesen wurde – und zwar außerhalb der Grenzen der Stadt. Die Grabbezirke bildeten einen besonderen Bereich von Öffentlichkeit mit einer Vielzahl für die Gemeinschaft wichtiger Praktiken. Die Gräber lagen an den Straßen, die die Stadt mit ihrer Umwelt verbanden, und direkt vor der Stadtmauer. Diese hatte ihrerseits stets einen starken Symbolwert. Sie markierte die Grenze des Binnenraums der Stadt, und wer ihre Tore durchschritt, trat in eine andere Welt.

Wer von der Stadt spricht, hat in erster Linie nicht die Größe einer Siedlung im Auge oder deren Ausstattung mit bestimmten Gebäuden. Das Wesen der Stadt besteht vielmehr darin, daß das Leben einer Gemeinschaft in seinen regelmäßig wiederkehrenden Formen so dicht und intensiv geworden ist, daß es seinen eigenen Raum und seine eigenen Bauten fordert. Ein deutlich von jeder Privatsphäre getrennter Raum mit seinen eigenen Gesetzen für das allen Bürgern Gemeinsame, für das, was sie verbindet und was sie unter sich als Bürger ausmachen, mithin die architektonische Gestaltung von Öffentlichkeit, das ist das besondere Kennzeichen der europäischen Form der Stadt. Die Griechen haben sie gefunden, und zu ihrem Wesen gehört, daß sie die Lebensordnung für das Auge ständig sichtbar macht.

Daher ist die bewußte Formung des äußeren Erscheinungsbildes der Stadt eine elementare Aufgabe. Auf der anderen Seite des breiten Horizonts, in dem ein antiker Städtebauer wie Hippodamos seine Aufgabe ansiedeln mußte, stand folglich deren ästhetische Dimension. Der Plan der griechischen Stadt erhielt seine Einheit nicht zuletzt durch die Stimmigkeit einer das Stadtganze durchwirkenden unsichtbaren Gesetzmäßigkeit. Sie geht auf die Lehre des Pythagoras von den harmonischen Zahlenverhältnissen zurück. Diese finden sich von Natur aus in den Tonintervallen der Musik. Sie können durch das Verhältnis von Saitenlängen ausgedrückt werden: 2 : 1 entspricht der Oktave, 3 : 2 der Quinte und 4 : 3 der Quarte. Der Architekt hat diese Erkenntnisse auf den Stadtentwurf übertragen. Entscheidend für die harmonische Wirkung des Ganzen war die Einhaltung bestimmter Proportionen. Der archäologische Befund deckt noch heute die erstaunliche Präzision auf, mit der die Maße von Parzellen, *insulae*, öffentlichen Plätzen und Straßen abgesteckt worden sind. Auch in Priene stimmen die wichtigsten Rechtecke des Rasters, *insula*, Agora, Tempel, mit den musikalischen Grundharmonien überein, und diese Proportionen bestimmen sogar die Maßverhältnisse einzelner Bauten. Von den kleinsten Bauteilen bis zur städtischen Großstruktur herrscht also eine harmonische Ordnung. So wird die Stadt im wörtlichen Sinne zu einem Kosmos, einem wohlgeordneten Ganzen, das seinerseits als Abbild des größeren Kosmos der Welt erscheint.

Mit gutem Recht kann man die Stadt in diesem Sinne als ein Gesamtkunstwerk bezeichnen und die Leistung des Hippodamos und seiner Nachfolger den anderen großen künstlerischen Leistungen des klassischen Griechentums an die Seite stellen. Wie der Bildhauer Polyklet den Menschen in einem idealen Kanon von Körperproportionen dargestellt hat und damit ein bleibendes ästhetisches Ideal fand (vgl. Kap. 12), so haben die Griechen ihre Stadt und die sie prägende visuelle Ordnung als schön empfunden. Die Botschaft dieses Schönen besteht in dem bleibenden Anspruch, menschliche Siedlung ästhetischen Gestaltungsprinzipien zu unterwerfen, um Räume für den Menschen als Gemeinschaftswesen zu schaffen.

4.

WIE STADT SICH ANFÜHLT – EPHESOS, TRIER UND DIE STADTKULTUR IM RÖMISCHEN WELTREICH

Die Tiefe muß man verstecken. Wo? Auf der Oberfläche.

Hugo von Hofmannsthal

EIN GRIECHISCHER HYMNUS AUF ROM: ROM ALS WELTPOLIS UND DIE OIKUMENE DER STÄDTE

Den Geburtstag ihrer Stadt begingen und begehen bis heute die Römer am 21. April. An diesem Tag priesen Festredner mit hochgestimmten Worten die Hauptstadt des Erdkreises, ihre ruhmreiche Vergangenheit und ihre historische Größe, die sie jedem Vergleich enthob. Die Kaiser ließen es sich nicht nehmen, die berühmtesten Redner aus dem ganzen Reich zu laden, um dem Fest den gebührenden Glanz zu verleihen. Im Jahr 143 oder 155 n. Chr. fiel die Ehre auf den Griechen Publius Aelius Aristides. Vielleicht in dem von Hadrian errichteten Athenaeum, das nicht sicher zu lokalisieren ist, vielleicht auf dem Forum Trajans, etwa in der griechischen Bibliothek, hielt Aristides vor dem Kaiser Antoninus Pius, umgeben von seinem Hofstaat und den Senatoren, seinen Hymnus auf Rom. Der Redner war trotz seiner sehr angegriffenen Gesundheit aus der kleinasiatischen Metropole Smyrna angereist. Der junge, im Jahr 117 n. Chr. geborene Aelius Aristides war ein hochgebildeter und weltläufiger Gelehrter, und sein größter Ehrgeiz bestand darin, seiner Zunge jene Sprachgewalt und Brillanz zu verleihen, die einst den Athener Demosthenes ausgezeichnet hatte. Dieser berühmteste Redner aus der klassischen Epoche Athens spornte seine Nachfahren noch nach mehr als einem halben Jahrtausend an, und Aristides hatte sich der Herausforderung bereits mehr als ein Mal gewachsen gezeigt. Was er dem Kaiser und den versammelten Großen an diesem 21. April vortrug, stellt bei aller rhetorischen Zuspitzung und gelegentlichen Übertreibung die bis heute gültige Formulierung des Selbstverständnisses des römischen Weltreichs in seinen glücklichsten Jahrzehnten und zumindest in der Mentalität seiner führenden Schichten dar.

Nach Aristides ist die römische Herrschaft im Vergleich mit allen früheren Reichen einmalig. Sie ist das zum einen dadurch, daß sie persönliche Herrscherwillkür überwunden hat zugunsten einer intensiven und dank der Institution des Kaisers verläßlichen und fürsorglichen Verwaltung. Zum anderen hat Rom durch die großzügige Verleihung seines Bürgerrechts einen Weltstaat geschaffen.

> (...) wie die Bürger in den einzelnen Städten, so regiert auch ihr auf dem ganzen Erdkreis wie in einer einzigen Stadt (...),
> (Aelius Aristides, Rede auf Rom 26, 36)

ruft Aristides seinem Kaiser zu. Der Erdkreis ist gewissermaßen zu einer Weltpolis geworden. Aristides erinnert an ein Wort des Homer, wonach »die Erde allen gemeinsam« sei, und bescheinigt den Römern, diese Gemeinsamkeit dadurch geschaffen zu haben, daß sie »überall eine kultivierte und geordnete Lebensweise eingeführt« hätten (101). Diese entfaltet sich aber – und damit strebt Aristides dem Höhepunkt seiner Rede zu – allein in der Stadt.

> Wann gab es denn so viele Städte im Binnenland und am Meer, oder wann wurden sie so vollkommen ausgestattet? Wer konnte in der Vergangenheit so reisen, daß er die Städte nach Tagen zählte, ja manchmal am gleichen Tag zwei oder drei durcheilte, als wären es Stadtviertel?
> (93)
> Nun blühen alle Griechenstädte unter Euch auf, und die Weihgeschenke in ihnen, die Bauten und die Kostbarkeiten bringen Euch Ruhm, wie Glanz in einer Vorstadt. Vollgefüllt sind die Küsten, die Regionen am Meer und im Binnenland mit Städten, die Ihr gegründet habt oder die unter Euch und von Euch gefördert wurden.
> (94)
> Und jeder andere Streit ist den Städten fremd geworden, nur der eine Ehrgeiz beherrscht sie alle, jeweils als die schönste und einladendste zu erscheinen. Alles ist voll von Gymnasien, Brunnenhäusern, Vorhallen, Tempeln, Kunsthandwerk und Bildungsstätten. Mit einem treffenden Vergleich kann man sagen, der seit Anbeginn leidende Erdkreis sei gesundet.
> (97)

Der Strom der Geschenke, der von Euch an die Städte fließt, hört niemals auf, und es ist unmöglich herauszufinden, wer größere erlangte, denn Eure Menschenfreundlichkeit [*philanthropia*] gegenüber allen ist gleich.
(98)
Städte strahlen also nun in Glanz und Anmut, rings ist die Erde geschmückt wie ein paradiesischer Garten. Rauchwolken und Feuersignale von Freund und Feind sind verschwunden, als hätte ein Hauch sie ausgelöscht (...). An ihre Stelle sind getreten die Anmut von Schauspielen aller Art und Wettkampfveranstaltungen in unbegrenzter Zahl. So hört, wie ein heiliges, nie erlöschendes Feuer, das öffentliche Feiern nie auf, (...) denn alle haben sich dessen würdig verhalten. Deshalb verdienen nur diejenigen Mitleid, die außerhalb Eurer Herrschaft stehen – wenn es irgendwo noch welche gibt –, weil sie von solchen Vorteilen ausgeschlossen sind.
(99)

DIE STÄDTE IM GRIECHISCHEN OSTEN

Jeder, der die auch als Ruinen noch großartigen Relikte der griechischen Städte Kleinasiens einmal gesehen hat, kann verstehen, daß der griechische Römerfreund Aelius Aristides – sein lateinisch-griechisch gemischter Name zeigt, daß er selbst römischer Bürger war – das mit der Kaiserherrschaft angebrochene Goldene Zeitalter in der Kultur der Städte verkörpert sah. Diese Stadtkultur bestimmte seit Menschengedenken das Leben in den Ländern des Ostens. Und wenn unser gebildeter Grieche, völlig im Einklang mit der überwältigenden Mehrheit seiner Zeitgenossen, für diejenigen nur spöttisches Mitleid übrig hatte, die der kaiserliche Friede noch nicht erreicht hatte und die sich daher der Segnungen des Lebens in der Stadt nicht erfreuen konnten, dann konnte dies allein den Völkern an den westlichen und nördlichen Grenzen der Welt gelten. Diesseits von ihnen hingegen war die Stadt das Maß aller Dinge.

In der östlichen Hemisphäre wurde mit dem Welteroberer Alexander dem Großen und nicht weniger den ihm folgenden Herrschern der hellenistischen Staatenwelt in Kleinasien, im Mittleren Orient und Ägypten die griechische Stadt zum prägenden Träger der Kultur in diesen Ländern. Dabei hat sich jedoch die bislang bekannte Gestalt der griechischen Bürgerstadt deutlich verändert. Mit der Unterordnung unter den Monarchen mußte der demokratisch verfaßte Bürgerstaat einem Honoratiorenregime weichen. Besitz und soziales Ansehen gaben nun den Ton an, auch wenn innerhalb der regierenden Schicht die bürgerstaatlichen Normen und Verfahrensformen gewahrt wurden. Mit der Neuzeichnung der politischen Landkarte wurde die Stadt als Ort der politischen Integration der Gesellschaft also nicht abgelöst – im Gegenteil: Der Raum der Stadt wurde zu einer Bühne, auf der sich die königliche Macht wie der Lokalpatriotismus der städtischen Eliten gleichermaßen Ausdruck verschaffen konnten.

Dieser Wandel ging einher mit einer beispiellosen Ausbreitung der griechischen Stadt. Seit Alexander haben die Herrscher die Gründung von Städten als eine ihrer vornehmsten Aufgaben betrachtet und dem griechischen Modell der Stadt bis zum Hindukusch und zum Indischen Ozean überall zum Erfolg verholfen. Der Planung der neuen Städte lagen die Prinzipien des Hippodamos zugrunde, und die Städte wurden mit allem ausgestattet, was das öffentliche Leben der Gemeinschaft traditionell erforderte: Tempel, Agora, Rathäuser, Amtsgebäude, Gymnasien. In diesen überkommenen Rahmen wurden nun weitere Elemente eingefügt. Die Repräsentationsbedürfnisse von Königen und Gouverneuren und das Verlangen der städtischen Oberschichten, den eigenen sozialen und politischen Rang sichtbar zu machen und überdies immer verfeinerteren Lebensgenüssen nachgehen zu können, haben das aus der klassischen Zeit bekannte Bild der Stadt einschneidend verändert.

EPHESOS ALS HELLENISTISCH-RÖMISCHE STADT

Seit dem 3. Jahrhundert v. Chr. hat also in der Epoche des Hellenismus eine neue Stadtarchitektur das Gesicht der Stadt gezeichnet. Ein Beispiel ist die antike Weltstadt Ephesos. Wie in Priene oder Milet hatten in früharchaischer Zeit griechische Siedler eines der großen und fruchtbaren Agrargebiete an der Küste Kleinasiens erschlossen. Das am Unterlauf des Flusses Kaystros gelegene Ephesos wurde rasch zur Kopfstation einer ins Landesinnere führenden Verkehrslinie. Die wichtige Funktion im Fernhandel gewann Ephesos vor allem aber dadurch, daß sich hier ein bedeutendes überregionales Kultzentrum entwickelte, das Heiligtum der Artemis Ephesia. In dieser Göttin verschmolz die jungfräuliche Artemis der Griechen mit der asiatischen Muttergottheit Kybele, weshalb sie von Griechen und Nicht-Griechen gleichermaßen verehrt wurde. Das Artemision von Ephesos wurde schon in archaischer Zeit steinreich und beförderte die Stadt in die Rolle des wichtigsten Bankenplatzes im ägäischen Raum. Das schlug sich nicht zuletzt darin nieder, daß die Ephesier seit der Mitte des 6. Jahrhunderts v. Chr. den größten und prächtigsten Tempel der Welt besaßen. 200 Jahre später fiel er einer Brandstiftung zum Opfer und wurde ab 334 v. Chr. wieder aufgebaut. Es blieb ein gigantischer, rund 25 Meter hoher Tempel, eines der sieben Weltwunder, auf dessen Grundfläche der Kölner Dom eineinhalb Mal Platz hätte.

Nur wenig später – um 300 v. Chr. – gründete der makedonische König Lysimachos südlich der alten Siedlung eine Neustadt. Sie stieg, da die Bedeutung des Artemisions in der Folgezeit noch wuchs, rasch zu einer der hellenistischen Metropolen auf. Das blieb sie auch später als Hauptstadt der römischen Provinz Asia. Ephesos war immer wieder Schauplatz weltpolitischer Begebenheiten, so etwa im Jahr 88 v. Chr., als während eines blutigen Aufstands gegen Rom die meisten der in der Provinz lebenden Römer den Tod fanden, oder im Jahr 55 n. Chr., das einen turbulenten Auftritt des Apostels Paulus im Theater von Ephesos erlebte. Unter den Kaisern Augustus und Hadrian hat die Stadt, nunmehr eine Großstadt von annähernd 400 000 Einwohnern, Höhepunkte ihrer städtebaulichen Blüte erreicht. Wie andere Großstädte auch wurde Ephesos schließlich zu einem Zentrum des Christentums. Nicht länger Artemis, sondern die Gottesmutter Maria war fortan die Herrin der Stadt. Die einstige heidnische Pracht diente als Steinbruch oder verfiel mit der erneuten Verlagerung der Siedlung an den alten Standort der frühgriechischen Zeit, jetzt zu Füßen der byzantinischen Johannesbasilika.

Dank der seit mehr als 100 Jahren betriebenen archäologischen Erforschung der hellenistisch-römischen Stadtanlage können wir uns heute in Ephesos wie sonst nur an wenigen Orten ein sehr anschauliches Bild vom Aussehen einer antiken Großstadt in ihrer am höchsten entwickelten Form machen. Wir erkennen das gerasterte Straßennetz, das – wie in Priene – eine an sich widrige natürliche Topographie meistert. Eingepaßt in die axiale Matrix sind die öffentlichen Räume und Bauten, in der hellenistischen Stadt nun in viel größerer Zahl und mit mehr Funktionen als in der traditionellen griechischen Stadtanlage. Diese differenzierte Struktur des öffentlichen Raums hat das Stadtbild deutlich verändert. Aus der Dualität von Agora als politischem und Tempelbezirk als religiösem Mittelpunkt ist eine Raumstruktur mit einer ganzen Reihe von Zentren für das öffentliche Leben geworden. Sie waren im Grunde beliebig vermehrbar, und ihre Schwerpunkte wandelten sich im Laufe der historischen Entwicklung.

Diese neue Stadt ist nicht mehr allein geprägt von einer klaren Geometrie und an inneren Harmonien orientiert wie in der klassischen Stadtplanung, deren Ideal die Einheitlichkeit und Geschlossenheit der Gestalt der Stadt

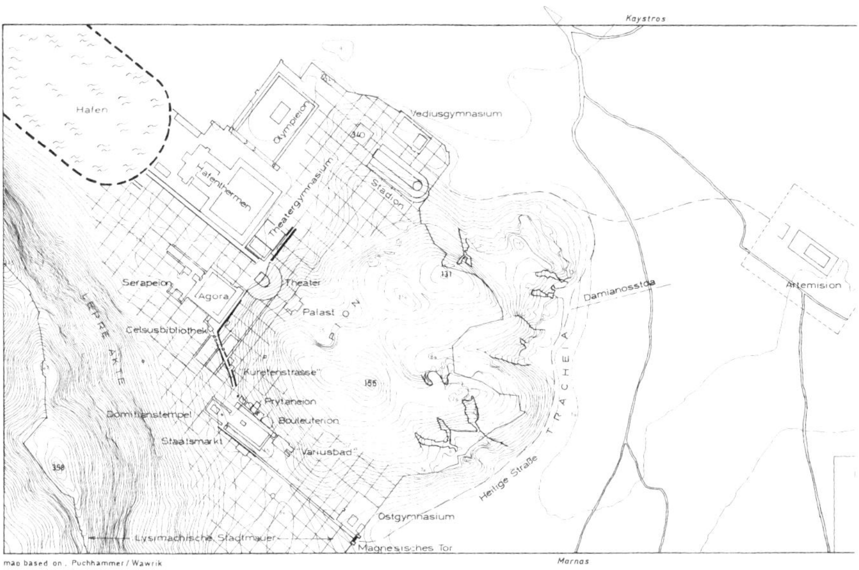

map based on . Puchhammer / Wawrik

Abb. 13: Stadtplan von Ephesos, 2.–4. Jh. n. Chr.

waren und ihre Bürger stets auf ein ihnen gemeinsames Ganzes verwiesen. Jetzt dagegen herrschte die Vielfalt immer wieder anderer Anblicke und Aussichten, wechselnder Raumerlebnisse und Eindrücke. Die einzelnen urbanistischen Ensembles, also die Straßen und Plätze, über die sich der Städter bewegte, wollten je für sich betrachtet und gewürdigt sein.

Auf den erweiterten öffentlichen Räumen hatten die Machthaber und Herrscher ebenso ihren Auftritt wie die städtischen Honoratioren. Und sie wußten dabei zumeist, das Repräsentative mit dem Nützlichen zu verbinden. Sie hinterließen nicht nur imponierende Denkmäler, goldene Ehrenstatuen, eine Unzahl von Inschriften oder, wie die Kaiser, spektakuläre Kultstätten für ihre Person. Ihr Gedächtnis verbindet sich auch mit Nutzbauten. So hatten die Ephesier etwa ihr Vedius-Gymnasium, ein Trajansnymphäum, das Varius-Bad mit einer Prachtlatrine, die Damianos-Stoa, ein überdachter Prozessionsweg, die vom Theater zum Hafen führende Arkadiane, eine Prachtstraße, und die berühmte Celsus-Bibliothek. Mit neuen architektonischen Mitteln erhielt die Stadt ein Gesicht, das die Städter noch mehr als bisher zum Schauen aufforderte und ihre Wege und Blicke lenkte: Eindrucksvolle Toranlagen oder Ehrenbögen, durch die man großzügige Plätze, gesäumt von Säulenhallen, betrat; gedeckte Kolonnaden und Wandelgänge begleiteten marmorgepflasterte Straßen; an deren Fluchtpunkten zogen reich geschmückte Nymphäen die Passanten an,

Wassermassen ergossen sich in breite Brunnenbecken, aus denen kleine Bachläufe gespeist wurden, die längs der Straßen Kühlung spendeten.

Mit ihrer Formensprache erzeugt diese Architektur vor allem zwei Wirkungen: Durch ihren teilweise monumentalen Zuschnitt und die Pracht ihrer Dekorationen beeindruckt sie, während die zumeist edle Qualität des verwendeten Materials und die Schönheit der Ornamente und Bilder das Auge erfreut. All die effektvoll inszenierten Fassaden, die überraschenden Durchblicke, die reizenden Kontraste, die stimmungsvollen Bilder und malerischen Effekte machten aus dem Leben in der hellenistisch-römischen Stadt ein dauerndes ästhetisches Erlebnis – ganz abgesehen von der für alle Bürger fühlbar gesteigerten materiellen Lebensqualität. In vielen hellenistischen Städten fällt besonders auf, wie spektakulär sie sich in ihre natürliche Umgebung einfügen. Die Stadt-

Abb. 14: Die Arkadiane mit Blick auf das Theater

Abb. 15: Die Celsus-Bibliothek

anlagen suchen bewußt einen Bezug zu der sie umgebenden Naturlandschaft herzustellen. Manche Agora gleicht einem Belvedere, von dem aus die Städter weite und malerische Blicke auf die Landschaft genießen konnten.

Man konnte sich in dieser Stadtlandschaft gewiß wohlfühlen, und die Städte wetteiferten darum, die Schönste zu werden und ihren Bürgern alle Annehmlichkeiten zu bieten. Trotz aller Rathäuser und Regierungsgebäude verkündete der städtische Lebensraum den Bürgern nicht mehr die herbe Botschaft von Disziplin und Verantwortung in der politischen Teilhabe. Bürger zu sein hieß nun, die Segnungen einer hochentwickelten Zivilisation zu genießen, und der Stolz auf die eigene Stadt galt Siegen, die nicht mehr mit den blanken Waffen, sondern mit den Mitteln der Künste und der Bildung, prächtiger Festspiele und der Bekundung unbedingter Loyalität allen Obrigkeiten gegenüber errungen wurden.

Die historische Größe der Römer beruht nicht zuletzt auf ihrer steten Bereitschaft zu lernen. Im letzten Jahrhundert der Republik hatten die Schwierigkeiten, den riesigen eroberten Raum des griechischen Ostens auf eine für beide Seiten zuträgliche Weise der römischen Herrschaft zu unterstellen, den römischen Staat an den Abgrund geführt. Als das Maß des Leidens voll war und Augustus die Welt endlich wieder ins Lot gebracht hatte, war damit zugleich die Überzeugung Politik geworden, daß die dauerhafte Herrschaft über die hellenistischen Städte sich auf einen Akt eigener Unterwerfung unter die weit überlegene Kultur der Griechen gründen mußte. Den spektakulären Anfang machte Augustus selbst, indem er die Hauptstadt des Reiches in eine Stadt des Marmors und des Wohllebens nach hellenistischem Vorbild zu verwandeln begann. Damit war ein Weg beschritten, an dessen Ende sich die Griechen nicht nur mit dem Unabänderlichen abgefunden hatten, sondern die Schranken zwischen ihnen und der römischen Herrschermacht definitiv niedergelegt waren. Auch dafür sprechen die Lobeshymnen unseres griechischen Redners in und auf Rom. Sein Bekenntnis zu Kaiser und Reich bezeugt die gelungene Assimilation und Integration der griechischen Eliten in die neue Reichsaristokratie. Und im Gegenzug waren es die Kaiser selbst – allen voran der 17 Jahre zuvor verstorbene Hadrian –, denen das Wohlergehen der griechischen Städte zur Herzenssache geworden war. So hat eben Hadrian beispielsweise der Stadt Ephesos die Einfuhr von Getreide aus Ägypten gestattet – ein Privileg, das normalerweise nur der Hauptstadt selbst zustand; von den zahlreichen bis heute als Architekturreste sichtbaren Zeugnissen kaiserlicher Gunst ganz zu schweigen.

So ist die griechisch-hellenistische Stadt zum Typus der antiken Stadt schlechthin geworden. Sie ist es daher, die all denen vor Augen steht, die in der antiken Welt eine Welt der Städte gesehen haben.

ANTIKES LEBEN IST STADTLEBEN

> Die göttliche Natur hat uns das Land geschenkt, die menschliche Fähigkeit hat Städte geschaffen,

stellt Ciceros Freund M. Terentius Varro in seinem 37 v. Chr. verfaßten Handbuch über die Landwirtschaft (Res rusticae 3, 1,4) fest. Er beschwört darin die kernige bäuerliche Lebensweise der Vorväter gegenüber dem moralisch dekadenten Stadtleben seiner Tage. Gleichwohl bestätigt seine Feststellung, daß in der Stadt zu leben den Menschen spezifisch kennzeichnet. Nichts anderes konnte sich denn die große Mehrheit auch vorstellen. Ihnen spricht der Dichter Ovid aus dem Herzen, dessen Lehre der *Liebeskunst* das hohe Lied der zivilisatorischen, und das heißt städtischen Errungenschaften singt:

> Das Altertümliche möge andere erfreuen, ich preise mich glücklich, daß ich erst jetzt geboren bin. Diese Zeit paßt zu meiner Art, (...) weil feine Lebensart [*cultus*] herrscht und weil sich das bäurische Wesen nicht bis auf unsere Tage gehalten und die Urväter überlebt hat.
> (Ovid, *Ars amatoria* 3, 121–128)

Selbst die Christen, denen der Engel des Herrn im Evangelium des Lukas den Frieden auf Erden verkündete, kamen nicht daran vorbei, daß der Frieden Roms, in dessen Zeichen der Erlöser geboren war, von der Blüte der Stadtkultur nicht zu trennen war. Nur in diesem Rahmen konnten die Heiden missioniert werden, und der Völkerapostel Paulus wies den christlichen Predigern den Weg in die Städte. Es war der einzige Weg, der die Welt für das himmlische Jerusalem bereit machen konnte. Denn auch die kommende neue Welt trug das Gesicht einer Stadt:

> Und ich sah einen neuen Himmel und eine neue Erde; (...) Und ich sah die heilige Stadt, das neue Jerusalem, von Gott her aus dem Himmel herabkommen, gerüstet wie eine Braut, die für ihren Mann geschmückt ist.
> (Offenbarung 21, 1–2)

Bis sich diese Prophetie erfüllt haben würde, konnte der Christ nicht umhin, die heilsgeschichtliche Rolle des Römischen Reiches anzuerkennen und seiner geschichtlichen Leistung Bewunderung zu zollen:

> An die Stelle berüchtigter Einöden sind lachende Kulturen getreten,

so beschrieb um 200 n. Chr. der gestrenge Kirchenvater Tertullian im afrikanischen Karthago die Welt, die er mit seinen heidnischen Peinigern teilte. Seine Worte klingen wie ein Echo auf die Preisrede des Aelius Aristides ein halbes Jahrhundert zuvor:

> Kornfelder haben die Wälder, Herden die wilden Tiere verdrängt. Sandwüsten werden bepflanzt, Felsen durchbrochen, Sümpfe getrocknet. Schon gibt es so viele Städte, wie einst nicht einmal Hütten. (...) Überall Bauten, staatliche Ordnung, Leben.
> (Tertullian, *De anima* 30, 3)

Vom Euphrat bis zur Donau, vom Nil bis an den Rhein und von der Sahara bis an den Atlantik bedeckten ungefähr 2000 Städte das Land. Dies war nicht zuletzt das Ergebnis der unablässigen Bemühungen der Kaiser von Augustus an. Dessen Tatenbericht versteckt den Stolz auf die Leistung hinter einer lapidaren Auflistung:

> Durch Ansiedlung von Soldaten gründete ich Städte in Afrika, Sizilien, Makedonien, den beiden spanischen Provinzen, in Achaia, Asien, Syrien, der Gallia Narbonensis und Pisidien. In Italien selbst waren achtundzwanzig Städte auf meine Veranlassung hin gegründet worden, die zu meinen Lebzeiten bereits volkreich waren und in höchster Blüte standen.
> (Augustus, *Res gestae* 28)

Und ein kaiserlicher Erlaß des 2. Jahrhunderts für eine kleinasiatische Stadt verkündet:

> Wir wünschen, daß in unserer ganzen Welt die Würde und Zahl der Städte vermehrt werden.
> (Inscriptiones Latinae Selectae 6090)

Kein Wunder, daß der Monarch auch in seiner Residenz mit den Bildern »seiner« Städte prunkte. Im »Goldenen Haus« Neros ist das sensationelle Fresko einer – noch nicht identifizierten – Stadtansicht zutage gekommen. Es werden wohl Bilder der reichsten und schönsten Städte gewesen sein, mit denen der Kaiser seinen neuen Palast schmückte. Aber es fällt nicht leicht, die Auswahl selbst auf ein Dutzend von ihnen zu beschränken, von Palmyra bis Londinium, von Gades bis Aquincum, von Thamugadi bis zur Colonia Agrippina, die Höhepunkte wie Alexandria, Athen, Rhodos, Ephesos, Antiochia, Arelate, Lugdunum, Augusta Emerita oder Augusta Treverorum gar nicht gerechnet. An der Spitze stand selbstverständlich die Hauptstadt selbst, *caput mundi*. Die Bandbreite über das Reich hin war allerdings groß. Und in manch einem kümmerlichen Örtchen stimmte der Anspruch, Stadt zu sein, kaum mit der Wirklichkeit überein. So notiert Pausanias, der zur Zeit des Kaisers Mark Aurel Griechenland bereiste, als er in Mittelgriechenland zur phokischen Stadt Panopeus kommt:

> (...) wenn man auch einen solchen Ort eine Stadt nennen darf, der weder Amtsgebäude, noch ein Gymnasion, noch ein Theater, noch einen Markt

besitzt, nicht einmal Wasser, das in einem Brunnen fließt, sondern wo man in Behausungen etwa wie den Hütten in den Bergen an einer Schlucht wohnt. Und doch haben auch sie ihre Landesgrenzen gegen die Nachbarn und schicken ebenfalls Vertreter in die phokische Versammlung. (Pausanias X, 4,1)

Nun standen die meisten Gebiete des mutterländischen Griechenland während der Kaiserzeit politisch und wirtschaftlich eher im Abseits. Die römische Verneigung vor der griechischen Kultur konzentrierte sich hier auf ganz wenige herausragende Orte, allen voran Athen. Dennoch konnte Rom für die Stabilität seiner Herrschaft selbst da, wo der einstige Glanz griechischer Stadtkultur längst verblichen war, doch – wie das Beispiel von Panopeus zeigt – auf das zähe Weiterleben der Tradition kommunaler Eigenverantwortung bauen.

DIE AUSBREITUNG DER ANTIKEN STADT IN DEN WESTLICHEN PROVINZEN DES RÖMISCHEN REICHES

In den westlichen und nördlichen Provinzen des Reiches dagegen war alles anders. Die überwiegend erst von Caesar und Augustus unterworfenen Völker konnten nicht ohne weiteres in das antike Weltreich integriert werden. Zu ungewohnt waren ihre sozialen Verhältnisse, zu unbeständig ihre politischen Organisationsformen, zu fremd die Natur des Landes und die Lebensbedingungen. Allerdings galten die Römer in diesen Ländern von Anfang an nicht bloß als verhaßte Unterdrücker. Nicht wenigen Provinzialen eröffnete sich vielmehr die Hoffnung, eine Welt hinter sich lassen zu können, in der Krieg, Knechtschaft, innere Zwietracht und Hunger allzu oft das Leben bestimmt hatten. Rom hat diese Erwartungen nicht enttäuscht und durch eine energische und kluge Politik möglichem weiteren Widerstand ziemlich rasch den Boden entziehen können.

Das wichtigste Mittel auf dem Weg dahin bestand in dem Prinzip »Stadt«. Es mußte dorthin getragen werden, wo städtisches Leben bis dahin unbekannt gewesen war. Die Römer haben die west-, mittel- und südosteuropäischen Provinzen also in großem Stil urbanisiert. Auf diese Weise haben sie nicht nur der eigenen Herrschaftsausübung ein sicheres Fundament geschaffen, sondern auf den Trümmern der bisherigen Stammesordnungen den Besiegten einen neuen und bewährten Rahmen für ein Gemeinschaftsleben als Teil des römischen Weltreichs errichtet. So entstanden die Provinzialstädte des lateinisch geprägten Westens.

Rom hat von Beginn an mit großer Beharrlichkeit das Ziel verfolgt, von den unterworfenen Barbaren in Spanien und Gallien, am Rhein und an der Donau die innere Zustimmung zur Herrschaft zu erhalten. Menschen mit einem deutlich anderen kulturellen Habitus lernten allmählich, sich in den auferlegten friedlichen und geordneten Verkehrsformen zu bewegen, und gewöhnten sich schnell an die neuen Errungenschaften der städtischen Zivilisation. Gewiß stand hinter dieser gezielten Politik der Romanisierung zunächst der Eigennutz der römischen Sieger. Denn angesichts ihrer eigenen Erfahrungen und Fähigkeiten verfügten diese über kein anderes erfolgversprechendes Mittel, das mühsam Erkämpfte in dauerhafte Herrschaft umzumünzen. Exemplarisch für diese herrschaftspolitisch motivierte Kultivierungsarbeit ist das Vorgehen des Cn. Iulius Agricola, dem es als Statthalter Britanniens zwischen 77 und 84 n. Chr. gelang, die römische Macht auf der Insel weiter auszudehnen. Was der militärischen Eroberung folgte, schildert Agricolas Schwiegersohn, der Historiker Tacitus:

> Um die verstreut und primitiv lebenden Menschen, die infolgedessen zum Kriege leicht geneigt waren, durch Annehmlichkeiten an Ruhe und friedliches Verhalten zu gewöhnen, ermunterte er sie persönlich und unterstützte sie mit staatlichen Mitteln, Tempel, öffentliche Plätze und Häuser in der Stadt zu bauen, lobte die Eifrigen und tadelte die Säumigen; so traten Anerkennung und wetteiferndes Bemühen an die Stelle des Zwanges. Ferner ließ er die Söhne der Vornehmen in den freien Künsten bilden (...). So kam es, daß die Menschen, die eben noch die römische Sprache ablehnten, nun die römische Redekunst zu erlernen begehrten. Von da an fand auch unser Äußeres Beifall, und die Toga wurde häufig getragen; und allmählich gab man sich dem verweichlichenden Einfluß des Lasters hin: Säulenhallen, Bädern und erlesenen Gelagen.
> (Tacitus, *Agricola* 21)

Auf das am Schluß stehende zivilisationskritische, ganz eigene Urteil des Autors Tacitus kommt es nicht an. Entscheidend ist, wie aus dem anfänglich herrschaftstechnisch begründeten Impuls heraus die Romanisierung sehr bald zu einem dauerhaften Prozeß mit großer Eigendynamik wurde. Die Segnungen der hellenistisch-römischen Stadtkultur waren für die Provinzialen in der Tat nicht Palliative für die nackte Unterdrückung, sondern alltäglich erlebbare Zeichen dafür, daß eine neue und bessere Weltordnung angebrochen war. Wer sich als Teil von ihr fühlen durfte, war daher stolz und dankbar; diejenigen, die noch nicht dazugehörten, begehrten immer dringlicher Einlaß.

ELEMENTE DER URBANITÄT IN EINER PROVINZIALSTADT DES WESTENS: EIN RUNDGANG DURCH DAS RÖMISCHE TRIER

Über mehrere tausend Kilometer erstreckte sich die Grenze des Römischen Reiches im Norden. Die Städte der römischen Provinzen im Hinterland, die Vorposten der hellenistisch-römischen Weltzivilisation, übten bis zum Ende der Antike eine ungebrochene Attraktivität auf alle Völker jenseits der antiken Oikumene aus. Diese Anziehungskraft der antiken Zivilisation kann man nachempfinden, wenn man sich vor Augen führt, was eine römische Stadt wie beispielsweise Trier ausmachte.

Zu Beginn des großen, über drei Jahrzehnte erbittert geführten Krieges gegen die germanischen Stämme rechts des Rheins ist die Stadt Augusta Treverorum zwischen 18 und 12 v. Chr. in einer Talweite, an einem wichtigen Übergang über die Mosel von Augustus gegründet worden. Die Stadt war der Vorort des Trevererstammes, aus dem die Römer die Verwaltungseinheit einer *civitas* gemacht hatten. Die neue Stadt scheint ihre Rolle von Beginn an zur Zufriedenheit ihres Gründers gespielt zu haben und durfte – wie zahlreiche andere Städte auch – den kaiserlichen Namen einer *civitas Augusta* führen. Eine nur gut zwei Jahrzehnte nach der Gründung entstandene monumentale Inschrift belegt die enge Verbundenheit mit dem Kaiserhaus und läßt auf eine rasche und großzügige städtebauliche Entwicklung schließen. So kann schon nach einem halben Jahrhundert der Geograph Pomponius Mela die Stadt Trier als *urbs opulentissima* bezeichnen.

In dieser »höchst wohlhabenden Stadt« Trier, die hier stellvertretend für alle Provinzialstädte des lateinischen Westens stehen soll, begegnen die Elemente der hellenistischen Stadt in teilweise verwandelter Form wieder.

Trier ist auf der Grundlage eines *rechtwinkligen Rasterplanes* gebaut worden. Dieser beruht indessen nicht auf der städtebaulichen Theorie der Griechen. Vielmehr entstammt er dem immer gleichen Aufbau des Feldlagers der römischen Legionen und ist von den Römern bereits bei der Gründung ihrer Bürgerkolonien in Italien verwendet worden. Zwei sich rechtwinklig kreuzende Hauptstraßen bilden dabei das Gerüst, an dem sich die übrigen Straßen orientieren. Der längs verlaufende *decumanus maximus* und der ihn querende *cardo maximus* nahmen in Trier die im Moseltal verlaufenden Fernstraßen in sich auf. Das Gitternetz enthielt drei verschiedene Typen von *insulae*, auch die öffentlichen Räume waren schon im Plan vorgesehen.

Die Kreuzung der beiden Hauptstraßen bildete das Zentrum der Stadt. Dort lag das *Forum*, von dem heute kaum Überreste mehr zu sehen sind. Es bestand aus zwei großen, von Säulenhallen umstandenen Plätzen mit einer Basilika, einem Gebäude des städtischen Rates, der *curia*, sowie der Kultstätte für die kapitolinischen Götter.

Das heute vielleicht bekannteste römische Bauwerk in Deutschland ist die *Porta Nigra*. Sie war das nördliche der vier Stadttore, auf die die beiden Hauptstraßen zuliefen und die Teil eines 6,5 Kilometer langen Mauerringes

Abb. 16: Stadtplan von Trier

Abb. 17: Die Porta Nigra

waren. Die *Stadtmauer* ist zwischen 160 und 180 n. Chr. errichtet worden. Sie hatte wie ihr einziger Überrest, die Porta Nigra, die als Kirche umgebaut das Mittelalter überdauert hat, kaum eine militärische Funktion. Von einer Bürgerwehr oder von Truppenteilen, die die Mauer im Verteidigungsfalle hätten besetzen können, wissen wir nichts, und als es 100 Jahre nach ihrem Bau tatsächlich ernst wurde, konnte die Stadt gegen die anstürmenden Germanen durch die Mauer nicht geschützt werden.

Wie in den meisten anderen Fällen sollte die Stadtmauer von Trier also in erster Linie das Selbstbewußtsein der Städter demonstrieren. Die Stadt grenzte sich als besonderer Raum ab, und wer sie – von den umliegenden Landbezirken oder von Ferne her kommend – betrat, durchschritt das gewaltige und repräsentative Stadttor gewiß mit dem Gefühl, in den auch nach seinem eigenen Verständnis besten aller Lebensräume einzutreten.

Ein anderer Zugang zur Stadt, der im übrigen bis heute seinen Dienst tut, ist die eindrucksvolle *Steinpfeilerbrücke* über die Mosel. Nach verschiedenen Vorgängerbauten um 140 n. Chr. entstanden, überspannt sie den Fluß in einer Gesamtlänge von 400 Meter. Auf ursprünglich neun Pfeilern ruhte eine noch

Abb. 18: Die Steinpfeilerbrücke, heutige Ansicht

bis ins 14. Jahrhundert benutzte hölzerne Fahrbahnkonstruktion. Die römischen Brücken waren wesentliche Bestandteile des *Straßennetzes*, mit dem die Römer die von ihnen eroberten Gebiete überall überzogen haben. Ohne Straßen und Brücken wäre die Urbanisierung der Provinzen nicht möglich gewesen.

Neben den Städten sind daher die Verkehrswege die auffälligsten Merkmale der Romanisierung. Auf den Straßen des Reiches sind nicht nur Truppen bewegt und Wirtschaftsgüter transportiert worden, sondern vor allem auch Informationen, Ideen, Sitten, Religionen. Die Mosel sicher und jederzeit auf der Brücke überqueren zu können oder auf dem Fluß unter ihr hindurch zu fahren hieß also, teilzuhaben an einer den Erdkreis umspannenden Gemeinschaft und erinnerte daran, daß man dies der römischen Macht zu verdanken hatte. Die römische Brücke war mithin weit mehr als ein reiner Nutzbau. An ihrer Architektur, die in der offenbar gewollten Monumentalität über die rein technischen Anforderungen weit hinausgeht, ist das bis heute abzulesen. Auch die Römerbrücke zu Trier gehört damit zu jenen Zeichen aus Stein, die den Raum der antiken Kultur markierten.

Diese symbolische Qualität besaßen grundsätzlich alle öffentlichen Räume und Bauten. Deren Funktion wurde daher immer auch im Gewand einer bestimmten ästhetischen Form erlebt. Praktischer Nutzen und sinnerfüllte Botschaften gestalteter Schönheit waren nie voneinander zu trennen. Das auffallendste Beispiel dafür sind die *Thermenanlagen*. Jede Stadt, sogar jedes Militärlager brauchte nach römischer Vorstellung eine gemeinschaftliche Badeanstalt. In Trier befindet sich die älteste, noch aus dem 1. Jahrhundert n. Chr. stammende Therme nördlich der Alpen. Bekannt geworden sind daneben die Barbarathermen aus dem 2. Jahrhundert sowie die 150 Jahre jüngeren Kaiserthermen. Den vielleicht 20 000–30 000 Einwohnern wurden also sehr großzügige Räume und reichlich Wasserfläche geboten. Die Thermen

Abb. 19: S. Maria degli Angeli in Rom.
Ein Teil der antiken Thermen des Kaisers Diokletian ist in der Renaissance zu einer großen Kirche umgebaut worden. Sie vermittelt noch heute einen annähernd authentischen Raumeindruck vom Innenraum einer römischen Thermenanlage.

sind den Trierern offenbar sehr wichtig gewesen. Sauberkeit, Körperpflege und Wohlbefinden erforderten aufwendige technische Installationen. Doch war dies nur der eine Aspekt. In den Bädern spielte sich darüber hinaus ein erheblicher Teil des gesellschaftlichen und politischen Lebens ab.

Nur so ist zu verstehen, daß auf die Ausstattung der Gebäude so viel Wert gelegt worden ist. Die Architektur war von monumentalem Zuschnitt, mit kostbaren Materialien ausgeführt und mit reichen Dekorationen versehen. Diese bestanden insbesondere in einer großen Zahl von plastischen Kunstwerken. Wie ein besonderer Fund aus den Barbarathermen – die hervorragende Kopie einer Amazonenstatue des berühmten Bildhauers Phidias aus der klassischen Zeit Athens – zeigt, waren die Bäder anscheinend voll von Repliken berühmter Kunstwerke der Vergangenheit. Diese standen also nicht etwa nur den Reichen und Gebildeten vor Augen, sondern allen Schichten der Bevölkerung. Und es waren nicht Leute aus Rom oder Italien, die sich in einem solchen Ambiente bewegten, sondern in erster Linie einheimische Treverer. Aber diese fühlten sich eben gerade dadurch als Angehörige einer universalen Kultur. Ein Bürger Triers, den es nach Ephesos verschlug – und das kam aus den verschiedensten Gründen durchaus vor –, konnte sich in den dortigen Hafenthermen mit der gleichen Selbstverständlichkeit wohlfühlen wie in seinen heimatlichen Gefilden.

Ein anderer Lebensbereich, der regelmäßig zu einer römischen Stadt gehörte, waren die Spiele und sportlichen Wettkämpfe. Für sie benötigte man eine *circus* genannte Rennbahn sowie ein *Amphitheater*. Nur letzteres ist in Trier erhalten. Dieses Amphitheater wurde um 100 n. Chr. gebaut und faßt etwa 20 000 Zuschauer. Die Anlage stellt wiederum eine Verbindung aus komplizierter, zweckdienlicher Bau- und Maschinentechnik einerseits und einer repräsentativen und ästhetisch genau kalkulierten Architektur dar. Vom Oval der Tribünen herab konnten die Zuschauer Gladiatorenkämpfe, Tierhetzen oder Seeschlachten beobachten, aber auch an zeremoniellen Staatsfeiern oder an der Hinrichtung von Staatsfeinden teilnehmen. All dies waren – wie der Aufenthalt in den Thermen – keine Freizeitvergnügungen in unserem Sinne. Es spielten sich hier vielmehr für die Bürgerschaft als ganze existentielle Vorgänge ab, die als Bestandteile des öffentlichen Lebens nicht wegzudenken waren.

Was bewog brave Trierer Bürger, Kaufleute und Grundbesitzer, Handwerker und Kleinhändler, Bauern und Tagelöhner, sich gemeinschaftlich an immer wieder auch höchst blutigen Darbietungen zu erfreuen? Welche Bedürfnisse

Abb. 20: Das Amphitheater in Trier

des einzelnen wie der Gemeinschaft wurden dabei befriedigt? Haben sich diese Bedürfnisse entwickelt vor dem Hintergrund einer langen Friedenszeit und der relativen Ferne der meisten Menschen von Krieg und Kampf? Wurden in der Arena vielleicht Allmachtsphantasien ausgelebt angesichts der Macht, mit der Rom über die Welt verfügte, Phantasien von technischer Machbarkeit – man denke an die Inszenierung von Seeschlachten – oder von Gewalt über die Natur wie bei den Tierhetzen? Und in welcher Weise verquickte sich dies mit der Tatsache, daß die Zuschauerränge immer auch Foren politischer Meinungsbildung und Beeinflussung waren? Sicher ist, daß das Amphitheater ein öffentlicher Raum von großer Bedeutung für die Stiftung des städtischen Gemeinschaftssinns und die Bildung einer römischen Identität war. Die neuere Forschung hat sich dieser Fragen angenommen und ist zu dem Ergebnis gekommen, daß das vielschichtige Geschehen in der Arena ein in hohem Maße sinnbeladenes Ritual darstellte. Es hatte zum Ziel, durch Technik, Disziplin und Todesverachtung, durch das Zurschaustellen von Macht und *virtus*, Tugend, in einer künstlichen Extrem- und Grenzsituation unter hoher emotionaler Beteiligung erlebbar zu machen, was die römische Welt im Innersten zusammenhielt. Das Bild des Amphitheaters – unter den heute öffentlich gängigen Bildern aus der antiken Kultur an prominenter Stelle – gehört folglich zu Recht ins Zentrum unserer Vorstellung von der antiken Kultur der Städte.

Die Bauten und Räume, die uns das römische Trier der frühen und hohen Kaiserzeit vor Augen stellt, haben nicht nur in dieser Stadt den Lebensraum der römischen Provinzialstadt gestaltet. Der Reisende kann noch heute überall an den Ruinenstätten die Erfahrung machen, wie gleichförmig das aus der hellenistischen Stadtkultur heraus entwickelte Muster in allen Provinzen des Römischen Reiches das Antlitz der Städte bestimmt hat. Versammlungsplätze und Amtsgebäude, Tempel und Thermen, Theater und Amphitheater, Stadtmauern und Tore, Straßen und Brücken, Wasserleitungen und Kanalisationen und schließlich unmittelbar vor der Stadt die Friedhöfe – das sind die notorisch wiederkehrenden Elemente einer Stadtkultur, die sich bis zur Spätantike praktisch nicht verändert hat.

Zudem war die architektonische und künstlerische Gestaltung einem weitgehend gleichbleibenden Stilideal verpflichtet. Aus all dem spricht der Wille, der Gestalt des städtischen Lebensraums eine zeitlos gültige Form zu verleihen, und ebenso das Bewußtsein, zu einer Kultur zu gehören, die die Summe aus der Geschichte gezogen und den historischen Wandel aus ihrer Vorstellungswelt gestrichen hatte. Wir wissen heute, daß sie sich darin täuschen mußte. Das ändert freilich nichts daran, daß in dieser Epoche die Stadt als Lebensraum der Gemeinschaft in nahezu perfekter Weise Gestalt geworden ist. Die Bürger des römischen Weltreichs im Osten wie im Westen waren die ersten Europäer, die erleben durften, wie es sich anfühlt, in einer »richtigen« Stadt zu wohnen.

STAAT –
BÜRGER UND MONARCHEN

5.
WENN BÜRGER ÜBER SICH SELBST HERRSCHEN – DAS ORDNUNGSMODELL DER GRIECHISCHEN POLIS

Demokratie ohne Humanität ist mit dem ersten Schritte plebejisch, und mit dem zweiten vulgär.

Rudolf Borchardt

AUF DER SUCHE NACH DEM BÜRGER

Im Jahr 1785 versetzte ein Gemälde die Gebildeten von Paris in Erregung. Der Maler Jacques-Louis David hatte im Salon, der seit 1725 regelmäßig durch die königliche Kunstakademie veranstalteten Ausstellung, sein neuestes Werk präsentiert. Sein Titel: *Der Schwur der Horatier*. Das Bild zeigt drei junge Männer, die in einer entschlossenen und schwungvollen Geste einen Schwur ablegen und von einem älteren die Schwerter für ihre geplante Tat erhalten. Im Hintergrund drängen sich Frauen und Kinder, und ihre stumme Scheu unterstreicht die ernste Stimmung, in die der Maler das Ereignis getaucht hat. Tief bewegt stand das Publikum vor dieser Szene, in der David den dramatischen Höhepunkt und zugleich die bleibende Lehre einer Fabel gestaltet hatte, die alle aus der *Römischen Geschichte* des Titus Livius kannten. Statt einer Schlacht sollte ein Kampf der Söhne des Horatius gegen die Curiatier-Gebrüder den Streit zwischen Rom und seiner benachbarten Rivalin Alba Longa entscheiden. Nachdem zwei Brüder gefallen waren, überwand der letzte Horatier seine Gegner. Als der Sieger triumphierend heimkehrte, stieß er auf seine trauernde Schwester, die mit einem der getöteten Curiatier verlobt gewesen war. Rasend vor Zorn durchbohrte er sie mit seinem Schwert. »So soll jede Römerin dahinfahren, die um einen Feind trauern wird!« (Liv. 1,26,4) Daraufhin zunächst wegen Mordes verurteilt, wird er am Ende von der Volksversammlung mit dem Argument freigesprochen, seine Liebe zum Vaterland wiege schwerer als die

Abb. 21: Jacques Louis David, Der Schwur der Horatier

Untat gegenüber der Schwester. Denn sie hatte ihn seine Heldentat vollbringen lassen, so das Argument des Vaters, der ihm das Schwert gereicht hatte.

Davids Bild gibt daher diese Szene als Essenz der Geschichte wieder. Sie enthielt eine Aufforderung, die durchaus wörtlich zu nehmen war, und vier Jahre später fand sie tatsächlich einen Widerhall in der historischen Wirklichkeit. Mit dem berühmten Ballhausschwur vom Juni 1789 begann die Französische Revolution, und damit wurde ein neues Bürgerideal als Grundlage der politischen Ordnung einer Republik geboren. Wichtigster Pate, mit dessen Hilfe die Idee vom aktiven, dem Vaterland verschworenen Bürger allein formuliert werden konnte, war das republikanische Rom.

> Heben wir unsere Herzen empor zu den republikanischen Tugenden und zu den Vorbildern der Antike,

rief 1793 Robespierre den Mitgliedern des Nationalkonvents zu. Die Resonanz dieses Leitmotivs der Revolution war groß und anhaltend. Nicht zuletzt in den Bildern Davids wurden die Heroen des frühen Rom immer wieder als Muster des patriotischen Bürgers beschworen, der sein persönliches Leben ganz dem Wohl der Gemeinschaft verschreibt und im äußersten Fall auch zum Tod für diese Gemeinschaft bereit ist.

Allerdings ist dieses Ideal bereits im Verlauf der Revolution gründlich diskreditiert worden. Nachdem Robespierre die Orientierung am Gemeinwohl mit dem Fallbeil zu erzwingen gesucht hatte, sahen sich die Europäer genötigt, bei der Suche nach dem Bürger, auf den sich der moderne Staat gründen könne, andere Wege zu beschreiten. Viele glaubten dabei, fortan auf die Begleitung des antiken Bürgers verzichten zu können oder gar – nachdem die historische Wissenschaft ihn als fremdes Wesen zu sehen gelehrt hatte – von jeglichem Rückgriff auf die antiken Bürgerstaaten Abstand nehmen zu müssen. Dies allerdings hat unsere Gemeinwesen gut 150 Jahre später genau in die Sackgassen geführt, in denen wir uns offenbar heute befinden.

DER ABSCHIED VOM BÜRGER IN DER MODERNE

Auf eine dieser Sackgassen der Moderne ist früher bereits hingewiesen worden: Es ist die Wissenschaft von der Geschichte, die ihren Gegenstand der modernen Lebenswelt, in die er notwendig hineingehört, so weit entfremdet hat, daß er ihr gleichgültig geworden ist – so jedenfalls, wie die Historie von ihrer akademischen Disziplin als Geschichte präsentiert wird. Eine andere unserer Sackgassen stellt die Eliminierung von Politik und damit der Abschied vom Bürger als Träger der politischen Ordnung dar.

Keinem unvoreingenommenen Beobachter der gegenwärtigen politischen Szenerie kann entgehen, daß das politische System der repräsentativen Demokratie an fortschreitender Auszehrung leidet, obwohl, wie ein amerikanischer Kommentator bemerkt hat, »die äußere Fassade unangetastet bleibt und wie ein Denkmal geschmückt wird« (Peters S. 175). Die meisten Politiker verstehen ihr Geschäft als Moderatoren von Kompromissen in einem Wettstreit partikularer Interessen. Sieger wird in der Regel, wer die durchsetzungsfähigste Lobby auf seiner Seite hat. Auf diese Weise jedoch wird es nahezu unmöglich, elementare Anliegen des Gemeinwohls als politische Aufgaben zu formulieren und zukunftsweisende Richtungsentscheidungen zu treffen. Ob es sich um die Sicherung unserer natürlichen Lebensgrundlagen, um den solidarischen Zusammenhalt der lebenden Generationen oder um die Veränderung der Arbeitswelt handelt – überall ist nicht zu übersehen, wie schwer sich das Gemeinwesen mit Grundfragen der Zukunft tut. Da ist es kein Wunder, wenn für breite Schichten der Bürgerschaft der Raum der Politik fremd bleibt und die Segnungen der Demokratie primär als Teilhabe am Wohlfahrtsstaat erfahren und verstanden werden. Dann aber fehlt der freiheitlichen Ordnung der feste Boden, auf dem sie allein gedeihen kann: Es fehlen die Bürger, die die Demokratie aus einer inneren Überzeugung heraus tragen. Und diese darf sich nicht nur auf das materielle Wohlergehen beziehen, sondern muß sich in einem von den Tugenden des Bürgers geleiteten Handeln als Bürger manifestieren.

Gemessen an der Idee eines allein auf den Bürger gegründeten Gemeinwesens weist die derzeitige Struktur demokratischer Politik erhebliche Schwächen auf. Freilich hat sich dieser Zustand nicht bloß zufällig und ungewollt entwickelt, sondern war als Gegenmodell zum Konzept des Bürgerstaates bereits in der Antike vorhanden. Seit Platon berufen sich die Gegner breiter politischer Partizipation darauf, daß ein Gemeinwesen nicht gut regiert werden könne, wenn ausschließlich die Bürger in ihrer Gesamtheit in der Politik zu entscheiden hätten. Dafür fehle es diesen am nötigen Sachverstand und an der politischen Tugend:

> Wenn aber über die Verwaltung der Stadt etwas zu ratschlagen ist, so steht jeder auf und erteilt ihnen seinen Rat: Zimmermann, Schmied, Schuster, Krämer, Schiffsherr, Reiche, Arme, Vornehme, Geringe, einer wie der andere, und niemand macht einem Vorwürfe darüber (...), daß er, ohne dies irgendwo gelernt zu haben (...), sich nun doch unterfangen wolle, Rat zu geben.
> (Platon, *Protagoras* 319c–d)

Seit den Erfahrungen der Französischen Revolution ist die Moderne dieser Einschätzung vielfach gefolgt. Die Konsequenz ist von Joseph A. Schumpeter 1942 mit aller Deutlichkeit beschrieben worden:

> Die demokratische Methode ist diejenige Ordnung der Institutionen zur Erreichung politischer Entscheidungen, bei welcher einzelne die Entscheidungsbefugnis vermittels eines Konkurrenzkampfes um die Stimmen des Volkes erwerben.
> (Kapitalismus, Sozialismus und Demokratie. München ^{2}1950, S. 428)

Das ist ganz wörtlich zu nehmen: Heute entscheiden die Leitungsgremien der politischen Parteien, nicht das Volk. Daraus leitete der Soziologe Robert

Michels schon im Jahr 1911 sein »ehernes Gesetz der Oligarchie« ab. Es besitzt nach wie vor Gültigkeit und ist das wirkliche, wenngleich – wie Thukydides gesagt hätte – meistbeschwiegene Grundgesetz unserer politischen Ordnung. Der Kontrast zu jenen Verhältnissen, die das Gemeinschaftsleben in den griechischen Poleis des 5. Jahrhunderts v. Chr. bestimmt und für die die Griechen erstmals das Wort »Demokratie« geprägt haben, könnte größer kaum sein.

DER SINN VON POLITIK

In den modernen Republiken stellt Politik nicht mehr eine besondere Weise von Gemeinschaftshandeln dar, die allen zugänglich wäre. Sie orientiert sich vielmehr am gesellschaftlich herrschenden Grundsatz der professionellen Spezialisierung. Im alten Athen hingegen war jeder Bürger ein Politiker. »Denn Männer machen eine Stadt aus«, ruft der athenische Feldherr Nikias im Angesicht der militärischen Katastrophe vor Syrakus 413 v. Chr. seinen Soldaten zu, »Männer machen eine Stadt aus, nicht Mauern und nicht unbemannte Schiffe.« (Thuk. 7, 77) Der militärischen Leistungspflicht entsprachen die politischen Rechte des Bürgers. Für Aristoteles war evident, wie »der Bürger zu bestimmen« sei:

> wem das Recht eingeräumt ist, an der Ausübung eines Amtes mit politischen Entscheidungsfunktionen und richterlicher Gewalt mitzuwirken, erfüllt (…) die Bedingungen eines Bürgers seines Staates (…).
> (Aristoteles, Politik 1275 b 15)

Dieser Bürger ist gemeint, wenn Aristoteles vom Menschen als einem politischen Lebewesen, einem *zoon politikon*, spricht. Denn die höchste und spezifisch menschliche Form des gemeinschaftlichen Zusammenlebens konnte in den Augen der Griechen allein die Bürgergemeinschaft der Polis sein. Sie ist beileibe keine Selbstverständlichkeit, sondern eine historisch einmalige Entdeckung. In der Idee der Gemeinde als Bürgergemeinschaft liegt das entscheidende Wesensmerkmal der griechischen Geschichte in den Jahrhunderten bis Aristoteles.

Ohne dafür an Vorbilder anknüpfen zu können, haben die Griechen die Selbstorganisation einer freien Bürgerschaft als funktionsfähiges Modell zur Bewältigung von Gemeinschaftsaufgaben entdeckt. Sie entwickelten dabei

Institutionen, Praktiken und Mentalitäten, die zusammen einen eigenständigen Raum von Öffentlichkeit und Politik absteckten. Die öffentlichen Bezirke der Stadt gaben diesem Raum des Politischen sichtbare Form und damit klare Umgrenzung. Das allen Bürgern Gemeinsame hob sich deutlich ab von dem, was jedem einzelnen gehörte, dem *oikos*. Über diesen und die zu ihm gehörenden Menschen herrschte der Bürger als Hausherr uneingeschränkt. Jenseits der Haustüren begann hingegen der Raum der Polis. Hier verkehrten die Bürger ohne Gewalt, Zwang und Unterordnung miteinander. Hier waren sie Gleiche unter Gleichen, die allenfalls auf begrenzte Zeit einander befahlen und gehorchten. Hier herrschte das Gesetz, der Nomos, und hier galt das Gebot der Göttin Peitho, alle Angelegenheiten einzig durch Miteinander-Reden und gegenseitiges Über-Reden zu regeln. Dieser Sinn des Politischen ist in der Gegenwart am schärfsten von Hannah Arendt erfaßt worden:

> Das Politische in diesem griechischen Sinne verstanden ist also um die Freiheit zentriert, wobei Freiheit negativ als Nicht-beherrscht-Werden und Nicht-Herrschen verstanden wird und positiv als ein nur von Vielen zu erstellender Raum, in welchem jeder sich unter seinesgleichen bewegt.
> (Hannah Arendt: Was ist Politik? München/Zürich 1993, S. 39)

Das Handeln in diesem Raum der Politik nannten die Griechen *praxis*. Sie hielten es für die wertvollste Form der menschlichen Existenz. Beim Handeln als *praxis* ging es ausschließlich um Fragen, die allen gemeinsam wichtig waren und daher nur in der Öffentlichkeit der Bürgerschaft beredet und aus ihrer Mitte heraus entschieden werden konnten. Kategorial getrennt davon war das als *poiesis* bezeichnete Handeln. Es gehörte in die Sphäre des Haushalts, des *oikos*, und war von den materiellen Lebensbedürfnissen diktiert. Gewiß war deren Befriedigung die notwendige Voraussetzung für das Handeln jedes einzelnen als Bürger. Doch konnte sein wirtschaftliches und soziales Wohlergehen niemals Gegenstand von Politik werden, ebensowenig wie irgendwelche gruppenspezifische Sonderinteressen. Im Mittelpunkt jeder politischen Entscheidung stand vielmehr die Bürgerschaft als Ganzheit. Alles politische Handeln bezog seinen ihm eigenen Sinn also immer aus einer in gemeinsamen Wertvorstellungen wurzelnden Anschauung von dem, was der politischen Gemeinschaft zuträglich war. Darin liegt die Substanz des Politischen und damit das Lebenselement des antiken Bürgers.

Die griechische Polis ist das Ergebnis einer einzigartigen Herausbildung von Staatlichkeit. Staatliche Strukturen sind universalhistorisch gesehen keineswegs in allen Gesellschaften anzutreffen, sondern entstehen in bestimmten historischen Situationen zur Lösung der drei wichtigsten gesamtgesellschaftlichen Aufgaben: der Streitschlichtung, der sozialen Integration und der kasuellen Entscheidungserfordernisse wie etwa Kriegführung. Die Bewältigung dieser Aufgaben durch staatliche Strukturen zeichnet sich dadurch aus, daß Macht zentralisiert ist und delegiert werden kann, daß Rollen und Funktionen dauerhaft und unabhängig von bestimmten Personen institutionalisiert sind und daß eine abstrakte staatliche Hoheit Quelle der Macht und Bedingung für deren Durchsetzung ist.

Aus einer für uns bei Homer noch erkennbaren vorstaatlichen Ordnung heraus sahen sich die griechischen Gemeinden seit dem ausgehenden 8. Jahrhundert v. Chr. genötigt, Antworten auf teilweise dramatisch veränderte Lebensbedingungen und die daraus folgenden gesamtgesellschaftlichen Probleme zu finden. Besonders wichtig war dabei die Ausbreitung der Griechen im ganzen Mittelmeer mit der Gründung neuer Gemeinden. Aber auch die neu entstehenden Formen urbaner Lebensräume als Rahmen für das Gemeinschaftsleben oder die Veränderung der Militärtechnik durch die Kampfformation der Hoplitenphalanx führten zu bislang unbekannten Problemen und Aufgaben, die mit den Mitteln vorstaatlichen Gemeinschaftslebens nicht mehr zu bewältigen waren. So entwickelten die Griechen im Laufe des 7. und 6. Jahrhunderts v. Chr. neue, eben staatliche Strategien zur Regelung ihres Gemeinschaftslebens.

Entscheidend ist nun, daß dieser Prozeß der Staatsbildung – anders als in den Reichen des Alten Orients und anders auch als in der Neuzeit – weder von einem monarchischen Machtzentrum ausging noch in der Errichtung einer Monarchie mündete. Von Beginn an war vielmehr die Gemeinde der Urheber aller Reformen. Deren vordringliches Ziel war es, durch Kollektivorgane die Bürgerschaft als alleinigen Träger der Staatlichkeit handlungsfähig werden zu lassen. Das Resultat war eine Art »Verfassung« aus rechtlichen Regeln, festgelegten Verfahrensweisen und permanenten Institutionen. Unter ihnen beanspruchten Volksversammlung und Volksrat stets die Entscheidungskompetenz in allen politischen, also die Polis betreffenden Angelegenheiten.

Das war der institutionelle Rahmen, in dem politisches Handeln für jeden Bürger möglich wurde: durch seine Beteiligung an der Volksversammlung, am Volksrat, an den Gerichtshöfen oder als Beamter. Aber das dauerhafte Funktionieren der Bürgerstaatlichkeit ist allein durch diese verfassungsmäßigen Grundstrukturen nicht hinreichend erklärbar. Ausschlaggebend für die tatsächliche politische Mitsprache breiter Bürgerschichten war vielmehr, daß das Bürgersein sich auch in bestimmten Substrukturen verwirklichte und in einer ausgeprägten Mentalität niederschlug.

Die politische Betätigung des Bürgers erschöpfte sich nämlich nicht in der Teilnahme an der Volksversammlung und den übrigen Gremien. Mindestens genauso wichtig war, daß der einzelne Bürger einer abgestuften Reihe in sich verschachtelter und einander ergänzender Unterabteilungen der Bürgerschaft angehörte. Wer ihnen angehörte, war Bürger. Diese Bürgervereinigungen hießen beispielsweise Demen, Phylen oder Phratrien. Sie waren im Rahmen der staatlichen Ordnung weitgehend autonom und hatten ihre eigenen Aufgaben – etwa das Führen der Bürgerlisten in den Demen oder die Organisation der militärischen Einsatzbereitschaft in den Phylen oder gewissermaßen standesamtliche Funktionen in den Phratrien. In ihrem institutionellen Aufbau spiegelten diese Unterabteilungen der Bürgerschaft den Bürgerstaat im kleinen. Sie hatten ihre eigenen Vollversammlungen, ihre Beamten, ihre Finanzen, ihren Kult. Das hieß auch, daß die Bürger in ihren Vereinigungen gleiche Teilhabe und Mitsprache genossen. Der Kreis der Mitglieder war überschaubar, gemeinschaftliche *praxis* in Krieg und Frieden schuf Vertrautheit untereinander. Davon war die Atmosphäre des geselligen Lebens durchdrungen, sei es bei den Ritualen des Kultopfers und des gemeinsamen Speisens, sei es bei Festaufzügen, Chorgesängen oder bei der Erörterung politischer Sachfragen. Die Bürgergenossenschaften waren nicht zuletzt so etwas wie Schulen der Demokratie, in denen die Spielregeln politischen Handelns eingeübt werden konnten.

Schon für Aristoteles lag hier das innerste Geheimnis der Bürgerstaatlichkeit und Bürgerfreiheit. Um diese zu zerstören, so führte er aus, brauche ein Tyrann die Bürgerschaft lediglich zu atomisieren. Er müsse nur

> alles verhindern, woraus Stolz und gegenseitiges Vertrauen zu entstehen pflegen, ebenso keine Muße und feiertäglichen Zusammenkünfte gestatten, sondern alles tun, damit alle Bürger einander gegenseitig so fremd als möglich bleiben.
> (Aristoteles, Politik 1313 b1–4)

Die Bürgerverbände gliederten den politischen Raum in eine Vielzahl von Teilöffentlichkeiten. Der politische Gesamtwille bildete sich von kleinen, modellhaften Einheiten ausgehend bis hin zur Bürgerschaft als ganzer in der Volksversammlung. Jeder Bürger war damit verbindlich einbezogen in ein politisches Handeln, das sich auf verschiedenen Ebenen entfaltete und alle Dimensionen des Gemeinschaftslebens erfaßte. Vor allem in der nahezu alltäglich erlebbaren Zugehörigkeit zu den Bürgergenossenschaften wurde für den einzelnen Bürger lebendig nachvollziehbar, was es bedeutete, ein Bürger zu sein. Und nur auf diesem Wege konnte die Demokratie der Griechen eine »direkte« sein.

Der Bürgerstaat, verstanden als die Selbstorganisation der Bürgerschaft, stand dem einzelnen Bürger deshalb auch nie als von ihm losgelöste Größe gegenüber. Das Bürgerrecht war nicht der Rechtstitel eines einzelnen, sondern ein anderer Ausdruck dafür, daß man anerkanntes Mitglied verschiedener Personenverbände war. Kurz: Bürger sein konnte man nie allein, isoliert seinem Staat gegenüberstehend; Bürger war man immer nur mit anderen zusammen.

Auch einige Gründungsväter der modernen Demokratie waren sich über die Notwendigkeit einer derartigen bürgerschaftlichen Infrastruktur durchaus im klaren. So hat Thomas Jefferson kleine Bürgereinheiten, die *ward republics*, als Grundlage der von ihm erstrebten demokratischen Ordnung erachtet:

> Wo jeder an der Leitung seiner Gemeinderepublik oder von einigen der höheren (Republiken) beteiligt ist und das Gefühl hat, Teilhaber an der Regelung der Angelegenheiten der Gesellschaft zu sein, nicht nur bei der Wahl einmal im Jahr, sondern jeden Tag, wenn es keinen Menschen im Staat gibt, der nicht Mitglied in einem seiner Räte ist, groß oder klein, da wird er lieber sich das Herz aus der Brust reißen, als sich die Macht von einem Caesar oder Bonaparte abnehmen lassen.
> (Thomas Jefferson, Brief an Joseph Cabell v. 2.2.1816)

Heute leben ähnliche Vorstellungen etwa durch die in den USA entstandene kommunitaristische Bewegung wieder auf. Die Kommunitarier wollen die traditionellen, die alltägliche soziale Praxis bestimmenden lebensweltlichen Gemeinschaften von der Familie über Nachbarschaft und Verein bis zur lokalen politischen Einheit stärken und ihnen Verantwortung für die gemeinschaftlichen Aufgaben zugestehen und zumuten. Anknüpfungspunkte dafür existieren auch in der europäischen Tradition. Der Grundgedanke erschließt sich jedenfalls in der historischen Rückbesinnung auf die erste Demokratie der Weltgeschichte ganz eindeutig: Jede Politik, die demokratischen Ansprüchen genügen will, muß, wie bereits Herodot erkannt hat, *eis meson*, in die Mitte der Bürgerschaft gelegt werden, und nicht in die Hände einer Kaste von Berufspolitikern. Und hierzu bedarf sie eines Netzwerks von Geselligkeitsformen, durch die sich die Bürger in ihrer Lebenswelt vereinen können. Nur so können sich Eigeninitiative und Verantwortungsbewußtsein des Bürgers entfalten. Vermutlich ohne weiteres beipflichten würden Aristoteles ebenso wie Hannah Arendt den Sätzen des Beraters eines früheren amerikanischen Präsidentschaftskandidaten, mit denen dieser die Idee des Bürgers umrissen hat:

> Im Kern geht es um die Entscheidung, ob man als Bürger sich damit zufrieden gibt, ein passiver Konsument von Politik zu sein, oder das Bedürfnis hat, selbst Verantwortung zu übernehmen und in seinem Umkreis am politischen Prozeß teilzunehmen. Die politische Partizipation der Bürger (...) ist das Kernstück einer Überlebensstrategie der Demokratie als Idee und Institution.
> (Werner Peters: The Existential Runner: Über die Demokratie in Amerika. Eggingen 1992, S. 391 f.)

POLITISCHE ETHIK

Die politische Teilhabe des griechischen Bürgers war allerdings von bestimmten Voraussetzungen abhängig. Das Handeln als Bürger konnte nur gelingen, wenn es von einer aus moralischer Überzeugung erwachsenden Mentalität getragen war. Schon im ersten Entwurf einer bürgerstaatlichen Ordnung durch Solon von Athen um 600 v. Chr. steht an zentraler Stelle die Forderung an jeden einzelnen Bürger, sein Verhalten zu ändern und sich für die Gemeinschaft verantwortlich zu fühlen. Und wiederum Solon beschreibt eindringlich die Problematik, vor der die notwendige Revolution der Werte und die Durchsetzung einer politischen, also vorrangig polisbezogenen Ethik als der innerste Kern der demokratischen Bürgerstaatlichkeit erkennbar wird.

> Sie selbst aber wollen die mächtige Stadt durch ihre Torheit verderben,
> Die Bürger, verlockt vom Reichtum,
> Und der Volksführer ungerechter Sinn (...)
> (...)

Denn nicht verstehen sie es, das Zuviel zu zügeln, und nicht,
Sich in Ruhe an dem zu erfreuen, was beim Mahle vor ihnen liegt.
(...)
Denn von feindlichen Kräften wird schnell die geliebte Stadt
Innerlich zersetzt in Zusammenschlüssen, wie sie Ungerechten lieb sind.
(Solon, Fragment 3D., 5–7, 9–10, 21–22)

In allen Polisgesellschaften gab es starke gemeinschaftsprengende Kräfte. Sie resultierten aus dem unbestritten herrschenden aristokratischen Ideal des Strebens nach Vorrang *(aristeia)*, das jeden einzelnen Hausherrn dazu drängte und ihn nicht selten dazu verdammte, seine soziale Stellung um jeden Preis zu sichern und wenn möglich zu verbessern. Der Antrieb dazu ergab sich aus der Struktur der Gesellschaft: Jedes Haus, jeder *oikos*, stand im Prinzip für sich allein. Nur die Leistungsfähigkeit des *oikos*, verkörpert durch die Tüchtigkeit des Hausherrn, bestimmte den Status in der Gesellschaft. In diesem permanenten Positionskampf war auch die Anwendung von Gewalt kein Tabu und wurde nicht zuletzt durch das unbarmherzige Gebot von Rache und Widerrache ständig herausgefordert. Das gesellschaftliche Klima war dadurch von nicht endenden Spannungen vor allem zwischen den Großen, von ihren latenten oder offenen Konflikten erfüllt. In vielen Gemeinden führte das immer wieder zu einem zerstörerischen Kräftemessen, bei dem die Belange der Gemeinschaft zwangsläufig auf der Strecke blieben. Solon erinnerte seine Mitbürger eindringlich:

Dies kommt gleich über die ganze Stadt als unentrinnbare Wunde,
Und schnell gerät sie in schlimme Knechtschaft,
Die inneren Streit und schlafenden Krieg aufweckt,
Der Vieler liebliche Jugendblüte vernichtet.
(Solon, Fragment 3D., 17–20)

Dagegen setzte Solon auf die Selbstbeherrschung der Mächtigen und die Bürgerverantwortlichkeit aller. Es sollte jedoch noch fast ein Jahrhundert dauern, bis das von Kleisthenes errichtete institutionelle Gerüst des demokratischen Bürgerstaates den Vorrang der polisorientierten Ethik auch dauerhaft einforderte und in der politischen Praxis möglich machte. Denn die schon beschriebene politische Infrastruktur war ohne politische Ethik als ihr Lebenselement nicht funktionsfähig. In Athen gelang es danach für viele Jahrzehnte, wenngleich nicht ohne Gefährdung, in anderen Poleis immerhin zeitweise, die bürgerstaatliche Ordnung zu einer mit Leben erfüllten Wirklichkeit werden zu lassen. In ihr waren Institutionen und Mentalität untrennbar verbunden. Die demokratische Ordnung nahm den Bürger für das Politische in so hohem Maße in Anspruch, daß dieses zu einem integralen Bestandteil seines individuellen Selbstverständnisses wurde. Er bildete, wie Christian Meier es genannt hat, eine politische Identität aus. Sie orientierte sich an Werten wie *dike*, Recht und Gerechtigkeit, *aidos*, Achtung, Respekt und Rücksicht, *sophrosyne*, Selbstbeherrschung, Mäßigung und Ausgleich oder *philia*, Solidarität und Verantwortungsgefühl. Nur dann kann der Bürgerverband zu einer *koinonia* werden, einer – in den Worten von Moses Finley – Verbundenheit »im Bewußtsein einer gemeinsamen Aufgabe, eines gemeinsamen Schicksals, eines gemeinsamen Glaubens«.

Die Bürgertugend stand im Zentrum des bürgerlichen Selbstverständnisses, und wer es an ihr fehlen ließ, den traf der Bannstrahl gemeinschaftlicher Verachtung:

> Bei uns allein nämlich heißt einer, der dem (Politischen) gänzlich fernsteht, nicht ungeschäftig, sondern unnütz (...).
> (Thukydides 2, 40)

So wendet sich der demokratische Führer Perikles gegen jedes Nachlassen der gemeinschaftlichen Kräfte. Der Bürger mußte mithin hohen moralischen Anforderungen gerecht werden. Genauso groß waren daher die Anstrengungen, die die Bürgerschaft unternahm, ihren inneren Zusammenhalt zu demonstrieren, zu bewahren und zu festigen. Das gesamte kulturelle Leben nicht nur Athens legt hiervon Zeugnis ab.

Aus dieser Kultur des Politischen sind Archetypen hervorgegangen, die bis heute ihre Wirkkraft nicht verloren haben. Ob wir die erste Theorie einer Stadtplanung durch Hippodamos von Milet oder ihre faszinierende Realisierung im Piräus oder in Priene studieren (vgl. Kap. 3), ob wir die steingewordenen Menschenbilder der Bildhauerkunst bewundern (vgl. Kap. 12), ob wir uns in der vollendeten Säulenarchitektur des Parthenon auf der Akropolis bewegen und die Idee des Tempels als Zentrum einer öffentlichen Architektur verstehen (vgl. Kap. 9), ob uns in einer Aufführung der *Orestie* des Aischylos oder der *Antigone* des Sophokles schlagartig deutlich wird, wie unabdingbar eine lebendige, allen Bürgern zugängliche Literatur für einen Staat der Bürger ist –

in allen diesen Fällen können wir begreifen und erleben, daß politische Ethik sich weder entwickeln noch Bestand haben kann, wenn wir sie lediglich einer schulischen Staatsbürgerkunde anvertrauen. Das Lebenselement politischer Ethik muß vielmehr die gesamte Kultur in allen Facetten und Spielarten sein. Bürgerstaat und Bürgerethik leben nur durch eine Ästhetik des Politischen.

Die Entstehung und Entwicklung des griechischen Bürgerstaates ist identisch mit der Herausbildung seiner politischen Kultur. Von Homer an fließt ein breiter Strom von Zeugnissen, in denen das Ringen um das politische Bewußtsein, die politische Ethik oder das Selbstverständnis der Bürgergemeinde das wichtigste Anliegen ist. Die kulturellen Manifestationen der archaisch-klassischen Zeit, ob in Stein oder durch das Wort, sind geradezu imprägniert vom Politischen. Höhe- und Wendepunkt dieser Entwicklung sind das Wirken des Philosophen Sokrates und die Schriften seines Schülers Platon.

SOKRATES UND DIE GRUNDLEGUNG DER POLITISCHEN ETHIK

Sokrates hat – nach einem Wort Ciceros – »als erster die Philosophie vom Himmel heruntergeholt«, um »über das Leben und die Gebräuche sowie über das Gute und Schlechte nachzudenken«. Das wichtigste Anliegen, das er angesichts der fortdauernden inneren Gefährdung des Bürgerstaates verfolgte, war die festere Fundamentierung des Gemeinschaftslebens in der Polis. Es war die alte Frage Solons.

Sokrates entdeckte, daß es mit einem immer wiederholten und bewährten Katalog traditioneller Bürgertugenden nicht sein Bewenden haben konnte. Und noch weniger versprachen die gerade aktuellen Lehren der Sophisten dauerhaften Erfolg. Diese nämlich behaupteten, die bürgerliche Tugend sei lehrbar und alle Menschen hätten die Anlage, sie zu lernen. Dem setzt Sokrates einen völlig neuen Gedanken entgegen: Da Tugend, griechisch: *arete*, sich immer auf eine einheitliche Idee des Guten beziehe, könne nur der ein guter Bürger werden, der nach der sittlichen Vervollkommnung seiner ganzen Persönlichkeit strebe. Daher müsse jeder sich auf den Weg machen, sich mit sich selbst auseinanderzusetzen und sich selbst in seinem Inneren zu erkennen, um den Weg zur *arete* zu finden.

Seine Mitbürger dahin zu bringen bedeutete jedoch, traditionelle Bräuche und Gewohnheiten zu hinterfragen und letztlich die gesamte bürgerstaatliche Kultur kritisch zu überprüfen. Das betraf vor allem das Festhalten am Ideal der Aristie sowie an der Sanktionierung des moralischen Handelns vor allem in den Augen der anderen. Es betraf auch die Fixierung auf Schönheit und Form, die Sokrates als bloße Äußerlichkeiten geißelte, solange sie nicht mit einem guten und gerechten Seelenzustand korrespondierten. Der Bürgerstaat seinerseits mußte dies als einen Angriff auf seine entscheidenden konsensstiftenden und integrierenden Mechanismen auffassen und hat Sokrates nach vielen Jahren des Gewährenlassens schließlich zum Tode verurteilt und hingerichtet. Es war ohne Zweifel ein Fehlurteil. Denn Sokrates war mit seiner philosophischen Forderung um nichts weniger ein Bürger seiner Stadt geblieben als irgendeiner seiner Vorgänger. Aber er war nicht bereit, den Bürgerstaat so zu nehmen, wie er eben zuweilen eher schlecht als recht funktionierte. Statt dessen war er von einem anderen Weg überzeugt: Indem sich der Mensch seiner Seele zuwende, gewinne er eine innere Instanz, durch die allein ihm das Gute zugänglich werde; so erlange der Mensch einen neuartigen Zustand der Bewußtheit um sich selbst. Und einzig dies befähige ihn zuverlässig, die Tugenden des Bürgers zu einem Teil seiner Existenz zu machen.

Sokrates' Tod galt seinen Schülern als offenkundiger Beleg für das Scheitern seiner Hoffnung. Sie, allen voran Platon, sprachen das Verdammungsurteil über Bürgerstaat und Demokratie. Sie hielten sich fortan fern von der Welt der Politik und träumten als Ahnherren aller Elitetheoretiker die Utopie von Philosophenkönigen, aus deren Reich der Bürger vertrieben war.

Die Geschichte jedoch wies noch einen anderen gangbaren Weg. Der griechische Bürgerstaat der klassischen Epoche gleicht ja tatsächlich einer gefährlichen Gratwanderung, auf der sich Abstürze in tödliche Tiefen nicht immer vermeiden ließen – das notwendige, weil strukturell unvermeidbare, gleichwohl vollkommen unberechtigte Todesurteil gegen Sokrates war der schlagendste Beweis. Diese Gratwanderung verlangte von den Wanderern also einen schier übermenschlichen inneren Richtungssinn. Oder anders: Die griechische Demokratie, das hatte Sokrates schonungslos offengelegt, war ein äußerst prekäres, ja im Grunde fast unmögliches Unterfangen. Am Ende, als sich die Bürgerstaaten trotz aller Anstrengungen überlegenen äußeren Mächten beugen mußten, hieß es für die politischen Alpinisten abzusteigen in die Täler. Dort setzten sie ihre Wege auf eine weit weniger dramatische und gefahrvolle, dafür aber dauerhaftere Weise fort. So wurde auch in den weiten Ebenen der hellenistisch-römischen Geschichte das Grundgesetz der Stadt bestimmt von der Idee des Bürgers. Ihre Kraft bezog diese freilich aus dem Leuchten der fernen Gipfel, die man bis heute zu Recht die klassischen nennt.

Als Anfang August 338 v. Chr. der makedonische König Philipp II. beim böotischen Chaironeia die Schlacht gegen das vereinigte Griechenheer für sich entschied, war das politische Schicksal der griechischen Bürgerstädte besiegelt. Vier Jahre darauf feierten die Griechen Kleinasiens Philipps Sohn Alexander als Befreier vom persischen Joch und neuen Herrn zugleich. Die große Zahl der bisher – der Idee nach wenigstens – autonomen Stadtstaaten fand sich in einer völlig verwandelten Welt wieder, und die alten Zeiten sollten auch nie mehr zurückkehren. Der griechische Stadtstaat existierte fortan als Teil größerer Herrschaftsverbände, zunächst der hellenistischen Königreiche, dann der Provinzen des römischen Weltreichs.

Weder die makedonischen Eroberer noch später die Römer verfügten nun freilich über einen durchgreifenden Herrschaftsapparat, der die griechischen Städte in eine strikte Untertänigkeit hätte zwingen können. Keine Stadt hatte zwar je die Möglichkeit, die entstandenen Machtverhältnisse ernsthaft in Frage zu stellen, aber die hellenistischen Könige blieben stets darauf angewiesen, sich aus der Zustimmung der Griechen ein wichtiges Element ihrer Legitimation zu holen. Die Beziehungen zu ihnen nahmen daher zuweilen sogar völkerrechtlichen Charakter an; die Könige gaben rechtliche Garantien, beachteten demonstrativ bestehende Traditionen wo immer möglich und traten in den Gemeinden selbst als willkommene Wohltäter auf. All das eröffnete den Städten durchaus eigene Handlungsspielräume, die allerdings nur durch eine Erweiterung des bisherigen bürgerstaatlichen Instrumentariums genutzt werden konnten.

Im Laufe des 2. Jahrhunderts v. Chr. traten die Römer an die Stelle der hellenistischen Könige und verwandelten deren Reiche in Provinzen des römischen Weltreichs. Die griechischen Städte wurden eher stärker als zuvor untertan und durchlebten während der späten Republik ein wechselvolles Jahrhundert der Kriege, der Willkür und der Ausplünderung. Erst mit Augustus veränderten sich die Zustände von Grund auf zum Besseren. Der Kaiser garantierte Frieden, Rechtssicherheit und eine korrekte Verwaltung. Er war auch den Griechen ein fürsorglicher Patron und übertraf als herrscherlicher Wohltäter alles bis dahin Gekannte.

Die historische Entwicklung, in die die griechischen Bürgerstädte seit Alexander dem Großen eingebunden waren, führte in der Regierung der Städte zu neuen Formen politischen Handelns. Die hellenistischen Könige, der römische Senat wie später die Kaiser benötigten für die Umsetzung ihres politischen Willens in den einzelnen Städten kompetente und verläßliche Ansprechpartner. Das konnten die traditionellen kollektiven Beschlußgremien der bürgerstaatlichen Ordnung nur sehr begrenzt sein. Für den Verkehr mit den äußeren Mächten und ihren Repräsentanten kamen nur Angehörige der städtischen Oberschicht in Frage. Nur sie verfügten über persönliche Beziehungen, die über den Tellerrand der eigenen Stadt hinausreichten, über ein entsprechendes Vermögen, um am Hof des Königs oder in der Hauptstadt der Welt auftreten zu können, und nicht zuletzt über diplomatische und politische Erfahrung sowie die erforderliche Bildung, um das Wohl ihrer Gemeinden auch sachgerecht fördern zu können.

Neben diesen neuen Anforderungen, die sich aus den gewandelten äußeren Bedingungen für die Städte ergaben, war der gegenüber früher deutlich gestiegene städtische Finanzbedarf eine Triebkraft des inneren Wandels. Den gewachsenen Ansprüchen an den Ausbau der urbanen Lebenswelt, aber auch den Erfordernissen zur Prävention sozialer Krisen standen in aller Regel unzureichende Einnahmequellen der Städte gegenüber. Dies nahm die finanziell leistungsfähigen Oberschichten zunehmend in die Pflicht, für die sie entsprechende Gegenleistungen erwarteten.

Das Bürgerrecht und die demokratisch-bürgerstaatlichen Institutionen blieben zwar zumeist bestehen, aber die Veränderung der politischen Aufgaben hat den traditionellen Inhalt von Politik, die gleiche Teilhabe jedes Bürgers an der politischen Gemeinschaft, mit einem anderen Vorzeichen versehen. Die immer schon bestehenden sozialen Unterschiede in der Bürgerschaft wurden anders als früher nunmehr im politischen Raum ausschlaggebend. Die Umstände, unter denen in der hellenistisch-römischen Epoche städtische Politik gestaltet werden mußte, ließen keine andere Wahl; de facto lag die Regierung nun auf den Schultern der städtischen Aristokratie. Der Rat der Stadt, die *boule*, ursprünglich ein Exekutivorgan der Volksversammlung, versammelte die Oberen der Stadt und wurde zum eigentlichen Entscheidungszentrum der Politik. Die Magistrate, bisher vom Volk durch massive Kontrolle und Kompetenzbeschränkungen an der kurzen Leine gehalten, rekrutierten sich ausnahmslos aus den Reihen der Ratsherren und wurden aufgrund ihrer finanziellen Eigenleistungen und ihrer gesellschaftlichen Beziehungen unentbehrlich für ein reibungsloses städtisches Leben. So erlangten die Honoratioren – wie man die städtische Elite nach einem Begriff Max Webers bezeichnen kann – eine politische Monopolstellung. Die übrigen bürgerschaftlichen

Kollektivgremien wurden allerdings nicht nur aus Pietätsgründen nicht abgeschafft. Sie blieben notwendige und geeignete Foren für Konsensstiftung und Integration.

Eine ganz ähnliche Struktur entstand in den Provinzialstädten des römischen Westens. Auch sie erhielten Räte, die Dekurionen, als politische Leitungsgremien sowie Magistrate nach dem Vorbild der italischen Munizipien. Die Dekurionen waren ein eigener rechtlich definierter Stand, dessen Zusammensetzung vom in Ehren entlassenen Unteroffizier der Armee über Fabrikanten, Handelsherren und Grundbesitzer bis zu dem ehemals im Reichsdienst tätigen Ritter reichte. Die soziale Bandbreite war also recht groß und der Aufstieg in den Reichsdienst womöglich eine lockende Aussicht. Als Lohn für ihr Wirken im städtischen Aufgabenkreis winkte in jedem Fall das römische Bürgerrecht und damit die Anerkennung der politischen Bedeutung dieser Honoratioren für die Stabilität der Regierung des Reiches. Der Umfang der kommunalen Selbstverwaltung in allen Städten der Provinzen war beträchtlich. Man regierte sich und das – im Westen oft riesige – städtische Territorium weitgehend in eigener Verantwortung.

Als politischer Typus ist der Bürger also mit dem Ende der äußeren Autonomie der griechischen Stadtstaaten nicht verschwunden – im Gegenteil: Die Ausbreitung des Modells der antiken Stadt über das gesamte römische Weltreich hat den Bürger bis zum Ende der Antike zur Grundfigur der politischen Ordnung gemacht. Denn die Honoratiorenregimes der hellenistisch-römischen Epoche haben das Grundgesetz des Bürgerstaates auf ihre Weise verwirklicht, daß nämlich die Bürger ihre Angelegenheiten in eigener Verantwortung regeln.

Auch in klassischer Zeit war die politische Gleichheit innerhalb der Bürgerschaft mit gesellschaftlicher Ungleichheit einhergegangen. Niemand hatte das als Problem empfunden und etwa die Politik mit einem Programm sozialer Emanzipation befrachtet. Das unterscheidet den antiken Bürgerstaat vielleicht am stärksten von der Entwicklung in der Moderne. Das gemeinschaftliche Handeln in Freiheit unter der Voraussetzung bürgerlicher Gleichheit ist daher nicht zwingend gebunden an die Forderung der größtmöglichen Zahl. Auch in einer oligarchisch oder aristokratisch beschränkten Sphäre kann Politik auf der Grundlage von Gleichheit und Freiheit gestaltet und von einer Ethik des Politischen getragen werden. Die Idee des Bürgers erwies sich mithin als so stark und anziehend, daß sie auch im Rahmen monarchischer Gesamtstrukturen nicht aufgegeben wurde, sondern in anderer Akzentuierung das politische Leben der antiken Welt prägen konnte. Und die Form, die das Bürgersein nunmehr annahm, verlieh dem politischen Leben noch für Jahrhunderte eine bemerkenswerte Stabilität. Sie lehrt, daß Verantwortlichkeit des Bürgers und als Bürger – auf Dauer jedenfalls – nicht von dem zu trennen ist, was er gesellschaftlich darstellt. Und dies wiederum – das zeigt die städtische Kultur der hellenistisch-römischen Zeit – hängt notwendig am Grad seiner Bildung.

Am Ende hat Sokrates doch recht bekommen: Zum guten Bürger konnte nur werden, wer sich auf den Weg machte, ein guter Mensch zu werden. Bürgersein, zum Wohle des Ganzen handeln zu können, hieß für den aktiven Stadtbürger der nachklassischen Zeit, sich ein Leben lang auf den verschiedensten Gebieten – von der Philosophie bis zur Modellierung des Körpers, von einer zuträglichen Lebensführung bis zur literarischen Übung – um die Bildung seines Menschseins zu bemühen. Dies ist der entscheidende und unvergängliche Gehalt einer politischen Ethik, ohne die es weder Bürger noch Bürgerstaat geben kann.

6.

DER ALLEINHERRSCHER UND DAS ETHOS DER VERANTWORTUNG – DIE RÖMISCHE MONARCHIE IM SPIEGEL DER ARA PACIS AUGUSTAE

Wer selbst sein Meister ist und sich beherrschen kann, /
Dem ist die weite Welt und alles untertan.

Paul Fleming

Nur wer sich führt, nur wer sich schichtet, /
tritt in das Joch der Höhe ein.

Gottfried Benn

Legitim ist die Macht, die den Auftrag erfüllt, den ihr die vitalen und ethischen Erfordernisse einer Gesellschaft erteilen.

Nicolás Gómez Dávila

EIN ALTAR FÜR DEN FRIEDEN IN ZEITEN DES KRIEGES?

Im Sommer des Jahres 13 v. Chr., wenige Wochen vor seinem 50. Geburtstag, wurde dem Kaiser Augustus vom römischen Senat die Errichtung eines Monuments gelobt. Zusammen mit den anderen symbolträchtigen Bauten und Kunstwerken der augusteischen Zeit, dem Forum des Augustus, dem Pantheon oder der berühmten Statue von Primaporta, wurde dieses Kleinod zum repräsentativen Denkmal für den Beginn einer neuen weltgeschichtlichen Epoche: die *Ara Pacis Augustae*, der Altar für den augusteischen Frieden. Er ist das glänzendste Werk der augusteischen Bildkunst und heute das vielleicht eindrucksvollste Zeugnis, das der erste römische Kaiser seiner Stadt hinterließ.

Eine Vielfalt von Assoziationen und Bedeutungsebenen macht aus der *Ara Pacis* ein umfassendes Dokument für das Selbstverständnis der von Augustus zwischen 27 und 19 v. Chr. geschaffenen neuen Herrschafts- und Staatsform

Abb. 22: *Die Augustus-Statue von Primaporta*

des Prinzipats. Hören wir zunächst Augustus' eigene lapidare Erinnerung an das Jahr 13 v. Chr. in seinem Tatenbericht, der nach seinem Tod vor dem monumentalen Grabmal auf großen Stelen bekanntgegeben wurde:

Als ich aus Spanien und Gallien nach erfolgreicher Tätigkeit in diesen Provinzen unter den Konsuln Ti. Nero und P. Quintilius nach Rom zurückkehrte, beschloß der Senat, ein Altar des Augustusfriedens solle aus Anlaß meiner Rückkehr geweiht werden, und zwar auf dem Marsfeld; dort sollten die Beamten, die Priesterschaft und die vestalischen Jungfrauen nach seinem Befehl alljährlich ein Opfer darbringen.
(Augustus, *Res gestae* 12)

Der kleine heilige Bezirk wurde erst dreieinhalb Jahre später, am 30. Januar 9 v. Chr., dem Geburtstag von Augustus' Gemahlin Livia, eingeweiht. Möglicherweise hängt die relativ lange Ausführungszeit des Bauwerks auch damit zusammen, daß es in den Kontext eines größeren Baukomplexes gehört, nämlich der größten Sonnenuhr der Geschichte. Sie besaß einen gewaltigen Zeiger in Gestalt eines ägyptischen Obelisken. Dieser mußte zunächst einmal aus Ägypten herangeschafft werden – eine technische und logistische Meisterleistung, die später noch andere römische Kaiser wiederholten.

Die *Ara Pacis* stand am östlichen Rand des Marsfeldes, eines vor der Stadtgrenze im Bogen des Tiber gelegenen und daher häufig überschwemmten Freigeländes. Dieses wurde von Augustus als neuer öffentlicher Stadtraum

Abb. 23: Gesamtansicht der Ara Pacis, Marsfeldseite

erschlossen und in großem Stil als eine der Bühnen seiner Herrschaft bebaut. Heute befindet sich dort der ins Mittelalter zurückreichende Kern der römischen Altstadt. Das augusteische Marsfeld wurde im Osten begrenzt durch die via Flaminia, die große Ausfallstraße aus Rom nach Norden (heute Via del Corso). Direkt an dieser Hauptverkehrsader aus republikanischer Zeit lag die *Ara Pacis*.

Nun mag es vielleicht verwundern oder sogar als blanke Ideologie erscheinen, daß gerade in den Jahren, in denen die *Ara Pacis* entstand, also zwischen 13 und 9 v. Chr., Augustus die Schaffung und Bewahrung des Friedens so prononciert als Ziel seiner Politik herausgestellt hat. Denn nur ein Jahr nach seiner Rückkehr nach Rom, im Jahr 12 v. Chr. nämlich, gab der Kaiser den Befehl zur Eröffnung jenes großen Krieges gegen die germanischen Stämme rechts des Rheins, der sich mit kurzen Unterbrechungen fast 30 Jahre hinziehen sollte und die Römer für Jahrhunderte in die Regionen Mitteleuropas geführt hat.

Trotz dieser Kriege an den Grenzen war für die Sichtweise der Zeitgenossen aber etwas anderes entscheidend: Italien und praktisch alle bisherigen Provinzen hatten in den zurückliegenden Jahrzehnten unter den zwischen den

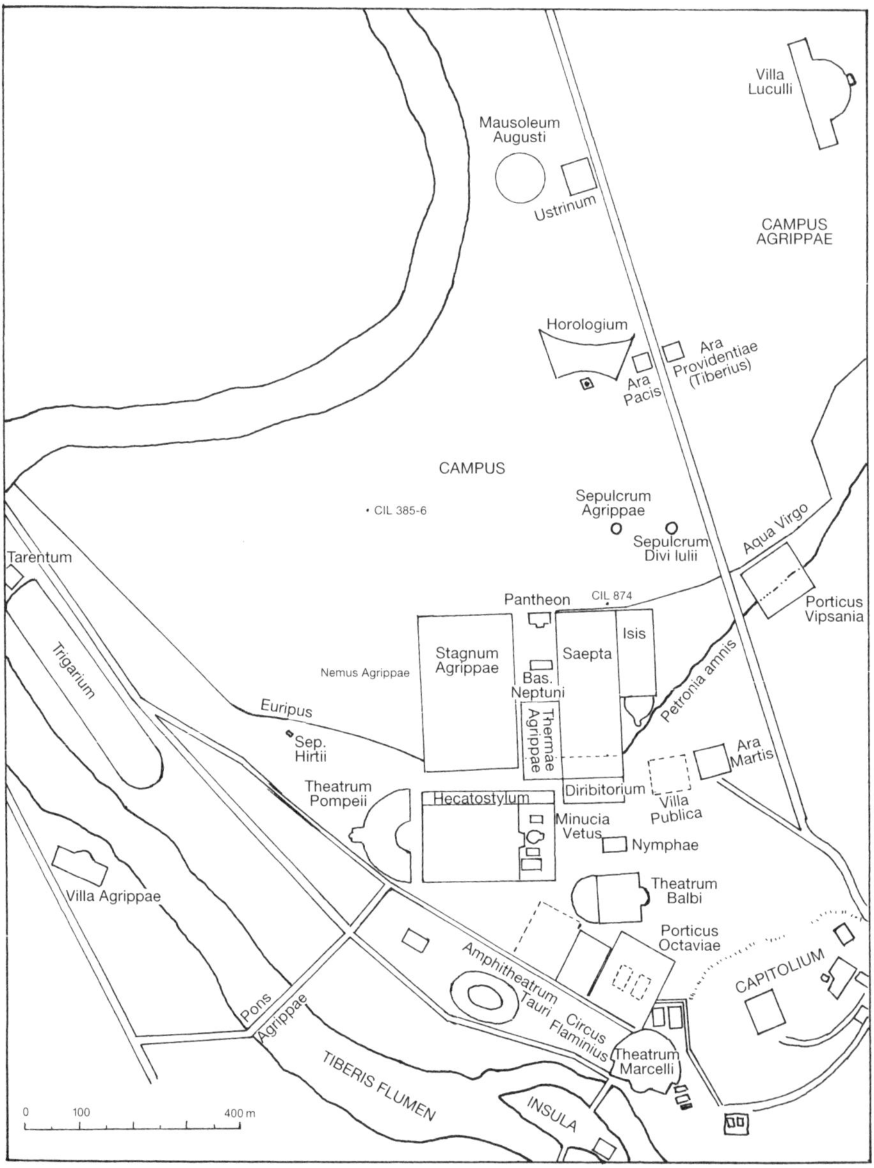

Abb. 24: Das Marsfeld zur Zeit des Augustus

Großen der späten römischen Republik tobenden Bürgerkriegen unsäglich gelitten. Der Erbe Caesars hatte sich am Ende nicht zuletzt deswegen durchgesetzt, weil er noch vor seinem militärischen Triumph im Jahr 31 v. Chr. den Menschen die Aussicht zu vermitteln verstand, er werde Frieden und Sicherheit wiederbringen. Tatsächlich herrschte nach 30 v. Chr. Frieden im Reich, und der über dessen Grenzen hinausgetragene Krieg diente eben der Sicherung der Provinzen. In den Augen der Römer hatte Augustus durch die Beendigung der Bürgerkriege der Armee wieder die ihr eigene Bestimmung zugewiesen, die römische Bürgergemeinde und ihre Verbündeten zu schützen und die Feinde Roms zu bestrafen. Niemand sah daher einen Widerspruch zwischen militärischen Expansionsunternehmen, deren Ziel der römische Friede in bisher unruhigen Gebieten war, und dem Friedensgedanken als Zentrum der augusteischen Politik. Der Kaiser als Oberbefehlshaber der Legionen war Garant dieses Friedens.

Die Verse des Dichters Horaz, die dieser etwa 14/13 v. Chr. kurz vor der Rückkehr des Augustus von den Kriegen in Spanien und der administrativen Neuordnung in Gallien verfaßte, verleihen dem dankbaren Gefühl Ausdruck, endlich in einer friedlichen, sicheren und geordneten Welt zu leben:

> Nunmehr zieht seines Wegs sicher der Stier dahin,
> Ceres segnet die Flur wieder mit reicher Saat,
> Friedlich schaukelt das Schiff durch die befreite Flut,
> Treu und Glauben sind neu erwacht.
> (...)
> Wen schreckt Parthergefahr, frierender Skythen Sturm,
> Wen Germaniens Brut, Söhne der rauhen Luft,
> Wen, da Caesar uns lebt, kümmert des Krieges Dräun,
> Fern im wilden Hiberien?
> (...)
> »Schenke, gütiger Fürst, dauernden Frieden nun,
> Der hesperischen Flut!« Siehe, so flehen wir
> Nüchtern frühe am Tag, flehen wir trunken dir,
> Spät, wenn Phöbus zum Meere taucht.
> (Horaz, Oden IV, 5, 17–20, 25–28, 37–40)

EIN KÜNSTLERISCHES KLEINOD

Der Altar des augusteischen Friedens ist ein ganz der gemeinschaftlichen Kultpraxis gewidmetes Heiligtum. Es besteht aus einem heiligen Bezirk, in dessen Mitte sich eine Opferstätte, der Altar, befindet. Der aus seiner profanen Umgebung herausgeschnittene Raum war der Gottheit des Friedens, *Pax*, geweiht und wie bei antiken Heiligtümern üblich als solcher klar gekennzeichnet. Diese Umschließung, eine gut 4 m hohe Umfassungswand, ist bei der *Ara Pacis* der wesentliche Baukörper. Er war mit 10,5 auf 11,5 Meter fast quadratisch und wirkte mit diesen bescheidenen Ausmaßen wie ein kostbares Gefäß. Der Zutritt in das Innere der Anlage war nur den Priestern gestattet, während bis an die Außenmauern jeder herangehen konnte. Die künstlerische Idee bestand nun darin, eben diese für jeden zugänglichen und betrachtbaren Wandflächen mit hoch- und flachreliefierten Bildern zu versehen, deren Darstellungen in vielschichtigen Bezügen dem Bauwerk seinen Sinn verliehen.

Die Wände bilden aneinandergefügte große Marmorplatten, die von beiden Seiten mit Bildern geschmückt sind – eine Technik, die in Rom bis dahin unbekannt war und höchstwahrscheinlich durch Künstler aus Kleinasien (Aphrodisias) eingeführt wurde. Auch der im Innern auf Stufen erhöht aufgestellte Altar trägt einen reichen ornamentalen und bildlichen Schmuck.

Ähnlich wie bei den durch Malerei dekorierten Wänden in Wohnhäusern ist der Bildschmuck der Außenwände in verschiedene Zonen oder Register aufgegliedert: Friese und Bänder, zum großen Teil mit pflanzlichen Ornamenten, vier große Bildplatten mit Einzelszenen links und rechts der beiden Eingänge sowie zwei große Reliefbänder an den Längsseiten mit Personendarstellungen.

An beiden Längsseiten ist im oberen der beiden Register ein Prozessionszug dargestellt. Seine Teilnehmer kommen, so kann es sich der Betrachter vorstellen, von der via Flaminia her und haben sich am Eingang getrennt, um an beiden Seiten um das Heiligtum herumzugehen und sich – das ist ebenfalls zu ergänzen – an dessen Vorderfront wieder zu vereinigen. In diesem Prozessionszug sind der Prinzeps und seine Familie sowie eine große Gruppe von Würdenträgern bei einer kultischen Zeremonie abgebildet. Der konkrete Bezug ist vermutlich die Gelobung und Grundsteinlegung des Altars im Juli des Jahres 13 v. Chr. Darauf deutet die Tatsache hin, daß Augustus selbst nicht in der Rolle des Oberpriesters, des *Pontifex Maximus*, erscheint – er hat dieses Amt erst im Jahr 12 v. Chr. übernommen. Außerdem werden nur unblutige Opfer von Weihrauch und Wein dargebracht, und deshalb erscheinen hier auch Frauen und Kinder, die von den hohen staatlichen Opfern ausgeschlossen waren. Dennoch geben die Bilder nicht nur einen wirklichen Vorgang wieder, sondern sie sollen die Rückkehr des Augustus in einer überzeitlichen und allgemeingültigen Weise als die Ankunft des Friedensbringers charakterisieren. Der Dichter Ovid hat dieses Idealbild in die folgenden Worte gefaßt:

Dies Lied selbst führte uns zum Altar des Friedens.
Dies ist der zweite Tag vor dem Monatsende.
Friede, dein geschmücktes Haar ist bekränzt mit dem Lorbeer von Actium;
komm und bleibe auf der ganzen Erde bestehen.
Nah und fern soll die ganze Welt die Söhne des Aeneas fürchten,
und ein Land, das Rom nicht fürchtet, mag es lieben.
Ihr Priester, gebt Weihrauch in das Feuer des Altares der Pax Augusta,
und nachdem seine Stirn mit Wein besprengt wurde,
soll das weiße Opfertier dargebracht werden.
Betet zu den Göttern, die auf ehrerbietige Gelübde hören,
damit der Frieden und das Haus, das uns diesen sichert,
auf ewig Bestand haben.
(Ovid, *Fasti* 1, 709ff.)

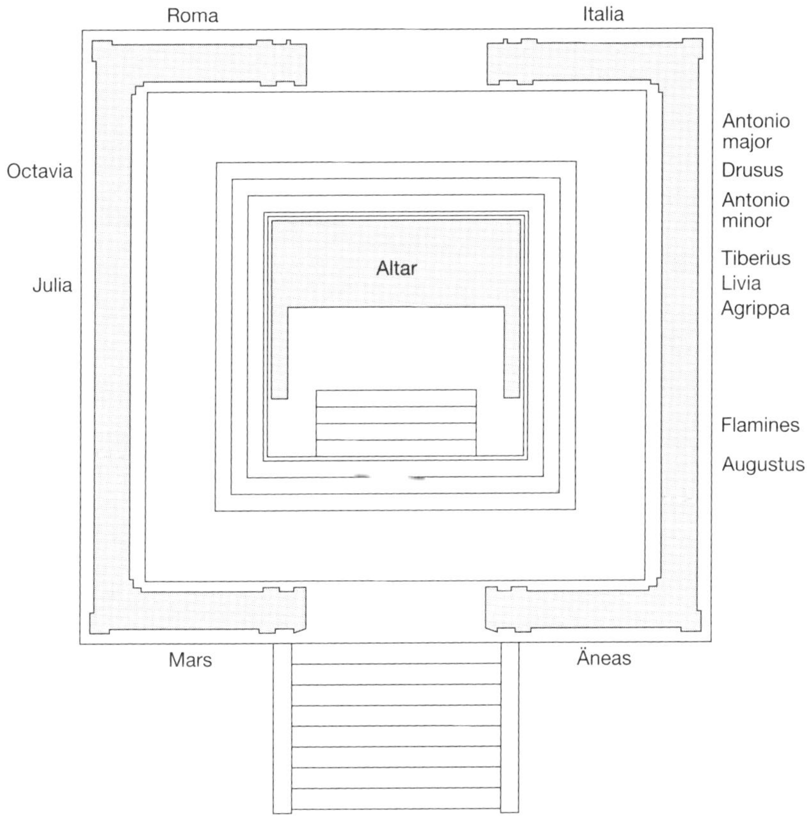

Abb. 25: Grundriß der Ara Pacis mit Bildgrogramm

DER PROZESSIONSFRIES: DIE *PIETAS* DES HERRSCHERS UND SEINER FAMILIE

An der Spitze des Prozessionszuges geht Augustus selbst, vor ihm alle zwölf Liktoren, die Amtsdiener der höheren Magistrate, deren Amtsgewalt durch die Rutenbündel symbolisiert wird, die ihnen von den Liktoren vorangetragen wurden. Der wichtigste Liktor steht in Rückansicht dem Prinzeps zugewandt. Das Haupt des Kaisers ist verhüllt und mit Lorbeer bekränzt ebenso wie, weiter hinten, das seiner Gemahlin Livia. Vermutlich ist Augustus als Mitglied des Kollegiums der Auguren dargestellt, denn es ging ja, sakralrechtlich gesprochen, um die Inaugurierung, die Grundsteinlegung der *Ara Pacis*. Die Auguren hatten dazu das Gelände, das der Gottheit geweiht werden sollte, abzuschreiten und die Einwilligung der Götter zu erbitten.

Hinter Augustus folgt eine weitere Gruppe von Priestern und danach sein engster Vertrauter und Schwiegersohn Agrippa. Dieser steht hier gemäß der Rangordnung der Priesterschaften für den *Pontifex Maximus* und fungierte wohl auch tatsächlich als Stellvertreter des in der Verbannung lebenden ehemaligen Kollegen des Augustus im Triumvirat, Lepidus. An das Gewand Agrippas klammert sich ein Junge, der wahrscheinlich einen barbarischen Prinzen darstellen soll. Dessen Mutter, im Haar ein Diadem als Zeichen ihrer Würde, legt ihm von hinten die Hand auf den Kopf. Auswärtige Geiseln als Friedensgaranten lebten bekanntlich im Hause des Augustus und fügen sich daher sinnvoll in diese Darstellung auf dem Friedensaltar ein.

Alle weiteren namentlich identifizierbaren Personen gehören der Familie des Augustus an. Zunächst folgt seine Gemahlin Livia mit ihrem Sohn aus erster Ehe, Tiberius, der erst nach vielen Wendungen des Schicksals der Nachfolger des Augustus werden sollte. Da die Einweihung des Altares gerade an ihrem Geburtstag, dem 30. Januar, stattfand, war Livia wohl besonders eng mit den Riten um die *Ara Pacis* verbunden. Dahinter sind zu sehen: Antonia minor, die Tochter des einstigen Bürgerkriegsgegners Marcus Antonius und der Octavia, der Schwester des Augustus, sodann ihr Sohn Germanicus und ihr Gemahl Drusus, der 9 v. Chr. in Germanien starb. Ferner taucht ihre gleichnamige Schwester Antonia maior auf sowie ebenfalls deren Gemahl, Domitius Ahenobarbus, und die Kinder aus dieser Ehe.

Augustus' oben genannte Schwester Octavia und seine Tochter Iulia schreiten im Prozessionszug auf der anderen Seite auf gleicher Höhe wie ihre jeweiligen Bezugspersonen: Iulia wie ihr Gemahl Agrippa und Octavia wie ihre

Abb. 26: Ausschnitt aus dem Südfries der Ara Pacis

beiden Töchter Antonia minor und maior. Hinter Iulia geht ihr Sohn Lucius Caesar (gest. 2 n. Chr.). Auf den beiden Seiten gibt es neben den benennbaren Figuren noch zahlreiche weitere, die anonym bleiben müssen, von denen wir aber wenigstens teilweise etwas über ihre Funktion sagen können. Es sind die vier vornehmsten Priesterschaften Roms, denen allen auch Augustus angehörte.

DAS ETHOS DES HERRSCHERS ALS KERN DER POLITISCHEN ORDNUNG

Bemerkenswert ist, daß nichts in dieser ganzen Szene auf den Prinzeps als alleinmächtigen Monarchen hinweist. Zwar deutet das religiöse Anliegen des Kunstwerks unmißverständlich auf seine Person als Friedensbringer hin, und zweifellos stellt er den inneren Bezugspunkt der abgebildeten Zeremonie dar. Und dennoch fügt sich Augustus bildsprachlich geradezu unscheinbar in dieses Geschehen ein, an dem die vornehmsten Männer Roms beteiligt sind. Auf diese Weise veranschaulicht dieses Bild das vom Prinzeps geforderte und verkörperte Ethos. In diesem Ethos, mit dem der Prinzeps seine Aufgabe erfüllte, bestand der Kern der politischen Ordnung der Prinzipatszeit.

Herrschaft ist immer geformte Macht. Augustus hatte seine Alleinmacht als Bürgerkriegssieger in eine staatsrechtliche Form gegossen, indem er sie mit den geschichtlichen Wurzeln Roms in der Zeit der Republik verband. Das war keine Heuchelei oder bloße propagandistische Fassade, sondern bestimmte tatsächlich das politische Handeln. Bei jeder sich bietenden Gelegenheit hat der Prinzeps seinen Römern, Senat und Bürgerschaft, vor Augen geführt, daß es ihm um die korrekte Handhabung der rechtlich definierten Verfassungsinstrumente zu tun war.

Und darin kam zugleich alles auf seine Person an. Deswegen spielen für das Funktionieren der Ordnung die vielfältigen politischen und gesellschaftlichen Verkehrsformen, die öffentliche Repräsentation und ausgefeilte politische Riten und Praktiken eine zentrale Rolle. Eben davon zeugen auch die Funktion der *Ara Pacis* und die Thematik ihrer Bilder. Sie setzen in Szene, was der Monarch selbst in seinem Vermächtnis als Arcanum seiner Herrschaft erkannt und festgehalten hat:

> Seit dieser Zeit überragte ich zwar alle an Einfluß und Ansehen [*auctoritas*], Macht [*potestas*] aber besaß ich hinfort nicht mehr als diejenigen, die auch ich als Kollegen im Amt gehabt habe.
> (Augustus, *Res gestae* 34)

Im Begriff *auctoritas* ist verdichtet, was die kaiserliche Stellung ausmachte. Der erste Mann im Staate hatte seine Machtfülle auszuüben im Geiste eines Ethos der Rücksichtnahme: vor dem Recht, der Tradition sowie den legitimen Interessen der Oberschichten des Reiches, der Armee, der stadtrömischen und italischen wie der provinzialen Bevölkerung. Nur wenn der Kaiser als Person dieses Ethos der Zurückhaltung und Mäßigung erkannte und verstand, nur wenn er gegenüber seinen herrscherlichen Aufgaben verantwortlich handelte mit dem Ziel, den inneren Frieden zu wahren und das Zusammenwachsen und Wohlergehen des Reiches zu fördern – nur dadurch und nur dann konnte die Monarchie dauerhaft Wurzeln schlagen. Das hat Augustus erreicht und mit Beharrlichkeit und eiserner Disziplin vorgelebt. Sein Verständnis monarchischer Herrschaft ist in eindrucksvollen Bildern für die Mit- und Nachwelt niedergelegt worden. Zu den bedeutendsten von ihnen zählt die Ara Pacis Augustae mit ihrer Botschaft vom Ethos des Herrschens. Dieses spricht auch aus allen übrigen Reliefs.

DIE TAFELN NEBEN DEN EINGÄNGEN: DIE VERANKERUNG DES ETHOS IN MYTHOS UND GESCHICHTE

Was sonst an der Ara Pacis zu sehen ist, liegt thematisch überwiegend auf einer anderen Ebene als das eben besprochene Reliefband mit den konkreten historischen Figuren. Im weiteren ist der Prinzeps selbst nur indirekt gegenwärtig. Auf gleicher Höhe mit dem Prozessionsfries sind zu beiden Seiten der Eingänge, die zum Altartisch führen, einzelne große Relieftafeln angebracht. Ihre Bilder machen das zeitgenössische Geschehen aus der Tiefe von Mythos und Geschichte heraus verständlich. Rechts vom Haupteingang, der dem Marsfeld zugewandt ist, sehen wir den Stammvater des römischen Volkes, Aeneas, als opfernden Priester unter der Eiche Iuppiters. Es handelt sich um die Szene, über die es im nur wenig früher entstandenen »Nationalepos« des Vergil, in der *Aeneis*, heißt:

> Wenn deine Flotte erst jenseits des Meeres vor Anker geht
> Und du am Strand Altäre errichtest und deine Gelübde einlöst,
> Dann verhülle Haupt und Haar mit einem Purpurgewand,
> Damit dir nicht, während das Opfer zu Ehren der Götter brennt,
> Üble Fratzen erscheinen und alles zerstören.
> Du selbst und deine Gefährten: haltet euch an den Opferbrauch.
> (Vergil, *Aeneis* 3, 403 ff.)

Zwei Opferdiener bringen dem *pater*, dem Hausvater Aeneas, der in Begleitung seines Sohnes Iulus ist, von dem das iulische Haus, die Familie des Kaisers, seinen Namen hat, Ritualgegenstände und Opfergaben. Das Opfertier ist ein Schwein, die weiße Sau von Lavinium, auf die Aeneas entsprechend einer Weissagung bei seiner Ankunft in Latium traf.

> Die Zeichen, die ich dir gebe, sollst du gut im Gedächtnis behalten:
> Du bist von Sorgen gequält, aber einst wirst du am Wasser
> Des einsamen Flusses eine riesige Sau vorfinden:
> Sie liegt am Ufer unter Eichen und hat gerade dreißig Frischlinge geworfen (...).
> Dort ist der Platz für die Stadt und Rast nach all den Mühen.
> (Vergil, *Aeneis* 3, 388 ff.)

Abb. 27: Die Aeneas-Tafel

Aeneas bringt das Schwein den Penaten seines Hauses dar, die er aus dem brennenden Troia gerettet hat. Das Heiligtum, das er ihnen errichtete, ist auf dem Bild das Tempelchen im Hintergrund. Die Hausgötter des Aeneas werden zu denen des iulischen Geschlechts und damit – über den Adoptivvater des Augustus, C. Iulius Caesar – auch zu denen des Augustus. In ihm findet die Geschichte des Hauses der Iulier ihren Höhepunkt. Der opfernde Aeneas hat seine Entsprechung im zweiten Neugründer Roms, dem Prinzeps Augustus, der ihm auch in der Abfolge der Bilder auf der anschließenden Längsseite am nächsten steht. Das Relief insgesamt ist ein Sinnbild der *pietas*, der frommen Scheu vor den Göttern, von der auch Augustus und die mit ihm in der Prozession Schreitenden geleitet werden. Zur *pietas* hat sich der Herrscher immer wieder als einer seiner Kardinaltugenden bekannt.

Das nur schlecht erhaltene Relief auf der gegenüberliegenden Seite zeigt den Kriegsgott Mars als väterlichen Stadtgott Roms. Mit dem Hirten Faustulus steht er an einem Feigenbaum, zwischen beiden säugt die römische Wölfin die Zwillingssöhne des Mars, Romulus und Remus. Mars, der dem Hirten seine Söhne anvertraut, ist hier der *pater* Mars und entspricht damit

Abb. 28: Relief mit Opferprozession auf dem Altar der Ara Pacis

der Darstellung des *pater* Aeneas. Das Auftauchen des Kriegsgottes an einer dem Frieden gewidmeten Stätte steht in innerem Zusammenhang mit den historischen Ereignissen, die zur Errichtung der *Ara Pacis* geführt haben.

> Beuge dich [Venus] liebend zu ihm [Mars] und erbitte …
> … von ihm für die Römer den lieblichen Frieden.
> (Lukrez, *De rerum natura 1*, 39 f.)

So hatte der Dichter Lukrez gebetet und damit deutlich gemacht, daß der Frieden letztlich auch eine Gabe des Kriegsgottes ist. Es ist daher kein Zufall, daß der Friedensaltar gerade auf dem Marsfeld errichtet wurde und daß dies wohl kaum ohne das Einverständnis des Kriegsgottes möglich gewesen wäre. Und so wie die *Ara Pacis* an die Frieden schaffenden Kriegstaten des Augustus erinnert und so wie der Kaiser auch weiterhin als Wächter der Welt in wachsamer Bereitschaft steht, so wacht hier auch der Gott Mars über den augusteischen Frieden, der dem römischen Volk geschenkt wurde.

An der Ostseite der Umfassungsmauer, zur via Flaminia hin, sitzt dem Mars gegenüber die personifizierte Roma. Sie thront nach beendetem Kampf auf Waffentrophäen, die von Siegen künden. Durch sie ist die Welt befriedet und der augusteische Frieden erworben. Neben Roma tritt ein Jüngling mit Füllhorn auf, wohl der Genius des römischen Volkes, das sich nunmehr der Fülle der Zeiten erfreuen kann.

> Phoebus schaut wohlwollend auf den Palatin nieder.
> Er (Phoebus) verlängert die Macht Roms und das Glück Italiens
> Für ein neues, schöneres und immerwährendes Zeitalter.
> (Horaz, *Carmen saeculare* 65–68)

Das hatte Horaz in seinem Lied zur Saecularfeier des Jahres 17 v. Chr. gesungen. Es leitet zur letzten Reliefplatte über, dem künstlerischen Höhepunkt des gesamten Bauwerks. Hier, dem opfernden Aeneas korrespondierend, thront auf einem Felsen in voller Schönheit eine Muttergöttin.

> Sei gegrüßt, Saturnia Tellus, große Mutter von Früchten und Menschen.
> (Vergil, *Georgica* 2, 173f.)

Der Dichter Vergil ruft die Erdgöttin Tellus an und läßt aus ihr eine allgemeine Segensvision des Goldenen Zeitalters werden. Diese Vision hatte schon wenige Jahre vor der Fertigstellung unseres Bildes das Lied des Horaz beschworen:

> Tellus, reich an Früchten und Vieh, beschenke
> Mit der Ährenkrone die Göttin Ceres,
> Reine Wasser, Iuppiters Lüfte mögen
> Nähren die Saaten.
> (Horaz, *Carmen saeculare* 29–32)

Aus der Erdmutter geht alles hervor: die beiden Menschenkinder, die sie auf ihrem Schoß hält und die sich ihr zuwenden, die Früchte des Feldes, die auf ihrem Schoß ausgebreitet sind, Schaf und Kuh, über die sie wacht. Rechts und links von Tellus reiten zwei Nymphen mit windgebauschten Schleiern auf einem zahmen Seeungeheuer und einem Schwan. Eben dies sind die Lüfte, die *aurae*, Verkörperungen der Meer- und Landwinde. Saturnia Tellus, das ist aber nicht nur die Allmutter der Natur, sondern, wiederum nach Vergil,

Abb. 29: Die Tellus-Tafel

auch die Personifikation für das Kernland des Römischen Reiches: Italien. Und es ist eben auch ganz Italien, der augusteischen Politik gemäß, das der Segnungen des Goldenen Zeitalters teilhaftig wird. Das Bild symbolisiert daher auch dieses gesegnete Land: seine Schönheit und Fruchtbarkeit, seine schroffen Gebirge, seine Quellen und Flüsse, sein alles umschließendes Meer und natürlich seine Menschen.

DIE ORNAMENTFRIESE: DIE FÜLLE DER ZEITEN

Wer den Sinn dieses großartigen Bildes verstanden hat, der wird auch im dritten Teil des Bildschmucks der *Ara Pacis*, der den größten Raum einnimmt, keinesfalls eine beliebige Dekoration sehen wollen. Vielmehr sind die sogenannten Ornamentfriese wiederum von hohem Symbolgehalt und tragen auf ihre Weise zur staatspolitischen Aussage des Denkmals insgesamt entscheidend bei. Sie ziehen sich über das gesamte untere Register der Außenmauer hin, beziehen auch die gliedernden Pilaster an den Ecken und Türgewänden mit ein und bedecken schließlich die gesamte Innenseite der Umfassungsmauer.

Diese ist analog zur Außenseite wiederum in zwei Hälften geteilt, von denen die untere eine Art steinernen Lattenzaun darstellen soll, der an die offenbar

Abb. 30:
Innenseite der Umfassungsmauer

sonst üblichen Abzäunungen heiliger Bezirke erinnert. Darüber sind Fruchtgirlanden zwischen Bukranien (Schädel von Opferstieren, die Unheil fernhalten sollen) aufgehängt und umrahmen eine mittig angebrachte Opferschale. Die Girlanden bestehen aus verschiedenen Früchten des Hochsommers und des Herbstes, also der Zeit, zu der Augustus nach Rom zurückgekehrt war und in die sein Geburtstag am 23. September fiel. Die Girlanden sind an den Hörnern der Stiere mit Kultbinden festgemacht, die lebhaft flattern und dadurch die Aura des sonst so stillen und heiligen Raumes sichtbar machen. Dies alles ist ein ganz verständlicher Schmuck für eine Opferstätte, deren zentraler Punkt, der Altartisch selbst, ebenfalls reich verziert ist. Hier ist auf einem kleinen Friesband eine Opferprozession zu sehen, wodurch das alljährlich stattfindende Stieropfer dauerhaft sichtbar wird. Zudem stellen die zur Rahmung verwendeten pflanzlichen Voluten einen Bezug zur Außenseite der Umfassungsmauer her.

Dort nämlich wächst gewissermaßen aus dem Boden, auf dem das Heiligtum steht, ein überaus üppiger Rankenfries. Er ist von den Bildfriesen im oberen Teil durch ein Mäanderband getrennt – ein Symbol der Ewigkeit, weil es weder Anfang noch Ende hat. Unten ranken aus Blattwerk mächtige Akanthusblätter empor, ein Sinnbild für das kräftige Wachstum der Natur. Sie bietet den Lebensraum für allerlei Getier, das auf den ersten Blick kaum bemerkbar in dem Blätterwald haust. Eine Kröte sitzt unter dem Blattwerk, zwei Eidechsen huschen umher, ein Käfer labt sich an dem Grün. Doch ist dieses Paradies nicht vollkommen ungetrübt: Eine Schlange macht sich an ein Nest mit jungen Vögeln heran, ein Skorpion reckt drohend seinen Stachel.

Auf den Stengeln und Schößlingen der Akanthuspflanzen haben weiter oben Vögel Platz genommen. Zu erkennen sind Schwäne, die heiligen Tiere des Gottes Apollon. Auch er war im Mythos mit dem Goldenen Zeitalter verbunden und zudem der persönliche Schutzgott des Augustus. Möglicherweise war er sogar auf einem Relief am Altar gegenwärtig, in jedem Fall verweisen Einzelheiten immer wieder auf ihn, so die Darstellung von Greifen an den Seitenteilen des Opferaltares oder der ihm heilige Lorbeer, der von den Teilnehmern der großen Prozession getragen wird.

Auch in dem Rankenwerk taucht neben dem Akanthus der Lorbeer auf, ebenso wie Efeu, Trauben und andere Pflanzen, die sich zu einer in der Natur nicht vorkommenden Komposition verbinden. Die Botschaft dieser reichen Vegetation ist eindeutig: Sie kündet von der Fülle des Goldenen Zeitalters. Solche Bilder begegnen überall in der augusteischen Kunst. Bereits im Jahre 40 v. Chr. hatte Vergil als Traum und Sehnsucht stellvertretend für seine Zeitgenossen imaginiert:

> Die Erde bringt (…) Efeuranken hervor, die von Baldrian durchwuchert sind.
> Wasserrosen mischt sie mit dem lächelnden Reiz des Akanthus (…)
> Dann stirbt die Schlange und trügerisch-giftiges Krautwerk,
> Und überall wächst assyrischer Balsam (…).
> Langsam wogt das Feld mit goldenen Ähren,
> Trauben leuchten rötlich gereift aus wilden Dornen hervor.
> (Vergil, *Georgica* 4, 18 ff.)

Abb. 31: Ausschnitt aus dem Rankenfries

Alle Bilder der *Ara Pacis* sprechen in subtiler und doch eindeutiger Weise aus, was der Dichter Horaz über den Urheber dieser Fülle der Zeiten bemerkt:

> (...) mein Caesar,
> Ja, deine Zeit gab wieder der Heimat Flur
> Der Früchte Pracht(...).
> (Horaz, Oden IV, 15, 4–5)

DIE ARA PACIS, DAS MAUSOLEUM AUGUSTI UND DIE SONNENUHR

Die *Ara Pacis* war ihrerseits Teil einer einheitlich konzipierten Gesamtanlage. Ihre Sinnbezüge werden in diesem Kontext noch einmal erweitert. Zu diesem Baukomplex gehörten das *Horologium Solarium Augusti* und das *Mausoleum Augusti*.

Das Grabmal des Augustus gehört als einziger augusteischer Großbau noch in die Zeit vor der Erringung der Alleinherrschaft, nämlich in die letzte Phase der Auseinandersetzung mit Marcus Antonius. Es ist in seiner Konzeption aus dieser historischen Situation heraus zu verstehen. Es macht Anleihen an die altrömische Tradition, spricht aber auch unmißverständlich mit dem formalen Vokabular der hellenistischen Herrscher. Auch wenn diese später nicht zu seinen Vorbildern werden konnten, hat Augustus diesen Bau als seine Grabstätte beibehalten. Aber durch die übrigen Neubauten auf dem Marsfeld und vor allem durch die posthume Aufstellung des Tatenberichts vor dem Eingang ist die hellenistische Wurzel des Mausoleums verdeckt und in andere Bezüge gesetzt worden.

Die Sonnenuhr des Augustus bestand aus einem riesigen freien Platz, der mit Travertinplatten gepflastert war und von dem ägyptischen Obelisken als Schattenwerfer beherrscht wurde. Auf dem Pflaster war aus Bronze ein schmetterlingsförmiges Liniengitter mit Beschriftungen eingelassen. Auf ihm konnte man am Schattenwurf nicht nur die Stunden des Tages ablesen, sondern hier waren auch kalendarische und meteorologische Angaben notiert.

Die *Ara Pacis* stand etwa 85 Meter von dem *Gnomon*, dem Zeiger der Sonnenuhr, entfernt und war so plaziert, daß zum Datum der Tag- und Nachtgleiche im Herbst, am 23. September also, dem Geburtstag des Augustus, der Schatten genau durch den Eingang auf den Altar des augusteischen Friedens fiel. Augustus' Geburt sollte also als Teil eines göttlichen Heilsplans

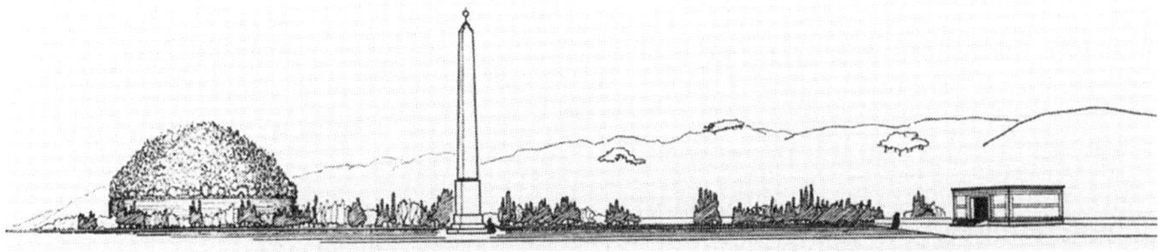

Abb. 32: Mausoleum, Horologium und Ara Pacis, rekonstruierte Gesamtansicht

zu verstehen sein, seine geschichtliche Mission war, so konnte dem Zusammenhang der beiden Bauwerke abgelesen werden, in den Abläufen des Kosmos vorherbestimmt. Zweifellos ließen sich viele Römer das Schauspiel der kosmischen Koinzidenz am 23. September nicht entgehen, zumal die riesige Piazza, doppelt so groß wie der Petersplatz, von ausgedehnten Grünzonen umgeben war und vermutlich einer der beliebtesten Plätze im augusteischen Rom gewesen ist.

DIE BOTSCHAFT DES SCHÖNEN: SEGNUNGEN GELINGENDER HERRSCHAFT

Dies führt zu einer abschließenden, für die Bewertung der augusteischen Kunst freilich zentralen Feststellung. Die augusteische Kunst war für die Menschen gemacht, auch für den einfachen Mann, der an den Altarbezirk des vergöttlichten Friedens ganz nah herantreten und die wundervollen Bilder betrachten konnte. Man wird wohl annehmen dürfen, daß er sie verstehen konnte, auch ohne Vergil oder Horaz gelesen zu haben. Denn die vollkommene künstlerische Form, deren Bann sich bis heute kein sensibler Beobachter entziehen kann, brachte die Kernaussage der Bilder zunächst einmal auf einer allgemein zugänglichen ästhetischen Ebene ohne weiteres zur Wirkung.

Der Betrachter der *Ara Pacis* wird nicht erschlagen und überwältigt von steifen und leblosen Formen, wie wir sie etwa von Staatsbauten in neoklassizistischer Manier etwa aus dem 19. Jahrhundert kennen. Und erst recht weit entfernt sind die augusteische Bildkunst und Architektur von der großmannssüchtigen Brutalästhetik totalitärer Regime der jüngeren Geschichte. Dies zeigt sich auch an der Fundgeschichte und am Umgang mit dem Monument.

Nachdem 1568 und dann wieder rund 300 Jahre später einige Fragmente der *Ara Pacis* zufällig ans Tageslicht gekommen waren, verdanken wir unsere heutige Kenntnis gezielten Grabungen in den Jahren 1903 und schließlich

1937/38. Seit 1931 hatte Mussolini nach einem Generalplan Zug um Zug das Stadtzentrum Roms umgestaltet – mit dem Ziel, die Überreste des kaiserzeitlichen Rom von den Hinzufügungen und Veränderungen späterer Epochen zu befreien. Dadurch sollte das Rom der Antike als der wichtigste historische Anknüpfungspunkt für das Regime des Duce im Stadtbild akzentuiert hervortreten. Einer der Brennpunkte wurde die Piazza Augusto Imperatore. Wie an vielen anderen Stellen ließ Mussolini auch hier eine große Zahl nachantiker Bauten abreißen, um auf dem entstandenen freien Platz das riesige Grabmal des Augustus präsentieren zu können. Doch als man die späteren Überbauungen abgetragen hatte, war die Enttäuschung groß. Als Ergebnis der Reinigung blieb nur mehr ein »hohler Zahn«, wie der Volksmund hinter vorgehaltener Hand den wenig ansehnlichen archäologischen Befund taufte.

Über diese Verlegenheit hinweghelfen sollte quasi als städtebauliches Glanzlicht die Rekonstruktion der *Ara Pacis*. Sie wurde 1938 in einem gläsernen Pavillon an der Westseite des Platzes unmittelbar am Lungotevere wiederaufgestellt. Das Monument war in nur sieben Monaten mit hohem technischen Aufwand zu Ende ergraben und unter Hinzuziehung der schon bekannten Fragmente an diesen neuen Standort verbracht worden. An den anderen drei Seiten des Platzes, in dessen Mitte die Ruine des Mausoleum Augusti steht, wurden nun Neubauten errichtet, die antike Architekturmotive zitieren und auf deren Fassaden Mosaike, marmorne Relieftafeln, Friese und eine große Inschrift die Ordnung und Taten der italienischen Nation und ihres Duce feiern. Die Themen und Motive der Bilder nehmen teilweise ganz eng Bezug auf die Bildwelt der *Ara Pacis*. Allein die ästhetische Katastrophe dieser oberflächlichen, glatten und das Auge ermüdenden faschistischen Kunst im Vergleich zu den immer wieder frischen und kraftvollen Kunstwerken der *Ara Pacis* sagt alles über die Differenz der beiden Herrschaftsformen und die Welten, die den ersten Monarchen Europas von einem lächerlichen illegitimen Machthaber der Gegenwart trennen.

Wenn dennoch der Begriff Totalitarismus im Hinblick auf den augusteischen Prinzipat bis heute zuweilen verwendet wird, so kann man nur staunen über die mangelnde Sensibilität der Urheber solcher Interpretationen und über die sterile Abschottung von Historikern gegen Kunst und Kultur. Jeder unvoreingenommene Blick auf diese entscheidenden Dimensionen des menschlichen Lebens kann nur zu der Überzeugung führen, daß eine politische und gesellschaftliche Ordnung, in der Kunstwerke wie die *Ara Pacis* oder die Gedichte von Horaz geschaffen werden konnten, ihren Sinn nicht

Abb. 33: Piazza Augusto Imperatore, Relief aus der Zeit Mussolinis mit Bezugnahme auf die Tellus-Tafel

in der Macht um ihrer selbst willen fand, sondern in der Ermöglichung und Entfaltung der Werte des Menschlichen.

Dazu gehört, daß die Bilder der *Ara Pacis* auch nicht bloß eindimensional verstehbar sind, sondern eine Tiefendimension besitzen, deren Komplexität sich dem Kundigen in den zahllosen bildsprachlichen Verweisen und Bezügen erschließt. Ferner macht auch die Art, wie die Künstler die einfachen und doch prägnanten Grundgedanken bildlich in Szene setzen, aus der *Ara Pacis* ein sehr menschliches und zugängliches Kunstwerk. Für die große Prozession wird beispielsweise manchmal der Panthenäenfries am Parthenon in Athen zum Vergleich herangezogen. Dort stellt sich die Bürgerschaft der Polis Athen beim Festzug für ihre Stadtgöttin Athena dar, und die Atmosphäre, die diese Bilder hervorrufen, ist von einer kühlen, bis ins letzte stilisierten Erhabenheit. Es ist das Ideal des Bürgers, der ganz in der Gemeinschaft der Polis aufgeht und dessen Wesen entscheidend von den alle gemeinsam verpflichtenden Werten geprägt wird.

Im Gegensatz dazu tauchen – bei aller auch hier vorhandenen formalen Stilisierung, deren Schönheitsideal unverkennbar in der klassischen griechischen Kunst zu suchen ist – im Prozessionsfries der *Ara Pacis* doch auch Züge auf, die über das rein Formelle einer öffentlichen Zeremonie hinausgehen. Dies rührt teilweise von der Einreihung von Frauen und Kindern in den Festzug her. Alle seine Teilnehmer erscheinen als wirkliche und zum Teil ja auch portraitierte Personen in einer großen Variationsbreite von Körperhaltungen, Gesten und Verhaltensweisen. Sie scheinen sogar miteinander zu plaudern, so daß sie Anlaß geben, zur Ruhe ermahnt zu werden. Und die Kinder bieten nicht das Bild steifer spanischer Prinzen, sondern zerren an den Kleidern der Erwachsenen, sind womöglich unruhig und müssen zum Stillsein gebracht werden – ganz so, wie das jeder von Kindern bei Gottesdiensten oder offiziellen Anlässen kennt.

Auch die so kunstvoll gestaltete Natur ist in allen Bildern nicht zur leblosen Ornamentik erstarrt, vielmehr weist sie – im einzelnen bewußt kaum merkbar – Asymmetrien, Unregelmäßigkeiten und winzige Störungen auf. Erst dadurch entsteht der Eindruck einer wirklich lebendigen Fülle. Gewiß ist die Natur der menschlichen Gestaltung unterworfen, aber es ist eine Ordnung, aus der reiches Leben wachsen kann.

In ihrer künstlerischen Form, der Schönheit ihrer Bilder, steckt zugleich das Wesen der Botschaft, von der Augustus mit diesem einmaligen Kunstwerk künden will. Die *Ara Pacis* wird dadurch zu einem der humansten Monumente, das je von einem mächtigen Herrscher errichtet wurde. Hier spricht nicht der Machthaber, der mit einer pompösen und einschüchternden Geste seine Untertanen in eine für alle gleiche Unterwerfung zwingen will. Die Bilder atmen bei aller ihnen eigenen Würde vielmehr eine heitere Gelassenheit. Ihre Schönheit zeugt für alle Zeiten von den Segnungen des Friedens auf der Grundlage einer geglückten gesellschaftlichen und staatlichen Ordnung, in deren Zentrum das Pflicht- und Verantwortungsethos des Regenten und der mit ihm Regierenden steht. Die Formen, in denen sich Herrschaft in einem Monument wie der *Ara Pacis* selbst darstellt, enthalten zugleich das Angebot an alle mit dem Herrscher in ständigem Austausch stehenden Gruppen der Gesellschaft, sich in den Bildern der Herrschaft selbst wiederzuerkennen. Wenn Herrschaft gelingt, dann kommt in ihrer »Legitimation« zugleich das Bewußtsein des ganzen Volkes zu sich selbst.

Dieser Zusammenhang hat in den Bildern der *Ara Pacis* eine Ausdrucksform gefunden, die bis heute gültig ist. Denn auch wer von dem historischen

Geschehen hinter den Bildern nichts weiß, wird sich der Ausstrahlung ihrer Schönheit nicht entziehen können. Und sein Gefühl wird ihm sagen, daß nur eine Zeit, in der die Welt, so gut es menschenmöglich ist, in Ordnung war, solche Manifestationen einer humanen Idealität und Schönheit schaffen konnte. Eben darum verdient die *Ara Pacis Augustae* klassisch genannt zu werden.

GESELLSCHAFT – PATRONE UND WOHLTÄTER

7.

WAS DIE GESELLSCHAFT IM INNERSTEN ZUSAMMENHÄLT – DAS PATRONALE IDEAL UND DIE STABILITÄT GESELLSCHAFTLICHER HIERARCHIE

(...) ist die Oeconomia nichts anderes als eine weise Vorsichtigkeit, eine Hauswirtschaft beglückt anzustellen, zu führen und zu erhalten, und wird sich nicht übel herreimen, was der gelehrte Plutarchus in seinem Gastmahl der sieben weisen Griechen erzehlet, daß als Periander von den andern sich erfragt, welche Hauswirtschaft recht glücklich zu achten sey? (...) Thales habe vermeint, wann der Hausvater die mehreste Zeit könne müßig seyn, nemlich, wo das Gesinde fleißig und arbeitssam, sich nicht erst durch viel Gebot antreiben lasse. Cleobulus habe vermeinet, die Hauswirtschaft sey am besten bestellt, in welcher mehr seyen, die den Hausvater lieben als ihn fürchten.

Wolf Helmhard von Hohberg

DER HERR IM HAUS

Eines der vielen unvergeßlichen Bilder, die Homer dem Gedächtnis Europas geschenkt hat, ist die Einkehr des Odysseus bei seinem alten Schweinehirten Eumaios. Unerkannt und von der Göttin Athena in einen zerlumpten Bettler verwandelt, betritt der Irrfahrer die heimatliche Erde. Er trifft seinen einstigen Sklaven und Diener und wird von diesem, der selbst nur wenig zum Leben hat, so aufgenommen, wie es einem Schutzbedürftigen gebührt. Sie kommen ins Gespräch, und Eumaios erzählt von seinem früheren, mittlerweile totgeglaubten Herrn.

Denn ihm, wahrhaftig, haben die Götter die Heimkehr unterbunden, der mir sorgsam Liebes getan und einen Besitz verliehen hätte: Haus, Land und eine vielumworbene Frau – wie solches ein gütiger Herr seinem Diener

gibt, der sich viel für ihn gemüht hat (...). Darum hätte mir der Herr wohl vieles angedeihen lassen, wenn er hier am Ort gealtert wäre.
(Homer, Odyssee 14, 61–67)

Eumaios habe von dem Verschollenen als Hausvater unübertreffliche Güte erfahren. Daher trauere er um ihn sogar mehr als um sein eigenes Elternhaus, und daher habe er im Dienst am Haus, am *oikos*, des Odysseus so treu ausgeharrt. Seine Worte zeugen von einer tiefen inneren Bindung und Zuneigung zu seinem Herrn: »Ihn scheue ich mich«, so beschließt er seine Erinnerungen,

auch wo er nicht da ist, nur so beim Namen zu nennen – denn über die Maßen war er freundlich zu mir und sorgte für mich in seinem Herzen –, sondern den Lieben nenne ich ihn, auch wo er fern ist.
(Homer, Odyssee 14, 145–147)

Fast ein halbes Jahrtausend später, in der ersten Hälfte des 4. Jahrhunderts v. Chr., verfaßt der Athener Xenophon den ersten theoretischen Traktat über die Wirtschaft des *oikos* und über die Maßstäbe, an denen der Hausherr und die übrigen Angehörigen des Hauses ihr Verhalten orientieren sollen. Was bei Homer als dichterische Vision der Beziehung zweier sozial sehr ungleicher Menschen erscheinen mag, wird in Xenophons Lehrschrift als normatives Prinzip erkennbar. Sokrates mahnt einen jungen Schützling:

Wie aber (...), wenn ich dir nachweise, daß im einen Fall die Sklaven alle sozusagen gefesselt sind und sie dennoch in Scharen davonlaufen, im anderen Fall sie sich frei bewegen können und trotzdem arbeitswillig sind und bleiben, scheine ich dir nicht auch hierin eine beachtenswerte Frage der Hauswirtschaft [*oikonomia*] aufzuzeigen?
(Xenonophon, *Oikonomikos* 3, 4)

Sokrates' Frage ist die nach dem richtigen Verhalten eines Hausherrn gegenüber den seiner Herrschaft Unterworfenen. Übt er seine Macht einfach nur mit roher Gewalt aus, so bleiben die Funktionsfähigkeit und der innere Zusammenhalt seines Haushalts mehr als prekär. Was also schafft Stabilität?

Wie der Herr des Hauses sich gegenüber untergebenen Gutsverwaltern verhalten soll, verkündet Ischomachos, der von Xenophon als vorbildlicher *oikos*-Besitzer gezeichnet wird:

> Bei welchen ich (...) bemerke, daß sie nicht nur durch den materiellen Vorteil angehalten werden, Gerechtigkeit zu üben, sondern auch den Wunsch haben, von mir gelobt zu werden, diese behandle ich sogleich wie unabhängige Bürger, nicht nur indem ich sie reich mache, sondern auch dadurch, daß ich ihnen Ehren erweise wie hochangesehenen Leuten.
> (Xenophon, *Oikonomikos* 14, 9)

Offenbar gibt es deutliche Abstufungen innerhalb der Abhängigkeit und des ihr jeweils angemessenen Verhaltens des Herrn. Sie reichen in diesem Fall bis zur faktischen Auslöschung des hierarchischen Unterschieds.

Eine solche Einstellung gegenüber gesellschaftlicher Differenz führt auch bei Xenophon in der nüchternen Prosa eines Lehrsatzes zu dem gleichen Ergebnis wie bei Homer:

> Ich nun halte gerade dies für einen Beweis der Tüchtigkeit eines Herrschers, daß ihm alle freiwillig folgen und auch in Gefahren beistehen wollen.
> (Xenophon, *Oikonomikos* 4, 19)

Von den Lehrschriften nun ein Blick auf die Lebenswirklichkeit. Noch einmal knapp 500 Jahre sind vergangen, als um 100 n. Chr. der römische Senator und Besitzer mehrerer Landgüter, C. Plinius Secundus (d. J.), in einem Brief an den Rhetor Iulius Genitor seine Pflichten als Gutsbesitzer beschreibt:

> Mich verfolgen die Geschäfte der Stadt auch hierher; immer sind da welche, die von mir eine Entscheidung oder einen Schiedsspruch verlangen. Dazu kommen die Beschwerden der Bauern, die mir nach langer Zeit mit Fug und Recht in den Ohren liegen. Außerdem muß ich demnächst wieder meine Ländereien verpachten, eine überaus lästige Sache, wo man so selten geeignete Pächter findet.
> (Plinius, Briefe 7, 30,2–3)

Plinius ist sich völlig im klaren darüber, daß seine Rolle als Herr im Reich seines eigenen Hauses Verpflichtungen mit sich bringt, um deren Erfüllung er nicht herumkommt. Und auch wenn sie ihm manchmal lästig sind, er weiß, daß er sie ernst nehmen und den an ihn gerichteten Erwartungen genügen muß. Ein anderer Briefpartner erfährt, wie Plinius beim Verkauf der Weinernte vorgegangen ist. Die Aufkäufer hatten sich mit ihm im Vorfeld auf Preise geeinigt, die sich aber, als es soweit war, beim Weiterverkauf nicht erzielen ließen. Daraufhin sah Plinius sich genötigt, Preisnachlässe zu gewähren, und er tat dies in sehr differenzierter Form unter Berücksichtigung der näheren Umstände jedes einzelnen Geschäfts. »Auf diese Weise«, so erklärt er,

> glaubte ich mich am angemessensten jedem nach Verdienst für das Vergangene erkenntlich zu zeigen und für die Zukunft allen einen Anreiz zum Kaufen, aber auch zum Bezahlen zu bieten.
> Dies Verfahren oder meinetwegen Entgegenkommen kam mir teuer zu stehen, hat sich aber doch gelohnt: überall ringsum rühmt man diesen außergewöhnlichen Nachlaß und die Form seiner Durchführung. Selbst die Leute, die ich nicht, wie man so sagt, über einen Kamm geschoren, sondern unterschiedlich und abgestuft behandelt habe, fühlen sich mir je nach Anstandsgefühl und Rechtlichkeit mehr oder weniger verpflichtet in der Erfahrung, daß bei mir nicht ›gleicher Ehre genießt der Feigling wie der Beherzte‹!
> (Plinius, Briefe 8, 2,7–8)

Hätte man Plinius, der hier zum Schluß Homer zitiert (Ilias 9, 319), nach Vorbildern gefragt, er hätte gewiß das mittlerweile fast 1000 Jahre alte Urbild aller Hausväter, Odysseus, genannt. Der *oikos* war von Beginn an die Grundlage allen gesellschaftlichen Lebens und blieb dies auch die ganze Antike hindurch. Die sozialen und wirtschaftlichen Strukturen des Hauses begleiten die Geschichte der antiken Welt denn auch gleichsam wie ein tausendjähriger Grundakkord. Diese über Jahrhunderte hin strukturell nahezu unveränderten Verhältnisse ergeben sich aus zwei Komponenten: daß das Haus stets die Einheit blieb, in deren Rahmen sich die grundlegenden Wirtschaftsvorgänge abspielten, und daß das Haus den elementaren Personenverband, die Familie nebst einer jeweils sehr unterschiedlich großen Zahl von freien oder unfreien Abhängigen beherbergte. An der Spitze des Hauses stand immer der Hausherr, griechisch: *kyrios*, lateinisch: *dominus*. Seiner Macht, Autorität und Leitungskompetenz unterstanden prinzipiell alle anderen Angehörigen des Hauses.

Wie unter diesen Umständen die sozialen Beziehungen innerhalb des Hauses ausgesehen haben, schildern uns die Quellen von Homer bis in die römische Kaiserzeit in großer Übereinstimmung. Im Zentrum steht ein Ideal, das Herrschenden und Dienenden ihre grundverschiedenen sozialen Rollen verständlich machte, die Normen ihres jeweiligen Verhaltens beschrieb und dabei komplementär aufeinander bezog. Wir nennen es das Ideal patriarchalischer

Beziehungen zwischen dem Hausherrn und denen, über die er die Hausgewalt besaß. Sich wie ein Patron zu benehmen hieß für den Hausherrn als den sozial Überlegenen in erster Linie, Selbstbeherrschung zu üben gegenüber den Versuchungen, die bestehenden Gewaltverhältnisse hemmungslos auszubeuten. Zurückhaltung und Mäßigung sollte er sich also auferlegen, und darüber hinaus sollte er sich seinen Abhängigen auch zuwenden und für sie sorgen. Für diese freilich galt ebenso ein Ethos der Bescheidenheit. Wer in der Position des Dienenden war, sollte nicht mehr begehren wollen, als er unter den gegebenen Bedingungen zu erhalten hoffen konnte. Dann allerdings konnte auch er – wie der homerische Eumaios oder die Gutsverwalter des Ischomachos – sich in seiner Existenz aufgehoben und in seiner Würde als Mensch anerkannt sehen, und er durfte sich vor Zugriffen unmittelbarer Gewalt geschützt wissen.

Man könnte nun einwenden, unsere Quellen verbreiteten lediglich Trugbilder, die eine tatsächlich bittere Knechtschaft schönen und rechtfertigen wollten. Doch muß man fragen: Gab es in der Antike, ja weit über diese hinaus in der Vormoderne überhaupt jemals eine reale Alternative zu sozialer Über- und Unterordnung – im Haus wie in der gesamten Gesellschaft? Die Antwort lautet: Nein. Und bis heute ist soziale Ungleichheit ein konstituierendes Prinzip der Vergesellschaftung geblieben. Was nun den Zweifel am Realitätsgehalt unserer Bilder von fürsorglich handelnden Hausherrn und mit ihrem Dasein zufriedenen Dienern angeht, so widerlegt ihn jeder Blick in eine beliebige Sammlung römischer Grabinschriften. Zwei Zeugnisse aus dem römischen Mainz:

> Rodine, aus Pollentia [Pollenzo, Ligurien], 20 Jahre alt, liegt hier mit zwei Kindern begraben. Gaius Rulius, Sohn des Gaius, von der Tribus Pollia, aus Pollentia, hat seiner Sklavin Rodine und ihren zwei Kindern diesen Stein setzen lassen. Möge sanft ruhen, wen liebende Sorge deckt. Fremdling, der Du unser Unglück gelesen, ich bitte Dich, sage: Rodine, die Erde möge Dir leicht sein.
> (Corpus Inscriptionum Latinarum XIII, 11889)

> Servandus, Freigelassener der Valerier Lucius, Gaius und Sextus, 20 Jahre alt, ruht hier. Für seine Verdienste ließen ihm seine Patrone den Grabstein setzen. Dienstbarkeit [*servitus*], nie warst Du mir hart. Die Freiheit raubte mir Armem der feindselige Tod.
> (Corpus Inscriptionum Latinarum XIII, 7119)

Solche Nachrufe auf verstorbene Sklaven oder Freigelassene haben Patrone überall hinterlassen, und sie haben weder Kosten noch Mühe für zuweilen aufwendige Grabsteine und Denkmäler für ihre Schutzbefohlenen gescheut. Immer wieder stößt man auf Zeugnisse eines individuell und persönlich gehaltenen Gedenkens. In ihm drücken die einstigen Patrone dieselbe auch emotional gefärbte Verbundenheit aus, wie sie – von der anderen Seite her – aus den Worten des Eumaios über seinen Herrn Odysseus spricht.

Selbstverständlich lassen sich Gegenbeispiele anführen. Sie widerlegen allerdings nicht, daß es eine bestimmte Norm gab und daß diese Wertorientierung im großen und ganzen die Lebenswirklichkeit auch geprägt hat. Es kann daher keinen Zweifel geben: Das patriarchalische Ideal war maßgebend für das Verhältnis der Hausherrn als Patrone zu den Abhängigen in ihrem Umfeld. Es war die den Verhältnissen angemessene Ethik von Herrschen und Dienen. Denn nur dadurch war es möglich, das für die Stabilität der sozialen Beziehungen gefährliche Potential zu neutralisieren, das in der sozialen Ungleichheit, in Gewalt und Herrschaft auf der einen und Gehorsam auf der anderen Seite allzeit steckte. Also mußten beide Seiten um ein Verhalten bemüht sein, das ihr Zusammenleben im Haus nicht nur erträglich, sondern befriedigend machte. Die soziale Kluft zwischen Herren und Dienenden wurde dadurch in keiner Weise aufgehoben, sondern durch die Form des Umgangs miteinander überbrückt. Treue der Diener und menschlich warme und lebendige Beziehungen des Hausherrn zu ihnen sollten den sozialen Unterschied weder als Bedrückung – auf der Seite der Dienenden – noch als Bedrohung – auf der Seite der Herren – empfinden lassen. Einzig auf diese Weise war das soziale Gefälle innerhalb des *oikos* auszuhalten, konnte man mit ihm auf Dauer leben und blieb das soziale Gefüge dadurch stabil.

SOZIALE UNGLEICHHEIT UND BÜRGERGEMEINSCHAFT BEI DEN GRIECHEN

In der griechischen Gesellschaft war die patriarchalische Ethik auf den Sozialverband des Hauses beschränkt. Der griechische Bürger konnte als Patron nur handeln innerhalb seines Hauses. Buchstäblich vor der Haustür galten andere Gesetze. Bürger konnte nur sein, wer einen *oikos* sein eigen nannte. Und das Selbstverständnis des freien und gleichen Bürgers duldete keine Einbindung in dauerhafte soziale Abhängigkeiten. Auch die breite Masse der unteren Bürgerschichten hat ihre Bedürfnisse an sozialer Sicherheit und Stabilität nie im Rahmen personaler Patronatsbeziehungen zu erfüllen gesucht. An ihre Stelle mußte daher etwas anderes treten: die Bürgerschaft als Ganze und das von ihr gebildete Gemeinwesen. Vom sozial Höherstehenden, dem Aristokraten, verlangte dies die Hingabe im Dienst an der Polis und die Sorge für die Bewahrung ihrer inneren Wohlordnung.

Vom einfachen Mann wurde in der klassischen Zeit des griechischen Bürgerstaates nicht die Unterordnung unter einen Patron, sondern die Einordnung in die Bürgergemeinschaft und der gemeinsame Gehorsam gegenüber dem für alle geltenden Gesetz erwartet. Daran hat auch die Honoratiorenregierung der hellenistischen Zeit nichts geändert. Zwar schlug nun das im übrigen immer steiler werdende soziale Gefälle im Bereich der Politik durch. Patrone konnten die Honoratioren jedoch immer nur gegenüber der Gemeinde als ganzer sein.

Mit ihrer strikten Trennung der Bereiche des Hauses und der Gemeinde bildeten die Griechen eine Ausnahme unter den vormodernen Gesellschaften. Das hängt damit zusammen, daß die einzelnen Häuser als die Bausteine der Gesellschaft je für sich standen und es keine größeren auf Blutsverwandtschaft oder soziale Ungleichheit aufbauenden Sozialverbände gab. So wurde die Gesellschaft gleichsam vom Bürgerverband mit seinen zahlreichen Untergliederungen her integriert. Allein in diesem Rahmen konnten die sozialen Unterschiede überbrückt und kompensiert werden.

PATRONE UND KLIENTEN IN DER RÖMISCHEN GESELLSCHAFT

Anders als bei den Griechen war in Rom die staatliche Ordnung eng an die Sphäre der Gesellschaft gekoppelt. Wie die römische Verfassung funktionierte, wird nur vor dem Hintergrund der gesellschaftlichen Beziehungen verständlich, die alle Handlungen und Entscheidungen im öffentlich-politischen Raum präformierten. Zugespitzt formuliert: Gerade umgekehrt wie im griechischen Bürgerstaat wurde das römische Gemeinwesen integriert und funktionsfähig erhalten von einer stabilen und ausgeprägt hierarchischen Sozialordnung.

Das Bauprinzip dieser Gesellschaft war die Institution der Klientel. Das bedeutete, daß die sozialen Ungleichheiten, wie sie die Gesellschaft insgesamt durchzogen, denselben Normen unterworfen waren, die innerhalb des einzelnen Hauses herrschten. Wenn der römische Hausvater die Schwelle seines Hauses überschritt, so legte er seine Rolle als Patron nicht ab. Entweder warteten auf ihn weitere patronale Pflichten, oder er fand sich nun seinerseits in sozialer Abhängigkeit als Klient von einem höherrangigen Patron. Das patriarchalische Ideal des Hauses wurde damit also auf die Gesellschaft als ganze übertragen und regelte die Beziehungen zwischen oben und unten.

Obwohl vom staatlichen Recht geschützt, war das Klientelverhältnis eine ausschließlich gesellschaftliche Institution ohne jede juristische Formulierung. Die Klientel war ein gegenseitiges Verpflichtungsverhältnis zwischen Patron und Klient, es war religiös sanktioniert und forderte von beiden Partnern ein bestimmtes Verhalten. Dienst und Gegendienst blieben der unveränderliche Kern dieses Ethos, auch wenn der Inhalt der jeweiligen Leistungen sich im Laufe der Zeit durchaus wandelte. Entscheidend ist jedoch das von der frühen Republik bis in die Kaiserzeit Gemeinsame: daß nämlich der gesellschaftlich Mächtigere und Einflußreichere seine Hand über den Geringeren hielt und darüber wachte, daß dieser in seiner gesellschaftlichen Stellung gesichert blieb. Der Patron mußte stets ein offenes Ohr für die Schwierigkeiten und Nöte seines Klienten haben und diesem bei der Erfüllung seiner sozialen Verpflichtungen beistehen.

> Die Patrizier mußten für ihre Klienten das Recht auslegen, von dem diese keine Kenntnis hatten (...) (und) Klage führen für geschädigte Klienten (...) und umgekehrt beklagten Klienten unter die Arme greifen (...).

So beschreibt der Historiker Dionysios von Halikarnassos am Ende der Republik einen Ausschnitt der konkreten Aufgaben der Patrone, die sich aus den angeblich vom Stadtgründer Romulus selbst geschaffenen sozialen Regeln, den *mores*, ergaben. Die Patrone sollten, so führt Dionysios zusammenfassend aus,

> alles tun, was auch Väter für ihre Kinder tun (...) (und den Klienten) sowohl in privaten wie in öffentlichen Angelegenheiten den vollen Frieden verschaffen (...).
> (Dionysios von Halikarnassos II, 10)

Die guten Dienste, die die Klienten ihrem Patron schuldeten, bestanden in Arbeitsleistungen, politischen Gefolgschaften und finanziellen Beisteuerungen bei außergewöhnlichen Belastungen des Patrons. Insbesondere aber zählte die Größe der Klientel, über die ein Patron verfügen konnte. Das war bereits in der Frühzeit so, wie Dionysios von Halikarnassos berichtet:

Und großer Ruhm war es für die Mitglieder vornehmer Häuser, möglichst viele Klienten zu haben, dabei nicht nur das vorväterliche Erbe an Patronaten zu bewahren, sondern auch durch eigene virtus neue hinzuzugewinnen.
(ebd.)

Sozialer Status ist eine Eigenschaft, die allein aus gesellschaftlicher Anerkennung hervorgeht. Insofern waren die Anzahl und die Verfügbarkeit der Klienten ein Indikator für den gesellschaftlichen Rang, den ein zur Oberschicht gehörender Römer einnahm. Wie weit sein Arm reichte, war unmittelbar daran abzulesen, wie viele Klienten er mobilisieren konnte und ihm gewissermaßen auf Zuruf zu Gebote standen. Sozialer Einfluß machte sich auf diese Weise buchstäblich sichtbar. Als in der Kaiserzeit die anderen Dienstmöglichkeiten des Klienten – vor allem die politische Unterstützung – immer mehr an Bedeutung verloren, wurde die Pflicht, als Klient wo immer möglich und erwünscht demonstrativ in der Nähe des Patrons aufzutreten, zur wichtigsten Gegenleistung. Sie verdichtete sich besonders im morgendlichen Ritual der Begrüßung, der *salutatio.* »Für drei Denare lädtst du mich ein«, so hält der Dichter Martial einem Patron und Gönner vor,

Und frühmorgens schon, Bassus, soll ich,
Mit der Toga bekleidet, im Atrium deiner harren,
Sodann mich stets an deine Seite halten, der Sänfte voranschreiten,
Und mit dir zusammen mehr oder weniger als zehn Witwen besuchen.
Verschlissen ist zwar meine Toga und billig und alt,
Doch für drei Denare bekomme ich, Bassus, nicht einmal so eine.
(Martial, Epigramme IX, 100)

In aller Frühe haben die Klienten ihrem Patron in dessen Haus die Aufwartung zu machen. Im Atrium, dem Empfangsraum des Hauses, drängen sich die Besucher, angetan mit dem Ehrenkleid des römischen Bürgers, der Toga. Sie müssen den Hausherrn sehen, denn sie brauchen die persönliche, ja körperliche Nähe – als besondere Auszeichnung werden sogar Küsse getauscht – und Aufmerksamkeit ihres mächtigen Patrons. Der muß ihre Anliegen hören; sie vertrauen auf seinen Rat und seine Hilfe. Dafür soll er auch auf sie zählen können. Sie warten auf seine Befehle und Wünsche und hoffen darauf, ihn als Auserwählte seiner Entourage zu Forum und Basilica begleiten oder wenigstens eine sportula, ein kleines Handgeld, mitnehmen zu können. Einigen erweist er die Ehre und lädt sie an seinen Tisch.

Die *salutatio,* das gemeinsame Speisen, das Sehen und Gesehenwerden im Theater oder in den Thermen, die ostentativen Sympathiekundgebungen auf den Foren – das waren Rituale, Gewohnheiten und Gesten, in denen sich das Verhältnis von Patronen und Klienten als eine persönliche Beziehung manifestierte und beständig erneuerte. Das Spiel hatte feste Regeln, und beide Seiten reagierten auf eine Regelverletzung sehr empfindlich. Martial hat in vielen seiner Kurzgedichte wie ein Seismograph solche Störungen kritisch registriert:

> Ich trinke zwei Becher, du, Cinna, trinkst elf,
> Und da beklagst du dich, Cinna, daß wir nicht denselben Wein bekommen?
> (Martial, Epigramme XII, 27)

So tadelt Martial nicht selten einen Mitklienten, der es an Zurückhaltung und Respekt fehlen läßt. Aber auch Patrone müssen sich Kritik gefallen lassen:

> Sag' mir, was soll der Irrsinn? Die Schar deiner Gäste schaut zu,
> Und du, Caecilianus, frißt als einziger Pilze.
> Welche gerechte Strafe soll ich dir wünschen bei einem so riesigen Magen
> Und dem entsprechenden Maul?
> Einen Pilz, wie Claudius ihn aß: den sollst du essen.
> (Martial, Epigramme I, 20)

Martials Zeitgenosse Plinius d.J. erläutert in einem brieflich wiedergegebenen Gespräch, wie sich demgegenüber ein Patron seiner Meinung nach zu benehmen habe:

> Ich setze allen dasselbe vor, denn zum Essen lade ich ein, nicht zum Bemäkeln, und mit wem ich Tisch und Polster teile, den stelle ich in jeder Hinsicht mit mir auf die gleiche Stufe.

»Auch die Freigelassenen?« fragt sein Gesprächspartner.

> ›Ja, denn ich sehe in ihnen Tischgenossen, nicht Freigelassene.‹ Darauf er: ›Das kommt Dir teuer zu stehen!‹ ›Keineswegs.‹ ›Wieso nicht?‹ ›Weil nicht

meine Freigelassenen dasselbe trinken wie ich, sondern ich dasselbe wie sie.‹ Und weiß Gott, wenn man seinem Gaumen Zügel anlegt, ist es nicht drückend, was man sich gönnt, auch mit mehreren zu teilen.
(Plinius, Briefe 2, 6, 3–5)

Das Gastmahl ist eine gezielt eingesetzte Geste der persönlichen Nähe, durch die die Kluft zwischen Patron und Klient temporär aufgehoben wird. Und es ist wenig erstaunlich, daß Plinius dabei den Kern des patronalen Ethos zur Sprache bringt: die vom Patron abverlangte Selbstbeherrschung. Sie soll nicht nur die leiblichen Genüsse in Grenzen halten, sondern das – von Martial angeprangerte – Zurschaustellen der eigenen höheren Position verhindern und dadurch zur Gleichbehandlung aller Gäste als Akt der Zuwendung des Patrons zu seinen Klienten führen.

Das patronale Ethos verlangte ganz allgemein eine geregelte und disziplinierte Lebensweise. Auch wenn es ihm manchmal schwerfällt – der Patron Plinius muß seinen Aufgaben nachkommen, denn diese bestehen auch zu seiner Zeit eben nicht nur in der Pflege symbolischer Riten und Zeichen. Vielmehr ist der Patron auch bei allerlei handfesten Bedürfnissen des Alltags ständig gefordert.

Sonderbar! Betrachtet man einen Tag in der Stadt für sich allein, geht die Rechnung auf oder scheint doch aufzugehen; nimmt man mehrere zusammen, stimmt sie nicht,

sinniert Plinius im Stil eines vielbeschäftigten Mannes, der sich am Ende der Woche fragt, wo die Tage eigentlich geblieben sind.

Denn fragst du jemanden: ›Was hast du heute getan?‹, antwortet er: ›Ich habe einer feierlichen Mündigkeitserklärung beigewohnt, habe eine Verlobungsfeier oder Hochzeit besucht, jemand hat mich zur Unterzeichnung eines Testaments, ein anderer um Vertretung vor Gericht, ein dritter um ein Gutachten gebeten.‹

Am Ende, so Plinius, komme einem zu Bewußtsein, wie viele Tage man doch mit so öden Dingen vertan hat (Briefe 1, 9, 1–3). Diese Dinge mußten jedoch erledigt werden, und die Klienten hatten ein Anrecht darauf, daß ihr Patron sie dabei unterstützte und begleitete. Die Stichworte, mit denen Plinius seine

Tätigkeit als Patron umreißt, zeigen im übrigen, wie umfassend patronales Handeln praktisch alle Lebensbereiche durchdrang.

Überall in den gesellschaftlichen Beziehungen waren die Patrone gefordert und mußten einen breiten Sachverstand und ein geschultes Beurteilungsvermögen in allen lebenspraktischen Fragen besitzen. Nicht zuletzt wurde von den Mächtigen die Fähigkeit erwartet, Streit zu schlichten. Weniger spezielle Kenntnisse des Rechts als persönliche und gesellschaftliche Autorität hatten sie dafür einzusetzen. Deshalb mußten sie möglichst umfassend, nicht spezialistisch gebildet sein. Diese Bildung zielte auf die Formung der Persönlichkeit und ihrer Befähigung, nach außen zu wirken – vor allem durch eine intensive sprachliche Schulung. Daher rührt die überragende Bedeutung der Rhetorik im Kanon des antiken Unterrichts. Das Leitbild wird schon im 7. Jahrhundert v. Chr. vom Dichter Hesiod formuliert:

> Und wem Ehre erweisen die Töchter des großen Zeus [die Musen]
> Und wen sie anschauen bei seiner Geburt
> Von den zeusgehegten Königen [*basileis*],
> Dem träufeln sie auf die Zunge süßen Tau,
> Und ihm fließen mild die Worte aus dem Mund.
> Und die Leute alle schauen auf ihn,
> Wie er die Satzungen abwägt
> Und auslegt mit geraden Urteilen.
> Er spricht ohne Straucheln,
> Und rasch vermag er auch einen großen Streit
> Mit kundigem Wissen zu beenden.
> Denn darin besteht die Klugheit der Könige,
> Daß sie den Leuten, die Schaden erlitten,
> Auf dem Gerichtsplatz Geschehenes zur Umkehr bringen,
> Ganz leicht, mit freundlichen Worten überredend.
> (Hesiod, Theogonie 81–90)

Wurde die erwartete Leistung nicht erbracht, so war der Unmut des sozial Abhängigen dem Patron gewiß. Denn er hatte seine Verantwortung nicht ernst genug genommen.

»Auch meinen Pächtern widme ich meine Zeit«, so beschließt Plinius die Schilderung eines Tages auf seinem Landgut,

ihrer Meinung nach allerdings nicht genügend; ihre bäuerlichen Klagen lassen mich mit Sehnsucht nach unseren Wissenschaften und die Tätigkeit in der Stadt denken.
(Plinius, Briefe 9, 36,6)

SOZIALE VERANTWORTUNG UND GESELLSCHAFTLICHE STABILITÄT

Die Römer selbst haben den Wert der Klientelbeziehungen im Begriff *fides* ausgedrückt. *Fides* kennzeichnet ein persönliches Nahverhältnis, das die beiden Seiten durch Rücksicht und Treue verbindet. *Fides* erzeugte ein Netz sozialer Solidarität zwischen oben und unten, so daß die Abhängigen sich nicht ausgeliefert und hoffnungslos fühlten, weil sie darauf vertrauen durften, daß die Menschen oben auf sie hinsahen, daß sie sich ihnen zuwandten und ihnen zuhörten. Die geradezu riesenhafte Überlegenheit der gesellschaftlich Mächtigen sollte nicht ausgespielt, sondern der starke Arm sollte wenn nötig zur Stütze werden.

Angesichts der ungeheuren sozialen Unterschiede konnte allein die Erweiterung des patriarchalischen Ethos des Hausvaters zum patronalen Ethos des Aristokraten die Gefahr möglicher sozialer Explosionen dauerhaft bannen. In besonderem Maße waren alle Monarchen bei Strafe des Untergangs dem Verhaltensideal des Patrons verpflichtet. Sie waren die Superpatrone, die kein anderer übertreffen konnte und durfte, und sie mußten als unerreichbare Vorbilder väterlicher Fürsorge erscheinen, denen kein Anliegen zu geringfügig war, als daß sie sich zum Wohle ihrer Untertanen nicht damit befaßt hätten. Ein guter Kaiser zu sein, das war höchst anstrengend und verlangte den vollen persönlichen Einsatz zur Bewältigung eines schier unendlichen Pflichtenkatalogs.

Es wäre ein Mißverständnis, die Klientel als soziales Unterdrückungsinstrument oder als das berüchtigte »Opium fürs Volk« aufzufassen. Hinter dem Verhalten von Patron wie Klient standen unbezweifelte Überzeugungen, zu denen es auch aus heutiger Sicht keine Alternative gab. Die römische Sozialordnung war nicht auf einem Pulverfaß errichtet, das jederzeit hätte explodieren können, um etwas Neuem den Boden zu bereiten. Die Institution der Klientel erfüllte in der Regel ihre soziale Ordnungsaufgabe und sorgte dafür, daß ein solches Pulverfaß erst gar nicht entstand.

Es ist daher zu verstehen, warum der Patron zum Pfeiler dieser Ordnung werden mußte. Und wir dürfen mit Demut beobachten, daß Ungezählte im Laufe der Jahrhunderte der Verantwortung, in die ihr Leben sie gestellt hatte, gerecht geworden sind. Jeder einzelne von ihnen hat dazu beigetragen, daß auch die anderen, die ihm anvertraut waren, ihr Dasein in dieser Welt sinnvoll und erfüllt empfanden. Erst als davon zu viele nicht mehr überzeugt waren, verwandelte sich die antike Welt grundlegend und mit ihr die Figur des Patrons.

Das ändert indessen nichts daran, daß die mit sozialer Ungleichheit notwendig gegebenen Ordnungsaufgaben immer erfüllt werden müssen. Die Lösung, die die Römer in der Form des Klientelverhältnisses gefunden haben, hat ihnen immerhin für annähernd 1000 Jahre soziale Stabilität beschert. Die Klientel war aus der Mitte der Gesellschaft heraus entstanden und entwikkelte sich zu einer Lebensform, die nur in der Gesellschaft ihren Ort hatte. Es bleibt abzuwarten, ob den vollkommen gegensätzlichen, fast ausschließlich auf das Wirken des Staates vertrauenden Mechanismen der Moderne ein ähnlicher Erfolg beschieden sein wird.

8.

EIN ANDERER SOZIALSTAAT – DIE LEISTUNGEN DER ELITEN FÜR DAS ANTIKE GEMEINWESEN

There has probably seldom been a time when wealth was more generally regarded as a trust, a possession in which the community at large has a right to share.

Samuel Dill

Der Euergetismus scheint eine Verschwendung zu sein, die dem Reichtum widerspricht, den sie voraussetzt.

Paul Veyne

DAS MODELL DER GRIECHEN: INTEGRATION VON GESELLSCHAFT DURCH POLITIK

Bei den Griechen stand das im Hause herrschende patronale Ideal im Gegensatz zur politischen Gleichheit, auf der die Bürgergemeinschaft beruhte. Das minderte die gesellschaftliche Ungleichheit natürlich nicht, nur war diese nicht kanalisiert durch eine dem römischen Klientelverhältnis entsprechende Beziehungsform zwischen oben und unten. Das Bedürfnis nach persönlichem Schutz und sozialer Sicherheit wurde in der griechischen Gesellschaft daher auf andere Weise befriedigt. Es war die Oberschicht, die sich durch ihre Betätigung in der Politik der sozialen Interessen der kleinen Leute annahm.

In der Zeit des klassischen Bürgerstaates geschah dies meist indirekt durch die Übernahme von Polisämtern. Sie verlangten von ihren Inhabern besondere, nur durch Vermögen und Bildung zu erwerbende Fähigkeiten, die Volksversammlung zu deren Nutzen zu beraten. Darüber hinaus mußten sich die Vermögenden die Erwartung gefallen lassen, ihre eigenen Mittel auch für die Aufgaben der Polis zur Verfügung zu stellen. Die Reichen mußten mehr oder weniger freiwillig bestimmte, *Liturgien* genannte Projekte übernehmen und finanzierten auf diese Weise von der Volksversammlung festgelegte Gemeinschaftsaufgaben wie den Bau und Unterhalt einzelner Kriegsschiffe, den

Betrieb von Gymnasien oder die Aufführung von Theaterstücken, was den Ärmeren häufig auch Beschäftigung und Einkünfte bescherte.

Außerhalb seines *oikos* spielte also der sozial Herausgehobene gewissermaßen die Rolle des Patrons in Gestalt eines Wohltäters der Gemeinde, eines *euergetes*. Nach der Reduzierung der politischen Teilhabe am Bürgerstaat in hellenistischer Zeit wurde diese Aufgabe für den Zusammenhalt der Gesellschaft zunehmend wichtiger. Die dafür erforderlichen materiellen Mittel wurden entweder von einzelnen reichen Bürgern gestiftet, oder die Inhaber der städtischen Ämter, die in hellenistisch-römischer Zeit grundsätzlich nicht besoldet waren, betätigten sich zugleich aus eigenen Mitteln als Euergeten.

WOHLTÄTER UND WOHLTATEN

Besonders wichtig und kostspielig waren die Aufgaben eines Agonotheten, des Ausrichters von Spielen und Wettkämpfen aller Art. Auf einer kaiserzeitlichen Inschrift aus Ephesos begegnet ein solcher Agonothet:

> Den M. Aurelios Daphnos
> Sohn eines Sekretärs, Enkel von Sekretären,
> Nachkommen von Ersten Sekretären,
> Enkel und Urenkel von Alleinigen
> Sekretären des Volkes, den mehrmaligen
> Agonotheten, Alleinigen Sekretär
> des Volkes, Eirenarchen, Agoranomos,
> Ersten Strategen,
> dreimaligen Asiarchen der Tempel in Ephesos,
> der freigebig in der Vaterstadt Gladiatorenkämpfe veranstaltete
> von 13 Tagen mit 39 Paaren, die bis zur
> Entscheidung kämpften, der auch afrikanische
> Tiere schlachten ließ (...),
> ehrten die hier ansässigen Fans von Gladiatorenkämpfen,
> die Philovedier, ihren Wohltäter.
> (Inschriften v. Ephesos VII, 1 Nr. 3070)

Aurelios Daphnos war nicht der erste seiner Familie, der Aufgaben für die Gemeinde Ephesos erfüllte. Seit Generationen hatten seine Vorfahren ihre Fähigkeiten und ihr Vermögen der Vaterstadt zur Verfügung gestellt. Sie waren oberste Verwaltungsbeamte (in gewollter Bescheidenheit *grammateus*, »Sekretär«, genannt), »Polizeichefs« (»Eirenarch«), Marktaufseher (»Agoranomos«), Heerführer (»Erster Stratege«), Kultbeamte mit überregionaler politischer Bedeutung (»Asiarch«). Ihre Leistungen entwickelten sich zu einer Daueraufgabe und wurden zur Befriedigung vieler verschiedener Bedürfnisse benötigt. Daphnos bekleidete offensichtlich nicht nur ein einziges Amt. Die Bezeichnungen der Magistraturen stammten größtenteils noch aus der klassischen Zeit und betonten die Amtsfunktion. Geehrt wird Daphnos von einem der für das städtische Leben typischen Vereine, den »Philovediern«. Auch sie stehen in der Tradition der Bürgergenossenschaften des klassischen Bürgerstaats.

Elementare Aufgaben für die Funktionsfähigkeit der Städte oblagen insbesondere den Gymnasiarchen und Agoranomen. Die ersteren waren für die Bildung der Heranwachsenden verantwortlich – ein Bereich, dem in der nachklassischen Stadt viel größere Bedeutung zukam als früher und in den von den Amtsträgern selbst sowie von anderen Stiftern für Bauten, Lehrerbesoldung und Unterrichtsmaterial erhebliche Mittel gesteckt wurden. Noch grundlegender war die Funktion des *agoranomos*. Sein Titel weist ihn zunächst als Kontrolleur des Marktverkehrs aus. Er war darüber hinaus aber auch für die Sicherstellung der Getreideversorgung zuständig. Dazu mußte er mit eigenen Mitteln oder Vorräten gegebenenfalls den Markt beliefern oder für erschwingliche Preise sorgen. Eine Inschrift aus dem bithynischen Prusias gibt Einblick in eine seit Jahrhunderten geübte Praxis:

> Zum guten Glück!
> Die Phylen ›Germanike‹ und ›Sabiniane‹ ehrten den Publios Domitios Iulianos, zweimaligen Zensor, zweimaligen Ersten Archon, zweimaligen Gesandten, Sebastophantes, Agoranom, Dekaprotos, Sekretär [*grammateus*], Angehörigen des Provinziallandtages auf Lebenszeit, der als Geschenk Wasser in die Stadt leiten ließ, und weil er in der Notzeit Brot, Wein, Öl und Geld an die Bürgern verteilte (...), den Ernährer und Wohltäter und Basileus.
> (Inschriften v. Prusias ad Hypium Nr. 19)

Wieder die Fülle von Aufgaben – in der Verwaltung (»*archon*«, »*grammateus*«), bei den Finanzen (»*censor*«, »*dekaprotos*«, der für Steuerpflichten der Gemeinde persönlich haftete), im Kult (»*sebastophantes*«) oder für die Außenbeziehungen (»Provinziallandtag«) –, die der Geehrte einmal übernommen hatte, gipfelnd in seiner Wohltätigkeit als *agoranomos*.

Ein anderer Inhaber dieses Amtes hat, so preist ihn seine Ehreninschrift,

> das Amt des *agoranomos* rechtschaffen und stetig verwaltet; unter ihm kostete das feine Brot von 14 Unzen 4 Obolen, das grobe von 10 Unzen 2 Obolen. Es herrschten mit gutem Glück Sattheit und Rechtschaffenheit. (Inschriften v. Ephesos VII, 1, Nr. 3010)

Eine lange Litanei vielfältiger Wohltätigkeit, eingeleitet mit einem ebenso reichhaltigen Katalog von Ehrungen, besingt im 1. Jahrhundert v. Chr. einen gewissen Aulus Aemilius Zosimos in Priene. Ihm zu Ehren stellte die Gemeinde öffentlich zur Schau: einen goldenen Kranz, ein gemaltes Portrait und zwei Statuen. Er erhielt ein »Staatsbankett« im Rathaus und im »Panionion«, dem gemeinsamen Heiligtum aller ionischen Städte, weil er gegenüber dem Volk »rechtschaffen« und »wohlwollend« gesinnt war und seine Ämter mit gößter Sorgfalt ausgeübt hat – erwähnt werden ausdrücklich seine Anstrengungen, die Geschäftsgänge schriftlich zu dokumentieren.

Ausführlich berichtet die Inschrift von Zosimos' Amtsführung als *gymnasiarchos*, also von seiner Verantwortung für das Gymnasion der Stadt. Der Glanz des Gymnasions, Aufwendungen aller Art, darunter eine allgemeine Ölspende, die Veranstaltung von Wettkämpfen, die Auslobung von Preisen und die Bezahlung der Lehrer seien ihm zu danken. Schließlich sei er zum *stephanephos*, dem Oberbeamten, nach dem das jeweilige Jahr gezählt wurde, gewählt worden und habe

> sofort noch bei den Wahlen schriftlich versprochen, am Tage des Amtsantritts alle Bürger, auch solche mit minderem Bürgerrecht, Römer, Fremde und Sklaven einzuladen, den Göttern der Stadt die gewohnten und ererbten Opfer darzubringen, die freien Knaben und Epheben zu einem Imbiß einzuladen, kurz: (...) alle Bürger nach Phylen zu speisen ... sowie die gerade anwesenden Athener, Thebaner, Rhodier, Milesier, Magneten, Samier und Ephesier (...). Nachdem er also das Stephanephorat (...) übernommen hatte, ließ er in seinem Haus bei der Ausrichtung des Imbisses den ersten Tag des Amtes allen auf gleiche Weise zukommen, während sonst an diesem Tag das Geschick der Sklaven und Fremden hinter dem des Bürgers zurückzutreten pflegte. Danach bewirtete er in der Heiligen Halle am Markt alle Eingeladenen reichlich, (...) veranstaltete einen glänzenden Schmaus, indem er das Fleisch der Opfertiere für die Bewirtung benutzte und nichts ausließ, was zum Nutzen der Gemeinde beitrug. Aber nicht nur, was zum leiblichen Vergnügen gereichte, hat er besorgt, sondern in dem Wunsche, außerdem für die Betörung der Sinne der Zuschauer Aufwendungen zu machen, warb

er einen Flötenspieler vom Theater und den Pantomimen Ploutogenes an, der mit seiner Kunst den Menschen Vergnügen zu bereiten wußte.
(Inschriften v. Priene Nr. 113, 114)

Der große Raum, den hier die Schilderung der öffentlichen Speisungen auf Kosten des Wohltäters einnimmt, ist nicht zufällig, und unter den milden Gaben der Stifter befinden sich nicht selten Brot, Wasser, Wein, Öl oder Fleisch. Das existentiell Notwendige zu erwirtschaften oder bereitzustellen barg unter den Bedingungen der antiken Wirtschaft und Technik stets unkalkulierbare Risiken, von böswilligen Machenschaften, wie etwa dem eigennützigen Horten von Lebensmitteln, gar nicht zu reden. So konnte sich der kleine Mann sehr bald vor der Existenzfrage sehen. Wohltätige Stiftungen galten nicht nur spektakulären und repräsentativen Bauvorhaben, die das Wohlleben und den Luxus des städtischen Lebens steigerten. Der Euergetismus in den hellenistisch-römischen Städten, das öffentliche Spenden und Stiften, das Verteilen von Wohltaten für die Gesellschaft und das Gemeinwesen diente zunächst einmal und im Normalfall der materiellen Daseinsvorsorge. Er ist insofern ein Äquivalent für die in der griechischen Gesellschaft fehlenden patronalen Beziehungen zwischen einzelnen.

Die Liste der städtischen Wohltäter ließe sich noch lange fortsetzen. Insbesondere haben sich in sie auch die hellenistischen Könige und später die römischen Kaiser eingetragen. Vor allem in Kleinasien findet man eine Fülle von Zeugnissen für den Euergetismus. In der Kaiserzeit standen die Mitglieder der Reichsaristokratie und die städtischen Eliten im gesamten Reich ihren hellenistischen Vorfahren in nichts nach. Sie alle betätigten sich ihr Leben lang als Patrone und Wohltäter ihrer Heimatstädte oder anderer Gemeinden, denen sie sich verbunden fühlten. Stellvertretend für sie formuliert Plinius d. J. die Maxime ihres patronalen Handelns:

(...) sich um die Angelegenheiten seiner Heimatstadt zu bekümmern (...) verdient jedes Lob.
(Plinius, Briefe 7, 15,2)

Sich solche Anerkennung zu verdienen gehörte zum innersten Kern des Selbstverständnisses aller Aristokraten des hellenistisch-römischen Zeitalters. Plinius kündigt dem Großvater seiner Frau Calpurnia brieflich ihrer beider Besuch im heimatlichen Como an und erklärt, warum sich die Reise ein wenig verzögern wird:

Wir werden einen Abstecher nach Tuscien machen, nicht um nach meinen Feldern und Besitzungen zu sehen – das hat Zeit –, sondern um unausweichlichen Verpflichtungen zu genügen.
In der Nähe meiner dortigen Güter liegt eine Stadt – sie heißt Tifernum Tiberinum –, die mich beinahe schon als Kind zu ihrem *patronus* erkoren hat, gut gemeint, aber unüberlegt. Mein Kommen ist jedesmal ein Fest für sie, mein Gehen ein Schmerz, meine Ehren eine Freude. Dort habe ich, um mich dankbar zu erweisen – sich in der Freundschaft geschlagen zu sehen ist immer beschämend –, auf meine Kosten einen Tempel errichten lassen; der ist nun fertig, und da wäre es unehrerbietig, seine Weihung länger aufzuschieben. Wie werden dort also am Einweihungstage sein, den ich durch einen Festschmaus zu feiern gedenke. (...)
(Plinius, Briefe 4, 1,3–6)

Die Stadt Tifernum Tiberinum, heute Città di Castello, liegt am Oberlauf des Tiber nördlich von Perugia. Plinius hatte das in der Nähe gelegene Landgut als 17jähriger von seinem Onkel geerbt. Die Stadt setzte auf den Erben offenbar die gleichen Hoffnungen wie auf den bisherigen Patron und hat den jungen Mann umgehend in seiner neuen Rolle bestätigt. Plinius ließ seine Aufgabe unter anderem in dieser Tempelstiftung sichtbar werden, von der er brieflich berichtet. Wie dem Senator Plinius erging es über die Jahrhunderte hin allen Großen des Reiches sowie den etwas weniger Großen der einzelnen Städte.

Die Prosperität und Kontinuität der hellenistisch-römischen Stadtkultur beruhte im wesentlichen auf dieser Wohltätigkeit der Patrone. Ihr aristokratischer Bürgersinn war für das Stadtleben unerläßlich geworden. Gewiß, viele brauchten sich dafür nicht sonderlich anzustrengen. Denn als in der Kaiserzeit die ständigen Kriege mit ihrem Zwang zur Bereitstellung außerordentlicher Mittel verschwanden, konnte das eigene Vermögen ganz im Binnenraum der Gemeinden verausgabt werden, dort, wo sich unter den gegebenen machtpolitischen Bedingungen das Streben nach Anerkennung und Ruhm allein noch ausleben durfte. Alle Bewohner der Stadt profitierten davon, wenn die Patrone mit ihrer öffentlichen Wohltätigkeit ihren Anspruch, zur Elite zu zählen, unter Beweis stellten. Ansporn und Lohn für ihre Freigebigkeit bestanden in einem nicht abreißenden Strom von Ehrerweisen: Privilegien mit hohem Symbolwert, auffällig plazierten Inschriften, Memorialfesten, durch die die Erinnerung an einen verstorbenen Wohltäter kollektiv lebendig erhalten werden sollte, oder schließlich der Aufstellung von Standbildern.

Jede Gesellschaft benötigt Einrichtungen und Verhaltensweisen, um trotz der materiellen und immateriellen Ungleichheit ihrer Mitglieder ein friedliches Zusammenleben auf Dauer zu ermöglichen. Gesellschaft braucht gleichsam einen Kitt, der sie zusammenhält. Für die Griechen der archaischen und klassischen Epoche war das ihre politische Existenz als Bürger. In diesem Rahmen konnten auch elementare materielle und soziale Bedürfnisse befriedigt werden – allerdings vielfach nur mit dem Mittel der Gewalt nach außen. Eine sozialpolitische Agenda war unter den Bedingungen der griechischen Demokratie – der klaren Trennung zwischen Haus und Polis sowie der prekären Einbindung der Aristokraten in das Gemeinschaftshandeln – undenkbar. So blieb der Krieg zwischen den Gemeinden ein endemisches Problem – auch im Hellenismus, als die Schere zwischen reich und arm sich noch weiter zu öffnen begann. Der damit stets erzeugte latente oder offene soziale Sprengstoff wurde allerdings erfolgreich unter Kontrolle gehalten durch den in zunehmendem Maße Eigendynamik gewinnenden Euergetismus.

Die Geschenke der reichen Bürger und Patrone blieben für die städtische Bevölkerung schließlich auch in der Friedenszeit der römischen Kaiser zum Teil bitter notwendig – man denke nur an die Getreide- oder Wasserversorgung. Die Dankesbezeugungen der Beschenkten droschen indessen auch sonst nicht nur leeres Stroh. Denn über die Linderung und Vorbeugung von Not hinaus war man nun daran gewöhnt, weit mehr als die lebensnotwendigen Grundbedürfnisse erfüllt zu sehen. Im Laufe der Kaiserzeit erreichten die öffentlichen Stiftungen ein erstaunlich hohes Niveau und betrafen alle Lebensbereiche der Stadt.

Dem entsprach eine Anspruchshaltung der breiten städtischen Masse, die ihren Stadtoberen mit zuweilen drastischen Bekundungen von Beifall oder Kritik gegenübertrat. In den ersten beiden nachchristlichen Jahrhunderten kam auf diese Weise eine Spirale von Ansprüchen und Leistungen in Gang, die immer weiter gedreht wurde. Die Folge war, daß manche einzelnen, die allzu sehr an ihren Nachruhm dachten, oder ganze Städte, die im Wettstreit mit ihresgleichen immer nach Überlegenheit strebten, in den finanziellen Ruin getrieben wurden. Als strukturell fatal sowohl für die Entwicklungen innerhalb der Stadt wie zwischen den Städten erwies sich nun immer wieder die schon von jeher bestehende Verbindung von Euergetismus und Wettbewerbsethik.

Aufs Ganze gesehen blieben das zwar Einzelfälle. Doch waren die langfristigen mentalen Konsequenzen dieses in sich kreisenden Spiels des Euergetismus verheerend. Denn die Leistungen der Patrone vermochten zwar für lange Zeit und mit großem Erfolg den inneren Zusammenhalt ihrer Bürgerschaften zu stiften und zu bewahren. Aber die rein äußerliche Klammer des Wohllebens konnte kein Ersatz sein für ein in breiten Bürgerschichten verankertes politisches Bewußtsein als Basis der Gemeinschaftsordnung – auf kommunaler Ebene wie im Reichsmaßstab. Die Herrschaft des Kaisers im Reich blieb nämlich immer auf die dem Ganzen dienliche Selbstverwaltung der Städte ebenso angewiesen, wie auf die innere Überzeugung der Reichsbevölkerung, daß es eine bessere Welt als die des Imperium Romanum nicht geben konnte.

Der in Euergetismus und Ehrenbeschlüssen vielbeschworene städtische Patriotismus sollte allerdings in dem Augenblick zur hohlen Phrase werden, als die weltpolitischen Umbrüche seit dem Ende des 2. Jahrhunderts n. Chr. mit den gewaltsamen Einbrüchen neuer Völker in das Reich, von allen Bürgern verlangten, die bisherigen Lebensformen aktiv zu verteidigen. Diese Herausforderung traf die Städte und ihre Eliten, die sich selbst in einem tiefgreifenden Wandel befanden, weitgehend unvorbereitet. Gefangen im Wechselspiel von Wohltaten und Ruhm, geblendet von einem Jahrmarkt der Eitelkeiten und betäubt von der Pracht ihrer Lebenswelt mit immer ausgefalleneren Genüssen trieben sie schließlich in eine tödliche Krise: Eine letzte, zuweilen hypertrophe und für die Eliten vielfach ruinöse Blüte der Städte ging in der Spätantike mit deren Verfall an vielen anderen Orten einher. Viele Städte wurden zudem erobert und geplündert, und die materiellen Mittel, die die bisherige Stadtkultur benötigte, mußten nun also wieder verstärkt für Verteidigung und Daseinssicherung eingesetzt werden. Darüber wurde der neuen Welt von autokratischem Gottkaisertum und christlicher Heilslehre die alte, ganz aufs Diesseits ausgerichtete Zivilisation urbanen Lebens zusehends fremd.

Die Pracht der imperialen Stadtkultur des Römerreiches birgt von deren Niedergang und Verfall aus betrachtet eine eindeutige Botschaft: Angesichts unaufhaltsamer Transformationsprozesse und neuer Herausforderungen und Infragestellungen von außen lediglich auf ein bequemes »Weiter so« zu setzen und nicht darauf zu achten und sich bewußt zu halten, daß die Schönheiten des Wohllebens immer auch als ästhetisches Erlebnis allgemein gültiger Werte erfahrbar sein müssen, soll das Schöne nicht zur schönen Illusion verkommen, kann eine Gesellschaft, die sich selbst als prosperierend und wohlgeordnet empfindet, rasch vor die Existenzfrage stellen. Denn die Geschichte ist nie stillzustellen.

WOHNUNG –
DIE ORDNUNGEN DES AUGES

9.

DAS SCHÖNE HAUS DER GOTTHEIT – TEMPELARCHITEKTUR UND GEMEINSCHAFTS-LEBEN IN DER GRIECHISCHEN POLIS

Das Schöne ist der sich enthüllende Gott, der Künstler sein Priester.
Gerhard Nebel

Einem Gebäude sieht man an, ob es eine Seele hat oder nicht.
Renzo Piano

Unsere visuelle Erinnerung an die Antike ist bis heute wesentlich geprägt vom Bild des griechischen Tempels. Vor etwa 250 Jahren begannen die Europäer, die Kultur der Griechen zu entdecken (vgl. den Prolog). Dabei spielte die Wahrnehmung einer gegenüber der römischen andersartigen Architektur des griechischen Tempels eine große Rolle. Insbesondere der Tempelbezirk von Paestum in Kampanien blieb ein entscheidender Ausgangs- und Bezugspunkt für die Formung unserer Vorstellung von der griechischen Antike.

WINCKELMANN UND GOETHE: PAESTUM UND DIE ENTDECKUNG DES GRIECHENTUMS IN DER MODERNE

Nur ein paar Jahre nachdem die erste sichere Kunde von der längst vergessenen und scheinbar gottverlassenen Ruinenstätte Neapel erreicht hat, reist erstmals ein Deutscher in die – wie er selbst brieflich berichtet – »wüste und verlassene Gegend, wo man, so weit das Auge geht, nur etliche Hirtenhäuser sieht, denn es ist eine ungesunde Luft daselbst.« Man schreibt das Frühjahr 1758, der Reisende ist Johann Joachim Winckelmann. Im Jahr 1755 ist er nach Rom gekommen, steht nun als Bibliothekar in Diensten des Kardinals Archinto und wird 1763 päpstlicher Oberaufseher über die Altertümer in und

Abb. 34:
Der Hera-Tempel II in Paestum

um Rom und damit zur ersten Autorität der Gelehrtenwelt. Mit seinen 1755 noch in Dresden publizierten *Gedanken über die Nachahmung der griechischen Werke in der Malerei und Bildhauerkunst* und seiner 1764, also sechs Jahre nach dem Besuch in Paestum, erschienenen *Geschichte der Kunst des Altertums* ist Winckelmann zum Entdecker des Griechentums für Europa geworden. In Paestum steht er nun zum ersten Mal vor originalen griechischen Bauwerken, und der tiefe Eindruck, den die schmucklose Klarheit dieser Architektur in ihm hinterläßt, hat die neuen ästhetischen Maßstäbe des klassizistischen Stils, die Winckelmanns Schriften in ganz Europa verbreiteten, entscheidend mitgeprägt. Die Strenge der dorischen Architektur bedeutete eine Befreiung von der übersteigerten und nicht zuletzt politisch diskreditierten Formenwelt des Barock und des Rokoko.

So verlieh die neu gesehene Schönheit der Tempel von Paestum der neuen Moral für das kommende Zeitalter sichtbaren Ausdruck: durch das Einfache, Ursprüngliche und Unverfälschte, durch Klarheit und Geradlinigkeit, Maß und Proportion. Zwar waren nicht alle von dem neuen Bild, das die dorischen Tempel vom Griechentum zeichneten, unmittelbar überwältigt. Zu sehr waren die Augen noch geschult an dem, was in Rom aus der griechischen Formensprache geworden war. Und vielleicht mag es bis heute manchem, dem die imposanten steinernen Strukturen plötzlich vor Augen kommen, so gehen wie einem anderen der frühen Besucher.

Auf den Spuren seines verehrten Vorbildes Winckelmann nämlich dringt Johann Wolfgang von Goethe zusammen mit dem Zeichner Christoph Heinrich Kniep im März 1787 »(...) auf ungebahnten oft morastigen Wegen (...), durch Bach und Gewässer, wo wir den nilpferdischen Büffeln in die blutroten wilden Augen sahen« in das flache, kärgliche und wüste Land vor. »Endlich«, so hält er die Erinnerung in seinem Tagebuch fest,

> ungewiß ob wir durch Felsen oder Trümmer führen, konnten wir einige große länglich-viereckige Massen, die wir in der Ferne schon bemerkt hatten, als überbliebene Tempel und Denkmale einer ehemals so prächtigen Stadt unterscheiden. (...) Von einem Landmanne ließ ich mich in den Gebäuden herumführen, der erste Eindruck konnte nur Erstaunen erregen. Ich befand mich in einer völlig fremden Welt. (...) Nun sind unsere Augen und durch sie unser ganzes inneres Wesen an schlankere Baukunst hinangetrieben und entschieden bestimmt, so daß uns diese stumpfen, kegelförmigen, enggedrängten Säulenmassen lästig, ja furchtbar erscheinen. Doch nahm ich mich bald zusammen, erinnerte mich der Kunstgeschichte, gedachte der Zeit deren Geist solche Bauart gemäß fand, vergegenwärtigte mir den strengen Styl der Plastik und in weniger als einer Stunde fühlte ich mich befreundet, ja ich pries den Genius, daß er mich diese so wohl erhaltenen Reste mit Augen sehen ließ, da sich von ihnen durch Abbildung kein Begriff geben läßt. Denn im architektonischen Aufriß erscheinen sie eleganter, in perspektivischer Darstellung plumper als sie sind, nur wenn man sich um sie her, durch sie durch bewegt, teilt man ihnen das eigentliche Leben mit, man fühlt es wieder aus ihnen heraus, welches der Baumeister beabsichtigte, ja hinein schuf.
> (Johann Wolfgang Goethe, Italienische Reise, Eintrag für den 23. 3. 1787)

Die moderne Forschung hat in diesen Sätzen zumeist das nur mühsam kaschierte Befremden oder gar Entsetzen erkennen wollen, das die massigen dorischen Architekturen in Goethe notwendig erregt hatten. Tatsächlich macht Goethe aus seiner nicht völlig weichenden Verstörung auch keinen Hehl, ließ sich doch das, was er zu sehen bekam, nur schwer mit seinem bisherigen Kunstverständnis vereinbaren. Doch wird vielleicht zu wenig beachtet, daß Goethe die Tempel in Paestum unter bestimmten Bedingungen wahrgenommen hat und daß diese bis heute zu den entscheidenden Voraussetzungen gehören, unter denen wir antike Architekturen zu beurteilen pflegen. Da ist einmal das Wetter. Meteorologische Nachforschungen machen es sehr wahrscheinlich, daß Goethe die Tempel unter einem gewitterdrohenden Himmel gesehen hat. Dazu paßt die Tagebuchnotiz von einem »gewaltigen Wetter mit Donner,

Blitz und Regengüssen« (26. 3. 1787), das über die Reisegesellschaft wohl spätestens bei ihrer Rückkehr nach Salerno niedergegangen sein dürfte. Daher wohl auch der recht kurze Aufenthalt bei den Tempeln. Nun lassen aber, wie noch näher zu sehen sein wird, erst Licht und Sonne das Bild des Tempels vollständig hervortreten. Fehlen sie, so kann der Travertin in Paestum durchaus grau und finster wirken.

Ein weiteres kommt hinzu: Noch bis in die zweite Hälfte des 19. Jahrhunderts, als nach über 1000 Jahren durch Trockenlegungen die versumpfte und malariaverseuchte Küstenebene wieder in einen fruchtbaren Landstrich verwandelt wurde, lagen die Ruinen in einer wenig einladenden, übereinstimmend als wüst, öde oder gar gefährlich beschriebenen Gegend. Für die Augen der antiken Bewohner von Paestum indes erhoben sich ihre Tempel inmitten einer reichen und blühenden Landschaft. Ein griechischer Tempel befand sich zudem stets in einem wie auch immer angelegten und gepflegten heiligen Bezirk. Eine entsprechende Umgebung – vergleichbar vielleicht der, in der wir uns in jüngerer Zeit in Paestum aufhalten – gehört dazu, um das ästhetische Potential der griechischen Tempel zur Wirkung zu bringen.

Stellt man diese Voraussetzungen, also den Bezug zur natürlichen Umwelt, neben den eingeschliffenen Sehgewohnheiten in der zweiten Hälfte des 18. Jahrhunderts zusätzlich in Rechnung, so verwundert es dann doch nicht mehr so sehr, daß Goethe und andere in dieser Epoche sich schwer taten, die in Paestum erstmals gesehene frühe Architektur der Griechen angemessen zu würdigen; vielmehr offenbart sich Goethes überragender Kunstsinn eben gerade darin, daß er trotz aller Vorbehalte und widrigen Umstände am Ende doch die Bedeutung des Gesehenen zu erfassen vermochte. Fast zwei Monate später, nach der Rückkehr aus Sizilien, formuliert er sein abschließendes Urteil:

> In einem beiliegenden Blatte [das uns nicht überliefert ist] sag' ich etwas über den Weg nach Salern und über Pestum selbst; es ist die letzte und fast möcht' ich sagen herrlichste Idee, die ich nun nordwärts vollständig mitnehme. Auch ist der mittlere Tempel, nach meiner Meinung, allem vorzuziehen was man noch in Sicilien sieht.
> (Johann Wolfgang Goethe, Italienische Reise, Eintrag für den 17. 5. 1787)

Dieses Urteil ist maßgebend geworden: 1855 beginnt Jacob Burckhardt das einleitende Kapitel seines *Cicerone* über die Architektur mit den Tempeln von

Paestum. Entscheidend ist, wie seine Wahrnehmung über Goethes Schilderung hinausgeht, wenn er bemerkt:

> Welchem Gebäude des italischen Festlandes hier die erste Stelle gebührt, darüber wird wohl kein Zweifel herrschen. Von den drei erhaltenen Tempeln der alten Poseidonia sucht das Auge sehnsüchtig den größten, mittlern. Es ist Poseidons Heiligtum; [und nun der gegenüber Goethe veränderte Blick:] durch die offenen Trümmerhallen schimmert von fern das blaue Meer. (Jacob Burckhardt, Der Cicerone. Anleitung zum Genuß der Kunst Italiens. Architektur und Skulptur. JBW Bd. 2. München 2001, S. 13))

DAS AMERIKA DER GRIECHEN

Tatsächlich ist Paestum kein Außenposten der griechischen Kultur, sondern für diese voll und ganz repräsentativ. An den Küsten des größten Teils von Unteritalien einschließlich ganz Kampaniens sowie an nahezu allen Küsten Siziliens hatten die Siedler aus Griechenland, die sich zwischen dem 8. und 6. Jahrhundert v. Chr. mit verschiedenen Motiven und Hoffnungen gen Westen eingeschifft hatten, ihr Amerika gefunden. Die Kolonien hatten gleichzeitig mit dem Mutterland teil an der Herausbildung des Modells der Polis und wurden eigenständige neue Gemeinwesen. Sie wuchsen rasch, und nicht selten überflügelten sie wirtschaftlich, politisch und kulturell ihre Mutterstädte. Größer, reicher, besser wollte der »Goldene Westen« sein, und Magna Graecia oder Megale Hellas, Großgriechenland, hieß Unteritalien schon in der Antike. In diesen Begriff ist heute Sizilien zwanglos einzuschließen, weil es zusammen mit Unteritalien einen einheitlichen griechischen Kulturraum bildete. Auf seinem Boden entfaltete sich das Griechische zu großer Blüte: Tempel und Religion hatte man mitgebracht, Philosophie und Kunst übernommen, Städtebau und Machtpolitik, Technik, Medizin und Landvermessung entwickelten sich hier in ganz neuen Dimensionen.

DER TEMPEL ALS BAUFORM

Was hatten nun die Griechen selbst an ihren Tempeln, was bedeuteten diese gewaltigen Bauten für sie? Zunächst erfüllten die Tempel sehr wichtige politische Funktionen für den griechischen Bürgerstaat. Nach innen waren sie Kristallisationspunkte für eine gemeinschaftliche Identität sowie für Integration

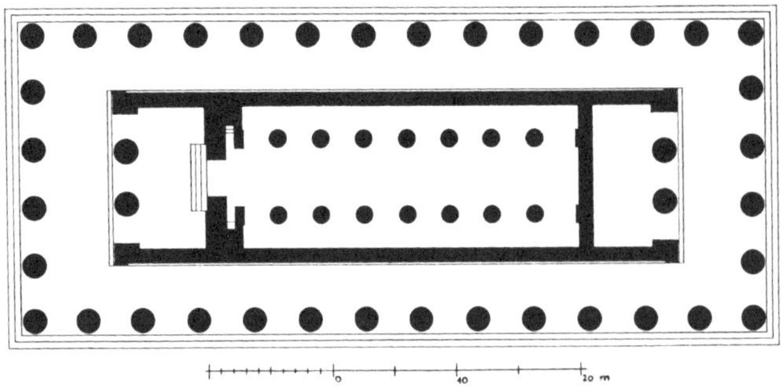

Abb. 35: Grundriß des Hera-Tempels II in Paestum

und Friedenswahrung in der Bürgerschaft. Nach außen demonstrierten sie Macht und Größe der eigenen Polis gegenüber anderen und waren Bollwerke oder werbendes Signum ihrer Kultur an den Grenzen der griechischen Welt. Dies erklärt besonders in den Kolonialgebieten Großgriechenlands manche Erscheinung wie etwa die Neigung, die Größe der Bauten in bis dahin nicht gekannte Dimensionen zu steigern, so etwa beim fast megalomanen Tempel für den Olympischen Zeus in Agrigent, 480 v. Chr. anläßlich des Sieges über die Karthager errichtet, heute ein Trümmerfeld, das Goethe als »Knochenmasse eines Riesengerippes« empfunden hatte. Dessen Säulenkannelierung war so groß,

> daß ich, darin stehend, dieselbe als eine kleine Nische ausfüllte, mit beiden Schultern anstoßend. Zwei und zwanzig Männer, im Kreise nebeneinander gestellt, würden ohngefähr die Peripherie einer solchen Säule bilden.
> (Johann Wolfgang Goethe, Italienische Reise, Eintrag für den 25.4.1787)

Ein anderes Charakteristikum ist die markante, nach außen gerichtete Plazierung von Tempeln wie in Akragas und Selinus.

In der Wissenschaft wird die allgemeine Frage meist übergangen, warum ein Tempel so aussieht, wie er aussieht, was die Ästhetik des Tempels ausmacht und welche Botschaften sie enthält, kurz, was überhaupt ein griechischer Tempel ist. Die archäologische Bauforschung hat sich darauf konzentriert, nach den Vorläufern, der Chronologie der Entstehung, der großen Vielfalt und immer wieder lokalen Sonderformen des Phänomens ›Tempel‹ im Befund zu fragen. Die Kulturgeschichte indessen interessiert sich in erster Linie für die gemeinsame Grundform, auf die sich die Variationsbreite des Befundes zurückführen läßt.

Diese Grundform des Tempels entsteht in der Mitte des 7. Jahrhunderts v. Chr., zur gleichen Zeit wie andere kulturelle Großtaten: die in Stein gehauenen lebens- oder überlebensgroßen menschlichen Figuren, ein neuer Stil in der Vasenmalerei oder die archaische Lyrik. Ohne erkennbare Vorstufen, plötzlich und im Prinzip fertig taucht die Form des Tempels auf. Seine anfängliche Holzbauweise wird in nur gut einer Generation am Ende des 7. Jahrhunderts v. Chr. in die dann kanonisch werdende Ordnung der Steinbauweise überführt. Der um 575 v. Chr. gebaute, erste Steintempel Großgriechenlands, der Apollontempel von Syrakus, ist kaum zwei Jahrzehnte jünger als der älteste Tempel dieser Art auf der Insel Korkyra (Korfu) und weist bereits alle Elemente auf, die den griechischen Tempelbau für die nächsten drei Jahrhunderte ohne wesentliche Veränderungen bestimmen sollten. Allein diese Grundform ist für die Frage nach Funktion und Bedeutung des Tempels als Bauform von Interesse.

GOTTESHAUS UND HEILIGTUM

Die Architektur des Tempels ist zunächst durch seine wichtigste Aufgabe bestimmt, ein besonders ausgezeichneter Ort für die verehrte Gottheit zu sein. Gebaut wurde ein Raum, der die Kultstatue der Gottheit beherbergen sollte. Das ist der *naos*, gewöhnlich mit der lateinischen Bezeichnung *cella* genannt, ein fenster- und praktisch schmuckloser Raum. Einzig durch seine möglichst der aufgehenden Sonne zugewandte Eingangstür fällt Licht in das Innere, wenn an Festtagen die Türen geöffnet werden und der Gott den Menschen erscheint. Sein Kultbild ist meist im hinteren Teil der *cella* aufgestellt, wenn nicht überhaupt an deren Rückwand. Wenn der Innenraum architektonisch weiter ausgestaltet ist, dient das der Blickführung vom Eingang her auf das Kultbild, also dessen optischer Rahmung.

Das Kultbild konnte ganz verschiedene Formen haben, vom uralten, ›vom Himmel gefallenen‹, anikonischen heiligen Gegenstand bis zum künstlerischen Weltwunder der Zeusstatue von Olympia. Die Götterbilder waren – obgleich die Grenzen zur Magie im Einzelfall fließend waren – nicht die Götter selbst, umgeben von einem undurchdringlichen Tabu, sondern deren Abbilder, in denen die Kraft des Göttlichen als tatsächlich anwesend gedacht wurde. Wie anders sollte man es erklären, daß – wie etwa in Paestum – in einem Heiligtum einer einzigen Gottheit, nämlich der Hera, mehrere Tempel geweiht waren? Die Götter müssen also mehr gewesen sein als ihre Bilder.

Sich in diesen aber gnädig stets aufs neue zu zeigen, dazu sollten die Tempel und die Kulthandlungen sie bewegen.

Das heißt auch, daß die Götter nicht allein in ihren Tempeln gegenwärtig waren. Sie wirkten vielmehr in der Natur ebenso wie in allen menschlichen Lebenslagen. Daher ist auch fast nichts, was uns aus der Antike überliefert ist, kein Stein, keine Keramik oder Bronze, kein Bild und kein Text, ohne Bezug zur Sphäre des Göttlichen. Aber dies alles bleibt unerklärt, besitzt fraglose Geltung, ist Zeichen von widerspruchsvoller und kreativer Lebendigkeit. Die griechische Religion gründet nicht in einheitlichem Denken und Glauben, sie kommt weithin ohne Begriffe und Systematik aus. Jedes Denken in Dogma und Theologie erschiene angesichts der vielgestaltigen Phänomene von Mythos und Kult geradezu absurd. Wir können das griechische Gotteshaus daher nicht in Analogie zum christlichen aus bestimmten Glaubensvorstellungen heraus zu verstehen suchen. Der religiöse Sinn des Tempels geht allein darin auf, das Kultbild, das *agalma*, zu bergen – zur Freude der Gottheit und um sie einzuladen, diesen ihr gewidmeten Ort aufzusuchen. Alles weitere erschließt sich nur, wenn man den Tempel als Ausdruck des Lebens der Polisgemeinschaft begreift.

Da jede Bürgerschaft zugleich Kultgemeinde war und innerhalb des heiligen Bezirks, des *temenos*, der Tempel alle Blicke auf sich zog, überrascht es, daß das Haus der Gottheit nicht im Zentrum der alltäglichen Kultausübung gestanden hat. Diese war bestimmt durch das rituelle Opfer am Altar unter freiem Himmel, die Front des Tempels im Rücken, durch das Gebet, durch Darbringen von Votivgaben und – bei besonderen Kultfesten – durch Agone, wie die Wettkämpfe in Olympia, sowie durch Prozessionen. Die heilige Aura, in die das *temenos* getaucht war, hing an der Heiligkeit des Ortes. Bäume oder Steine, Quellen oder Teiche, Grotten oder Gipfelhöhen sind dafür bedeutsam. Spezifische Gebäude benötigte ein *temenos* also nicht notwendig. Sie erscheinen denn auch geschichtlich erst später. Die religiöse Dignität des Ortes veranlaßt mithin die Errichtung eines Tempels, nicht umgekehrt.

Deshalb spielt der Tempel bei den Kulthandlungen, von denen die meisten unter freiem Himmel stattfanden, nur eine Nebenrolle: An hohen Festen waren die Türen der *cella* geöffnet, und das Götterbild konnte auf die Opfer am Altar blicken. Umgekehrt konnte der einzelne seinen Gott entweder durch die offene Tür der *cella* oder in deren Innerem vor dem Kultbild durch ein Gebet verehren. Inwieweit der *naos* normalerweise oder nur in bestimmten Fällen, über die wir nichts Näheres wissen, vom gewöhnlichen Gläubigen betreten

Abb. 36: Opfer am Altar, Attisch-rotfiguriger Krater (450/440 v. Chr.) in Frankfurt

werden durfte, ist nicht sicher zu sagen. Nur ausnahmsweise jedenfalls – bei rituellen Umgängen etwa zum Zwecke von Waschungen – verließ das Kultbild für kurze Zeit seine Wohnung. Im Tempel selbst fanden, allerdings auch dies nichts Alltägliches, Bekleidungs- und Speisungszeremonien statt.

Häufiger und regelmäßiger waren die vielen Weihegaben, aber sie konzentrierten sich nicht auf den Tempel, sondern galten der an der heiligen Stätte als ganzer wirkenden göttlichen Kraft. Solche Weihegaben konnten deshalb überall im *temenos* aufgestellt sein, natürlich auch am Tempel, auf seinen Stufen, zwischen den Säulen oder direkt an der Wand der *cella*. Viele Tempel besaßen für die Votive einen Raum, den Opisthodom, einen rückwärtigen Anbau der *cella* mit eigenem Zugang. Hier wurden besonders kostbare und leicht bewegliche Weihungen aufbewahrt, eher aus praktischen als primär religiösen Gründen. In manchen Heiligtümern wurden auch zusätzliche Schatzhäuser errichtet, ohne daß den in ihnen deponierten Votiven eine geringere Wirksamkeit zugeschrieben worden wäre, nur weil sie nicht direkt beim oder am Tempel plaziert waren.

Der Tempel ist also nicht wie die christliche Kirche ein Raum, in dem sich die Gemeinde – umgeben von einem Kosmos sinnbeladener bildlicher Zeichen – um das Sakrament versammelt. Der Tempel ist nicht das Gravitationszentrum der Kultakte. Die Bedeutung seiner Form muß daher in anderen Lebenszusammenhängen gesucht werden. Auszugehen ist dabei von seiner äußeren Erscheinung: Der Tempel war als Geschenk an die Gottheit ein kostbarer Schrein, ein bedeutungsvolles Gefäß, das die Erscheinung der Gottheit aufnahm.

Der Standardgrundriß des Tempels ist ein Rechteck aus zwei ineinandergestellten Teilen. Der Tempelinnenraum, der *naos* des Kultbilds, ist nach außen hin weitgehend abgeschlossen. Architektonisch ist er am Anfang nicht mehr als ein Zwischenraum zwischen zwei parallelen Wänden mit Deckenstützen in der Mittelachse. Dieser langgestreckte Korridor wird im Laufe der Zeit zu einem manchmal dreischiffigen, harmonischer proportionierten, aber nach wie vor nach außen geschlossenen Saal. Für das Erscheinungsbild des Tempels als Baukörper tut das nichts zur Sache. Dieses Bild ist nämlich vollkommen beherrscht von dem zweiten Rechteck, dem umlaufenden Säulenkranz, und – aber erst in zweiter Linie – von der darauf ruhenden Gebälk- und Dachkonstruktion.

Sein optisches Rückgrat erhält jeder Tempel also von dem Säulenumgang, der *peristasis* oder dem *peripteros*. Erst durch die allseitigen Säulenreihen wird der schlichte *naos* des Kultbildes zum Haus des Gottes. Warum ist das so?

Die Säule des griechischen Tempels ist trotz aller aus mykenischer Zeit vielleicht überkommener Tradition und trotz aller Anregungen aus dem Alten Orient eine ureigene ästhetische Erfindung des frühen Griechentums. Sie ist ein in sich geschlossener, gelegentlich ja auch für sich stehender Baukörper mit einem breiten Spektrum von Sinnbezügen, die sich potenzieren, wenn die Säulen in der dichten, den *naos* von allen Seiten gleichmäßig umschließenden Reihe stehen. Eine bautechnische Notwendigkeit für sie gibt es nicht. Ihr liegt allein ein künstlerisch-ästhetischer Formwille zugrunde.

Als erstes unterscheidet die Peristase das Haus des Gottes auf einen Blick grundlegend von allen anderen, den profanen Gebäuden. Denn diese Säulenarchitektur war lange Zeit ausschließlich dem Tempel vorbehalten. Erst in hellenistischer Zeit finden sich solche Säulenstellungen auch in der Profanarchitektur der Stadt und der Paläste. Ursprünglich jedoch hatten die Säulen die Aufgabe, den Wohnsitz der Gottheit besonders zu kennzeichnen, hervorzuheben und in einer bestimmten Weise abzugrenzen. Die Säulenreihe markiert eine Grenze und definiert diese aber gleichzeitig als eine von beiden Seiten her durchlässige. So wird ein Raum der Kommunikation, eine Sphäre des Austauschs geschaffen. Während eine Mauer Räume strikt voneinander abtrennt, gliedern und grenzen Säulenstellungen Räume so ab, daß zwischen ihnen eine Verbindung hergestellt wird.

Die Säulenreihe vermittelt also zwischen dem Gotteshaus und seiner Umgebung. Durch sie hindurch wirkt der Gott in seinen heiligen Bezirk hinein,

Abb. 37: Blick in den Hera-Tempel II in Paestum

durch sie hindurch öffnet er sich Natur und Mensch, und durch sie hindurch fordert er dazu auf, die Grenze zu überschreiten und am Göttlichen teilzuhaben. Das ist der Grund, warum wir bis heute so empfinden – sicher manchmal noch durch die mit dem Ruinenzustand gegebenen, zufälligen Durchblicke verstärkt –, daß Landschaft, Himmel, Licht sich mit dem Tempel eng und wechselseitig durchdringen. So auch in der Antike: Tempel und Natur gehören zusammen. Kein Heiligtum liegt nur zufällig in einer bestimmten Landschaft. Überall können die Götter sich einstellen, aber an bestimmten Punkten ist dies stärker als an anderen zu spüren. Dort gewinnt das Göttliche im Naturbild ständige und unmittelbare Evidenz, weil Landschaft und Gott als wesensverwandt erkannt werden; dort schneidet man den Göttern einen ihnen geweihten Ort der Erde – so wörtlich das *temenos* – heraus; dort werden sie unter freiem Himmel verehrt; und dort errichtet man die Säulenhallen der Tempel als monumentale Zonen des Übergangs von Natur, Mensch und Gott.

Die Säulen bilden eine luft- und lichtumflossene Zone, machen Wind und Sonne fühlbar. Besonders wichtig ist die Beziehung zur Sonne. Die Architektur der Säulen entfaltet ein Spiel von Licht und Schatten, Wärme und Kühle – durch den aufstrebenden, dichten und kühlen Stein als ganzen wie durch die auf ihm eingetieften Kanneluren, jene über den ganzen Säulenschaft gleichmäßig verteilten, unten gerundeten Rinnen. Sie verstärken die Vertikale und unterstützen dadurch optisch den Erde und Himmel verbindenden Charakter der Säulen; sie mildern durch Oberflächendifferenzierung deren Schwere und steigern durch die Auflösung der festen Linie im Auf und Ab der Grate und Täler die raumvermittelnde Wirkung. An zahlreichen weiteren Baugliedern des Tempels sind profilierte Leisten oder Unterschneidungen zu finden, die Schatten werfen. All das trägt dazu bei, daß der Tempel mit seinem scheinbar einfachen Grundschema in einen lebendigen Körper verwandelt wird. Fast wie eine Skulptur steht er im Licht der Sonne, das seine durchmodellierte Körperlichkeit vollständig zur Anschauung bringt, und ebenso steht er, von allen Seiten zu betrachten, in seiner Umgebung, in die er ausgreift und die er zugleich einladend aufnimmt.

Eben das gilt freilich nicht nur für die Natur, sondern insbesondere für die Menschen. Die Säulenhalle ist eine Zone des Austauschs auch für die frommen Besucher des Heiligtums, Bürger wie Fremde. Die Säulen fordern förmlich dazu auf, sich zwischen ihnen hindurchzubewegen, sich von den abwechslungsreichen Standorten anregen zu lassen, den Raum der Vermittlung und des Übergangs zu Begegnung und Kommunikation zu nutzen. Dies um so mehr, als die überdachten Umgänge zudem in einem ganz profanen Sinne einladend wirken, weil sie einen gewissen Schutz vor Unbilden der Witterung, vor Regen wie vor sengender Sonne, bieten. In hellenistischer Zeit ist diese Möglichkeit in die Profanarchitektur der urbanen Portiken übertragen worden. Der römische Architekt Vitruv bezeichnet die Peristase denn auch als *ambulatio*, einen Raum, in dem man zusammen mit anderen umhergehen konnte.

Dafür schafft der Säulenumgang die praktische Voraussetzung. Er ist darin aber auch ein sinnhaltiges Zeichen. Wie die Säulen das Haus des Gottes umgeben, so scharen sich in ihrem Schatten die Bürger um ihre Gottheit und unter deren Schutz. Die in dichter Reihe rings um den *naos* laufenden Säulen verkörpern visuell die Bürgergemeinde als eine Kultgemeinde. Letztlich ist damit auf eine anthropologische und ethologische Grundsituation verwiesen: Für alle gesellschaftlich lebenden Wesen ist es normal, daß Individuen von großer Bedeutung für die Gemeinschaft regelmäßig von zahlreichen anderen Menschen umringt werden, nicht nur aus praktischen Gründen, sondern aus einem unbewußten natürlichen Antrieb heraus. So drückt das Umkreisen und Umringen eines sakralen Objekts in dem Bestreben nach engem Kontakt mit dem Göttlichen die Verbundenheit mit diesem wie untereinander aus. Die Säule versinnbildlicht somit auch den Menschen. Das wird am augenfälligsten dort, wo sie in der Architektur tatsächlich durch menschliche Figuren ersetzt wird (Karyatiden). Die Bauform der Säule mit Schaft, Hals und Kapitell abstrahiert gewissermaßen die menschliche Figur. Daß man diese Bezüge nicht bloß unbewußt wahrgenommen hat, zeigt ein Vers bei Euripides, wo es heißt: »Säulen des Hauses sind des Hauses Söhne.« (Iphigenie auf Tauris 57) Die regelmäßig aufgereihten Säulen verliehen in ihrer kraftvollen Solidität und disziplinierten Strenge dem Ideal des Bürgerstaates sichtbare Gestalt: der selbstverständlichen Einordnung des einzelnen in die Gemeinschaft und seiner unwankenden Standhaftigkeit in der Schlachtreihe der Bürgersoldaten.

Die Säulenarchitektur ist der Kern der Bauidee des griechischen Tempels. Sie hat bis heute nichts von ihrer Attraktivität verloren. Das liegt daran, daß sie über ein polysemisches Zeichenrepertoire verfügt, das in vielfältiger Weise Anschlüsse erlaubt. Im Vergleich etwa mit einer gotischen Kathedrale oder einem altorientalischen oder mesoamerikanischen Tempel tritt das für die Griechen Wesentliche klar hervor: Von der auch in ihren Augen geheimnisvollen und unverfügbaren Sphäre des Göttlichen ging keine Macht aus, die bedingungslose Unterordnung forderte. Der Säulentempel als Weihgeschenk der Bürgergemeinde für ihre Schutzgottheit kündet vielmehr von Zugewandtheit und Zugänglichkeit, indem er einen Raum freier Kommunikation stiftet.

DIE WEITEREN FORMALEN ZÜGE: VERSTÄRKUNG DER KOMMUNIKATIVEN FUNKTION

Die weiteren formalen Eigenschaften der Tempelarchitektur fügen sich in das gezeichnete Bild. Es beginnt am Boden. Wie ein Standbild ruht der Tempel auf einem Sockel, der ringsum in drei bis vier Stufen abgetreppt ist und seinerseits in manchen Fällen sich über einer leichten Anhöhe erhebt. Er wächst gewissermaßen aus der Erde, die dem Gott geweiht ist, ist dabei aber über sie emporgehoben, dem Himmel und dem Licht entgegen, von dem nur Irdischen abgehoben und ist doch dank der Stufen der Basis gleichzeitig nicht unnahbar.

Auf dieser Fläche stehen nun die Säulen. Ihre Form hat sich fast von Beginn an in zwei Stilen ausgeprägt, die auch die Gebälk- und Dachkonstruktionen unterschiedlich aussehen lassen. Man spricht von einer dorischen und einer ionischen Ordnung, und in Handbüchern wird daraus zuweilen eine scharfe systematische Trennung hergeleitet, die das Griechentum scheinbar in zwei völlig verschiedene Volkstypen aufzuteilen nötigt. Solche Vorstellungen wurzeln in heute obsoleten völkischen Theorien, die in der historischen Realität keinen Anhalt besitzen. Zudem wird dabei übersehen, daß die zweifellos vorhandenen ästhetischen Differenzen zwischen der dorischen und der ionischen Ordnung, zu denen später noch die korinthische hinzukommt, lediglich formale Variationen ein und derselben architektonischen Grundstruktur darstellen. Man sollte in ihnen lediglich ganz normale, hier schwerpunktmäßig zwischen Westen und Osten verteilte Dialekte einer gemeinsamen Architektursprache sehen. Im Hinblick auf die Semantik des Bautyps Tempel haben diese Differenzen keine Auswirkungen.

Das gilt auch für die verschiedenen Anordnungen dessen, was gleichsam als Gebälk auf den oberen Trägerplatten der Säulen aufliegt; für die sich dabei ergebenden dekorativen Schmuckelemente, die sich auch weiter oben finden, an Traufrand, Gesims und Dachfirst als einer weiteren stark gegliederten Grenz- und Übergangszone zum Himmel hin; schließlich für Dachabdeckung und Deckengestaltung. Wichtiger ist, daß sich an markanten Stellen, an den Metopen, Friesen und Giebeln, leere Flächen ergeben, die zur Anbringung von gemalten oder reliefierten Bildern oder – wie in vielen Giebeln – vollplastischen Figurengruppen herausforderten. In ihnen wird der Beschauer mit den ihm geläufigen Episoden des Götter- und Heroenmythos konfrontiert. Die Themen und Aussagen dieser Bildkunst beziehen sich manchmal auch auf den Ort und die Landschaft, in denen Heiligtum und Tempel sich befinden, und lassen sich, anders als die Strukturen der Architektur, nicht auf einen gemeinsamen Nenner bringen. Sie machen aber aus dem Tempel eines der bedeutenden Medien der jeweils lokalen Selbstidentifikation des Bürgerstaates. Dieser kommunikative Appell wird – soviel sei nur pauschal gesagt – unterstützt durch den blendend weißen Verputz des gesamten Bauwerks und die farbige Fassung, die die Bildkunst ebenso wie zahlreiche Architekturteile erhielten.

KURVATUR, MASS UND PROPORTION: DER TEMPEL ALS LEBENDIGER ORGANISMUS

Der Aufbau des Tempels im ganzen spiegelt den Aufbau der ganzen Welt: Erde, Menschen, Heroen und Götter bilden einen zusammengehörigen Kosmos, das Bauwerk eine in sich geschlossene Sinneinheit. Wenn diese einfache und klar zutage liegende Struktur nicht zu einem unbeweglichen und sterilen Schema erstarrt – wie es in klassizistischen Bauten der neueren Zeit nicht selten zu beobachten ist –, so liegt das einmal an der für das Auge praktisch unmerklichen Gestaltung jedes einzelnen Baugliedes und zuletzt an den Gesetzen von Maß und Proportion, die das Ganze durchwirken.

Sehr eindrucksvoll ist zunächst die Kurvatur. Vereinfacht gesagt bedeutet das, daß kein Steinblock des Gebäudes eine gerade Außenlinie aufweist. Alles richtet sich nach der Krümmung, die bereits dem Stufenunterbau eigen ist. Beim Parthenon in Athen beträgt diese Abweichung des Stylobats von der Geraden beispielsweise 12 cm auf 70 m Seitenlänge. Das hat dramatische Auswirkungen auf das Gefüge des ganzen Baus, dessen Linien diese Krümmung bis hinauf in das Gebälk mitmachen, und schwerwiegende Folgen für die Bauausführung, weil jeder Stein – und wenn auch nur um wenige Millimeter – vom anderen abweicht und seine individuelle Form erhält. Vergleichbares spielt

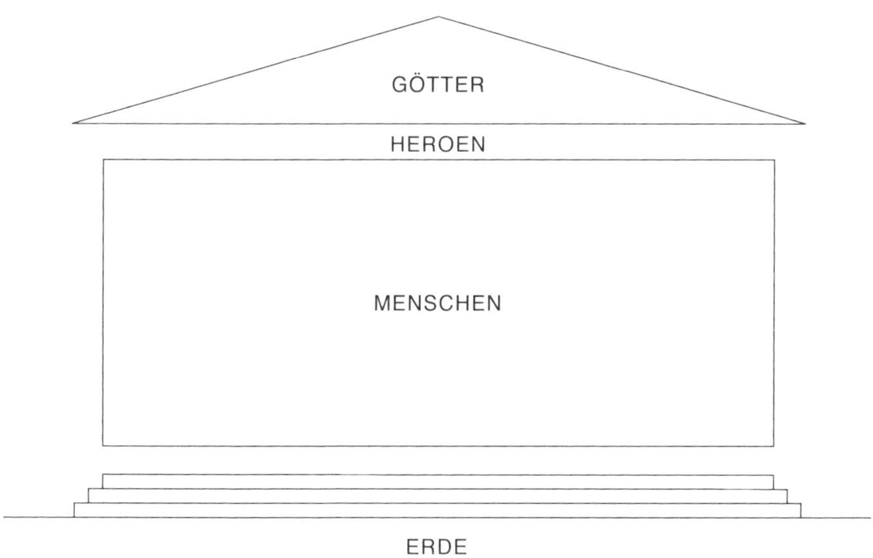

Abb. 38: Semantische Bezüge im Aufbau des Tempels

Abb. 39: Kurvatur des Stylobats am Tempel von Segesta

sich auch in der Vertikalen ab. Die Kurvatur des Unterbaus zwingt dazu, die lotrechte Stellung der Säulen so zu korrigieren, daß deren Achsen nach innen geneigt werden – und auch hier nicht gleichmäßig, sondern von außen nach innen abnehmend. Hinzu kommt in der dorischen Ordnung die Entasis der Säule: Die Säule verjüngt sich nach oben nicht in einer gleichmäßigen geraden, sondern in einer geschwungenen Linie, was in archaischer Zeit geradezu zu einem optischen Auf- und Abschwellen des Säulenschaftes wird. Jeder Tempel weist – mit je individuellen Akzenten – noch weitere solcher Feinheiten wie etwa Variationen der Säulendurchmesser oder Kontraktionen der Säulenjoche und -zwischenräume auf. Sie alle führen dazu, daß das Auge – trotz der steten Wiederholung weniger Grundelemente – nicht ermüdende Gleichförmigkeit, sondern pulsierende und gespannte Lebendigkeit erblickt.

Diese bewußt überall eingebauten Unregelmäßigkeiten bringen erst zur Wirkung, was andernfalls bloß abweisende, mathematische Kälte bedeutete: die der Konstruktion des Tempels zugrundeliegende geometrische Perfektion. Sie basiert auf einem jedem Tempel eigenen Grundmaß, das seinerseits aus einem dem menschlichen Körper entnommenen Maß, dem Fuß oder der Elle, abgeleitet ist. Zu diesem Modul stehen alle Maße des Gebäudes in einem proportionalen Verhältnis. Daraus, so ist bei Vitruv zu lesen,

> ergibt sich das System der Symmetrien. Denn kein Tempel kann ohne Symmetrie und Proportion eine vernünftige Formgebung haben, wenn seine Glieder nicht in einem bestimmten Verhältnis zueinander stehen, wie die Glieder eines wohlgeformten Menschen(…).
> (Vitruv, *De architectura* III,1)

In Platons *Timaios* setzt der Schöpfergott die Elemente des Kosmos, Feuer, Erde, Wasser und Luft durch ganzzahlige Verhältnisse untereinander in Beziehung. Dank diesen Proportionen ergab sich für den »Leib der Welt«

> (…) eine solche Befreundetheit seiner Teile, daß er zu einer homogenen Einheit zusammenwuchs.
> (Platon, *Timaios* 32c)

Wie hätte der Tempel als Wohnstatt des Göttlichen anders denn nach solchen Grundsätzen gestaltet werden können? Wie im Bürgerstaat so erwächst aus Gerechtigkeit, hier Proportion, und ›Befreundung‹ der Kosmos der guten Ordnung. Das Gute ist aber immer zugleich auch das Schöne.

> Denn Maß und Proportion führen doch offensichtlich überall zu Schönheit und Tugend,
> (Platon, *Philebos* 64c)

heißt es bei Platon an anderer Stelle. Das verweist auf einen weiten, für alle Lebensbereiche gültigen Hintergrund griechischen Denkens und ist eben auch für Plan und Entwurf des Tempels wichtig. Auch aus diesem Blickwinkel freilich wird verständlich, inwiefern und warum der griechische Tempel ein lebendiger Organismus und der Inbegriff von Harmonie und Schönheit ist. Ein Wort aus *Faust II*, entstanden lange Jahre nachdem sich Goethes Erlebnis in Paestum gesetzt hatte, faßt es in ein poetisches Bild:

> Der Säulenschaft, auch die Triglyphe klingt,
> Ich glaube gar, der ganze Tempel singt.
> (Johann Wolfgang Goethe, Faust. Der Tragödie zweiter Teil 6447f.)

Es ist kein Zufall, daß die Entdeckung des Griechentums für die Moderne, woran auch Goethe Anteil hatte, mit dem Erkennen einer neuen Form der Kunst einsetzte. Denn die Beschäftigung mit der Form gilt nicht einer bloß akzidentiellen Oberfläche, durch die hindurch erst das angeblich Eigentliche, Wahre in den Blick käme. Wer auch heute noch die griechischen Tempel als schön empfindet, der huldigt nicht einem oberflächlichen oder gar verlogenen Ästhetizismus, wie es das gängige Verdikt über das »nur Schöne« unterstellt. In der Schönheit der Form teilt sich uns vielmehr stets und unmittelbar eine innere Haltung mit, werden Werte, Ideale, Tugenden, Vollkommenheit und Glück geschaut. Der Form selbst ist die Botschaft eingeschrieben. Was sie den Griechen zu sagen hatte, sollte deutlich geworden sein. Der Tempel ist, nach einem Wort des großen Klassizisten Ludwig Curtius, »steingewordene Verdichtung von Leben« (*Die antike Kunst*. Darmstadt ^{2}1959, S. 113). Diese »Konzentration von Lebensenergie« (ebd.) teilt sich – in der Regel unbewußt – jedem Betrachter mit. So werden Gegenwart und Vergangenheit in Verbindung gebracht. Vor diesem Hintergrund muß der griechische Tempel als das erste und hervorragendste Beispiel öffentlichen Bauens in einer Gesellschaft politisch gleichberechtigter Bürger betrachtet werden. Sie konnten sich in ihren Tempeln wiederfinden, weil diese in der neu entdeckten Sprache der Architektur allen gemeinsame Vorstellungen und Ideale artikulierten. Nur so aber kann öffentliches Bauen seine Aufgabe erfüllen, zur Formulierung des Selbstverständnisses einer Kultur beizutragen. Seit den Griechen ist das der Maßstab, an dem sich Architektur messen lassen muß.

10.

WIE WIR WOHNEN, SO WOLLEN WIR LEBEN – WOHNKULTUR UND GESELLSCHAFT BEI DEN RÖMERN

In jenen verschütteten Städten ist nicht des geringsten Mannes Haus ohne Kunst; Jeder hatte die Bildung, sich mit Gebildetem, an welchem Gedanken ausgesprochen sind, zu umgeben, und so entwickelte sich ein unendlicher Reichtum der Gedanken und eine Feinheit derselben, worin der Grundzug eines wahren Culturzustandes herrscht.

Karl Friedrich Schinkel

EIN RÖMISCHER SENATOR IN SEINER VILLA

Vielbeschäftigt war ein römischer Senator. Erfüllte er seine Pflichten gewissenhaft – und dies war in der Regel so, wie sonst sollte man die jahrhundertelange politische und soziale Stabilität im Römischen Reich erklären –, dann nahmen ihn die vielfältigen Aufgaben und Verpflichtungen, seine *negotia*, in der Hauptstadt so in Anspruch, daß er jede Gelegenheit nutzte, sich in sein Tusculanum, Tiburtinum oder Praenestinum oder wie auch immer genanntes Landhaus zurückzuziehen.

»*Peractis, quae agenda fuerint*«, nach Beendigung der Geschäfte, macht er sich zu Pferde auf zu seiner Villa – er nennt sie in diesem Fall sein Laurentinum – kaum zwei Reitstunden von Rom entfernt, direkt am Strand, unweit südlich von Ostia gelegen. Er läßt das Häusermeer der Stadt hinter sich, durchquert den anschließenden Grüngürtel, die sorgfältig gepflegten Bezirke der Toten, die zahllosen Gärtnereien und Tierzuchtbetriebe, ein Gestüt liegt an der Straße. Dann schließlich durchmißt sein Auge die Weite der römischen Campagnia: »*varia hinc atque inde facies*«, hier und da ein wechselndes Panorama – so wird er später an einen Freund schreiben. Eine Kette von Bildern,

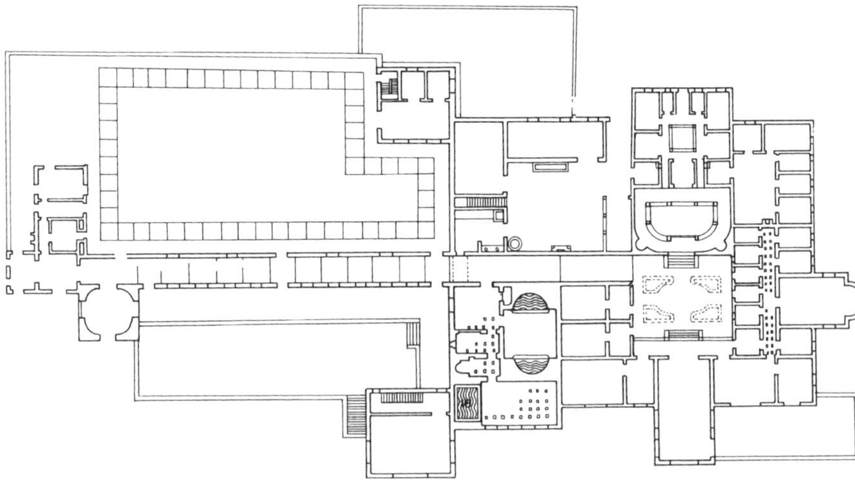

Abb. 40: Rekonstruierter Plan der Laurentinum-Villa des Plinius

zu denen sich die Eindrücke der Landschaft ständig neu formieren, begleitet den Senator auf dem Weg zu seinem Refugium. Kurz bevor ihm das Anwesen in den Blick kommt, verlangsamt er den Schritt seines Pferdes, denn er will »*gratiam villae*«, die Anmut des Landhauses, auskosten, und schon durchschreitet er in Gedanken jeden Raum der Villa.

Wer das Haus betritt, findet vor sich eine Raumflucht. Sie beginnt mit einem schlichten, aber geräumigen Atrium, wird fortgeführt in einem kleinen, von Portiken umsäumten Platz sowie einem größeren, tieferliegenden Hof und erreicht ihr Ziel in einem »*triclinium satis pulchrum*«. Dieses »recht schöne Speisezimmer« reicht bis an den Strand vor, wo die letzten Ausläufer der Meereswellen es manchmal berühren:

> Ringsum hat es Flügeltüren oder Fenster, die nicht kleiner als Flügeltüren sind, und blickt so an den Seiten und an der Front gleichsam auf drei Meere. Nach hinten blickt es auf das *cavaedium*, die *porticus*, den Hof, erneut die *porticus*, dann das *atrium*, Wälder und weit entfernte Berge zurück.
> (Plinius, Briefe 2, 17,5)

Der Senator, der uns hier an den Blicken durch sein Haus und aus diesem heraus teilhaben läßt, ist der Bürger von Como und Vertraute des Kaisers Trajan, Plinius der Jüngere. Die in zwei Briefen festgehaltenen Beschreibungen seiner beiden Landsitze in den Bergen Etruriens und am Meer vor den Toren Roms gehören zu den ausführlichsten Schilderungen nicht nur der aristokratischen Landsitze, sondern antiker Baulichkeiten überhaupt. Sie vermitteln uns einen Begriff davon, was dem antiken Benutzer und Beobachter von Wohnarchitektur wichtig gewesen ist.

DER BLICK ALS ZENTRALES PRINZIP DER ARCHITEKTUR

Zwei Faktoren vor allem prägen das Bild, das Plinius von seinen beiden Villen entwirft, und daß er sie für seinen Briefpartner nicht weiter erläutern muß, belegt, daß auch dieser sie ganz selbstverständlich teilt. Zum einen sind es klimatische Gegebenheiten, also Sonne und Schatten, Wind und Wetter, nach denen sich Bau, Funktion und Bedeutung der Räumlichkeiten richten. Sie sollen, so schreibt er, im Winter die hellsten Sonnenstrahlen festhalten und im Sommer kühlen Schatten spenden, sollen dem Nordwind Einhalt gebieten, aber laue Westwinde durchziehen lassen.

Vor dem Hintergrund der Anpassung an solche natürlichen Voraussetzungen schreibt Plinius jenen Räumen in seinen Häusern den höchsten Wert zu, die – und das ist das zweite – möglichst zahlreiche und vielgestaltige Aus- und Durchblicke auf Land und Meer, Gärten und Berge oder Architekturansichten ermöglichen. Das Ziel ist stets die Formung in sich abgeschlossener Bilder:

> Am oberen Ende des *xystus* [einer Terrasse] sowie der *cryptoporticus* [einer gedeckten Wandelhalle] und des *hortus* [des Gartens] liegt eine *diaeta* [ein Pavillon], meine Liebe, wahrhaftig Liebe. Ich habe sie selbst gebaut. Darin liegt ein *heliocaminus* [ein Sonnenbad], der einmal auf den *xystus*, dann auf das Meer und beide Male auf die Sonne sieht, weiterhin ein *cubiculum* [ein Wohnraum], das durch die Flügeltüren in die *cryptoporticus*, durch das Fenster auf das Meer blickt. Mitten in der gegenüberliegenden Wand tritt überaus gefällig eine *zotheca* [eine Veranda oder ein Wintergarten] zurück, die durch Schließen und Öffnen von Vorhängen und Glaswänden dem *cubiculum* hinzugefügt oder von ihm abgesetzt wird. Sie nimmt eine Liege und zwei Sessel auf. Zu Füßen das Meer, im Rücken Villen, am Kopfende Wälder; diese Landschaftsansichten [*facies locorum*] unterscheidet und vereinigt sie mit ebenso vielen Fenstern.
> (Plinius, Briefe 2, 17,20/21)

Im Vergleich mit der öffentlichen Architektur der Stadt und mit Blick auf die nachantike Geschichte der Architektur in Europa fällt an den Villenbeschreibungen des Plinius zweierlei auf: Nirgends vermittelt uns Plinius eine Anschauung von der Gesamtanlage der Anwesen. Und damit zusammenhängend: Keiner seiner Blicke richtet sich auf die Fassade der Gebäude. Auch wo diese von außen wahrgenommen werden, scheint die Architektur aufgelöst in eine Vielzahl von Einzelelementen, deren Zusammenhang für uns nur schwer erkennbar ist. Auch dies ist eine Folge der Obsession des Blicks, der sich immer von innen nach außen oder durch Architekturprospekte hindurch bewegt. Die private Wohnarchitektur wird also offenbar nur in einer Summe gerichteter Blickperspektiven erfahren. Das macht mangels materieller Befunde die genaue archäologische Rekonstruktion der Villen des Plinius heute so schwierig. Denn ihre Struktur ergab sich wohl in hohem Maße gleichsam von innen heraus: von den Erwartungen ihrer Benutzer, von bestimmten Stellen aus ganz bestimmte Anblicke geboten zu bekommen.

Diese Anschauungsformen begegnen uns selbstverständlich nicht nur bei Plinius. So erzählt Cicero von einem Villennachbarn bei Stabiae, der einen ganzen Hügel abtragen ließ, weil der ihm den als Hintergrund für seine Morgenlektüre erwünschten Ausblick auf die Küste bei Misenum versperrt hatte (Cicero, *Ad familiares* VII, 1,1). Um solcherart Mißlichkeiten mußte sich nicht kümmern, wer seine Villa gleich auf einem der atemberaubenden Aussichtspunkte errichten konnte, die sich rings um den Golf von Neapel und besonders zwischen Stabiae und Sorrent so häufig eröffnen. Pollius Felix, der Patron des Dichters Statius, war einer der Glücklichen. Seine Villa erhob sich über einer Bucht unweit Sorrent, die bis heute seinen Namen bewahrt. Im Duktus ganz ähnlich wie sein Zeitgenosse Plinius läßt Statius Bilder der Villa vor unserem Auge erstehen, gewissermaßen von Szene zu Szene voranschreitend, bis er am Ende überwältigt und erschöpft ausruft:

> Was soll ich aufzählen die tausend Gipfel und wechselvollen Aussichten? Jedes Zimmer hat seinen eigenen Reiz, hat sein eigenes Meer und jenseits der Meeresfläche hat jedes Zimmer eine andere Aussicht auf sein Land. (Statius, *Silvae* II, 2,72–75)

Aber nicht nur dichterische Schwärmereien, sondern auch prosaische und lebensnahe Rechtsregelungen geben Auskunft: In den Digesten – einer Sammlung von Rechtsentscheiden – findet sich mehrfach das Verbot, einen

Abb. 41: Bild mit Meeresvillen, Casa di M. Lucrezio Fronto, Pompeji

prospectus, eine Aussicht, zu verbauen. Das kann sogar zu einer einklagbaren Grunddienstbarkeit für Nachbargrundstücke werden (Vgl. Digesten VIII, 2,3; VIII, 2,12; VIII, 2,15).

Schon vor Plinius finden sich die beiden bei ihm beobachteten Kategorien der Betrachtung, nämlich der Bezug zur natürlichen Umwelt und der Blick von innen nach außen. Im architekturtheoretischen Traktat des Vitruv heißt es, alle Räume seien so auszurichten, daß sie ihrem jeweiligen Zweck angemessen erwärmt und belichtet werden (Vitruv, *De architectura* I, 2,7; VI, 4,1 f.; VI, 2,2 f.; VI, 6,6). Genauso wichtig ist ferner die Sorge des Architekten darum, »daß beim Anblick nichts vermißt wird« (Vitruv, *De architectura* VI, 2,1). Ungeachtet aller schematischen bautechnischen Berechnungen ist es daher notwendig,

> daß im Hinblick auf die Natur des Ortes oder andere zwingende Umstände Abzüge oder Zusätze gemacht werden müssen, aber so, daß nichts an diesen Bauwerken beanstandet wird. Das aber wird auch durch angeborenes ästhetisches Empfinden, nicht durch wissenschaftliche Lehren allein erreicht.
> (Vitruv, *De architectura* VI, 2,4).

> Denn das Auge scheint die Dinge nicht zu sehen, wie sie wirklich sind, sondern der Verstand wird in seinem Urteil öfter von ihm getäuscht.
> (Vitruv, *De architectura* VI, 2,2)

Das Auge, der Blick mithin ist also die letztlich ausschlaggebende Instanz dafür, daß ein Bau als regelgerecht ausgeführt empfunden wird.

DENKFORMEN UND SEHGEWOHNHEITEN

Dieses im wörtlichen Sinne ästhetische Verhältnis zu Raum, Architektur und Landschaft ist im römischen Denken tief verwurzelt. Es prägt die verschiedensten Bereiche des geistigen und kulturellen Lebens, nicht zuletzt Erziehung und intellektuelle Schulung. Darin spielt bekanntlich die Rhetorik eine zentrale Rolle, und daher überrascht es nicht, daß auch dort, wo es um die Beschreibung von Sprech- und Denkakten geht, der Bezug auf das Sehen konstitutiv ist.

> [...] der schärfste unter allen unseren Sinnen ist aber der Gesichtssinn. Deshalb kann man etwas am leichtesten behalten, wenn das, was man durch das Gehör oder durch Überlegung aufnimmt, auch noch durch die Vermittlung der Augen ins Bewußtsein dringt. So kommt es, daß durch eine bildhafte und plastische Vorstellung Dinge, die nicht sichtbar und dem Urteil des Gesichts entzogen sind, auf solche Art bezeichnet werden, daß wir etwas, das wir durch Denken kaum erfassen können, gleichsam durch Anschauung behalten.
> (Cicero, *De oratore* II, 357)

Auch die maßgebliche spätere Quelle zur Rhetorik, Quintilian, überdies der Lehrer von Plinius, verweist, um die Funktionsweise von Denken und Gedächtnis klar zu machen, darauf, daß Vorstellungen und Gedanken in der Regel an Sichtbarem haften. Sogar

> künstlich kann man sich solche Bilder herrichten. Erforderlich sind also Örtlichkeiten, die man entweder selbst erfinden oder aus dem Leben nehmen kann, sowie Bilder oder Abbildungen, die man jedenfalls selbst erfinden muß. Bilder nenne ich hier das, womit wir kennzeichnen, was auswendig zu lernen ist. [...]
> (Quintilian, *De institutione oratoria* XI, 2,21)

Wenn Sprechen und Denken mit dem Sehen also genau korrelieren, dann lassen sich die architektonischen oder natürlichen Bilder der Welt, in der sich der Römer bewegt und mit der er sich umgibt, nicht trennen von seinem geistigen Habitus. Blicken und Denken sind Teile ein und desselben mentalen Weltverhältnisses. Wer denkt, braucht Bilder, und diese sind nichts anderes als sichtbar gemachte Gedanken, ein Speicher von und für Gedächtnis.

Besonders eindrücklich ist solche kollektive Mentalität nach Quintilian gespeichert in gemalten Bildern, in öffentlichen Bauten, in der Gestalt von ganzen Städten und insbesondere in der Architektur und Ausstattung des Wohnhauses (vgl. Quintilian, *De institutione oratoria* XI, 2,21). Ein ideeller Durchgang durch dieses ist, so liest man, für jeden Redner der beste Weg, sich auch die längste Rede zu merken und wieder ins Gedächtnis zu rufen. Vorstellungen haften an festen Plätzen. Daher wählen die Redner

> [...] Örtlichkeiten aus, die möglichst geräumig und abwechslungsreich und einprägsam ausgestattet sind, etwa ein großes Haus, das in viele Räume zerfällt. Alles, was hierin bemerkenswert ist, nehmen sie sorgfältig und fest in ihr Bewußtsein auf [...].

Die Stichworte ihres Redetextes

> verteilen sie folgendermaßen: den ersten Gedanken weisen sie etwa dem Vorraum [*vestibulum*] zu, den zweiten, nehmen wir an, dem *atrium*, dann geht die Runde um die Innenhöfe [*impluviua*], und man schließt bei der Verteilung nicht nur die Schlafkammern [*cubicula*] und Sitzecken [*exedrae*] ein sondern auch Statuen [*statuae*] und Ähnliches ganz der Reihe nach.
> (Quintilian, *De institutione oratoria* XI, 2,18–20)

Die Bestandteile, aus denen sich die sichtbare und gebaute räumliche Umgebung zusammensetzt, und das Verhältnis dieser Bestandteile zueinander figurieren mithin zugleich als Bausteine des Denkens. In den visuellen Strukturen des Hauses sind Denkstrukturen vergegenwärtigt. Sie bilden nach Cicero ein sprachanaloges Zeichensystem:

> [...] wir könnten die Plätze an Stelle der Wachstafel, die Bilder statt der Buchstaben benützen.
> (Cicero, *De oratore* II,354)

Wer durch sein Haus geht und dies bewußt und nicht planlos, sondern per ordinem, der Reihe nach, wie Quintilian fordert, dem erschließt sich diese Ordnung der Hausarchitektur in einer Ordnung von Blicken im und durch das Haus. Und darin begegnet ihm die Ordnung seines Denkens, die ihrerseits zugleich gesellschaftliche Wirklichkeit repräsentiert.

POMPEJI UND SEINE WOHNHÄUSER

Wie die Römer gewohnt haben, darüber wissen wir nach wie vor am besten Bescheid durch das antike Pompeji. Diese an sich unbedeutende kampanische Landstadt war aus einer Siedlung der italischen Osker und Samniten hervorgegangen. In hellenistischer Zeit öffnete sich Pompeji der griechischen Kultur und wurde im Jahr 80 v. Chr. durch den Diktator Sulla zu einer römischen Bürgerkolonie gemacht. Als solche erhielt sie in der Folge das typische Gepräge einer römischen Stadt in Italien. Mit der Errichtung des Prinzipats durch Augustus fand in ihr wie überall im Reich die Teilhabe an den Segnungen des römischen Friedens in der Verehrung des Kaisers und seines Hauses ihren auch baulichen Ausdruck. Als die Stadt im Jahr 79 n. Chr. dem verheerenden Ausbruch des Vesuvs zum Opfer fiel, spiegelte ihr Gesicht den Abglanz der urbanen Pracht der Hauptstadt des Imperiums.

Dies ist zunächst einmal in der Gestaltung der öffentlichen Räume zu erkennen. Sie sind auf Luftaufnahmen ganz deutlich von den privaten Wohnquartieren zu unterscheiden. Überreste von Foren, Basiliken, Kaisertempeln, Markthallen und Thermen, Theatern und Amphitheatern findet man indessen in oft ähnlich gutem Erhaltungszustand in vielen Städten des römischen Weltreichs. Das für den Archäologen und Historiker vor allem Aufregende an Pompeji sind vielmehr die einzigartig erhaltenen Privathäuser und Gärten der Bürger dieser Stadt.

Der moderne Besucher Pompejis wandert durch eine ausgedehnte Ruinenlandschaft. Sie ist zugleich, wie ihm immer wieder eindrücklich bewußt wird, ein riesiger Friedhof. Wer trotz der beklemmenden Atmosphäre, die von derartigen Eindrücken ausgeht, und trotz der Anstrengung der Besichtigung die Ruinenstadt als ganze auf sich wirken läßt, der hat die einmalige Chance, Räume und Architekturen, Straßen und Plätze, Wohnungen und Grünflächen einer antiken Stadt sinnlich, in Blick, Bewegung und Berührung, zu erfahren.

An vielen Stellen kann man dabei bemerken, daß das, was man sieht, keineswegs immer von vornherein verständlich ist. Manches, was einem beim ersten Hinsehen leicht faßlich erscheint, entpuppt sich im Kontext weiterer Eindrücke als rätselhaft. Einige Beispiele:

Obwohl die Stadt insgesamt durch den Anblick der scheinbaren Intaktheit eines städtischen Organismus dem Vorstellungsvermögen des Besuchers keine großen Anstrengungen abzuverlangen scheint, kann eben dieses im Zugang zu einzelnem auch erhebliche Schwierigkeiten bieten. Archäologischen Zeugnissen begegnet man gewöhnlich in der Form von Plänen, Grundrissen, rekonstruierten Grundmauern oder einzelnen Objekten. Ganze Häuser jedoch, die »nur« ausgebrannt sind und anschließend verschüttet wurden, verlangen einen anderen Zugang und fordern einen viel breiteren Fragenkatalog heraus. Mit anderen Worten: Diese Anschaulichkeit löst manchmal mehr Fragen aus, als sie Antworten bietet.

Anscheinend klare Grundrisse in archäologischen Führern erweisen sich bei der Bewegung durch die Räume nicht selten als irritierende Vexierspiele ohne klare visuelle Orientierungspunkte.

Auch wer sich von der Tatsache, in einem Friedhof zu stehen, nicht übermäßig beeindrucken läßt, dem drängt sich angesichts der offenbaren und nicht allein dem Ruinencharakter zuzuschreibenden Ungemütlichkeit, ja Unheimlichkeit so mancher schlecht belichteter, gar fensterloser Räume oder an Verliese gemahnender Gewölbe die Frage auf, wie sich hier jemand wohlfühlen konnte und ob man hier etwa selbst wohnen wollte.

Irritierend für das Empfinden sind auch die Gegensätze zwischen Pracht und Schönheit der Wandmalerei als dem für das heutige Auge hervorstechenden Ausstattungsmerkmal und der Kleinheit und manchmal fast architektonischen Armseligkeit der Räume, in denen sich diese Malereien befinden. Immer wieder merkwürdig erscheint auch der Gegensatz zwischen der düsteren Kargheit der Architektur und der freundlichen Helligkeit unmittelbar angrenzender Gärten.

Hinzu kommt der Eindruck von Uniformität: Stets derselbe zwei Stockwerke hohe Raumkubus, die kleinen fensterlosen Kabäuschen, die man Zimmer kaum nennen möchte, die Stereotypen der Wanddekoration, die gleichen Ladentheken oder säulenumstandenen Höfe.

Dies sind durchaus keine wissenschaftlichen Fragen, aber spontane Empfindungen, wenn man sich sehr bewußt und ausführlich der Ruinenstätte Pompeji überläßt. Als Schlüssel für einen besseren historischen Zugang erweisen sich die anfangs wiedergegebenen Beobachtungen an den Briefen des jüngeren Plinius: Der Blick des antiken Beobachters und Benutzers von

Abb. 42: Oecus in der Villa von Boscoreale, Rekonstruktion

Wohnarchitektur war in ganz spezifischer Weise gleichsam eingeschliffen, und in diesem Schliff lassen sich mentale und soziale Grundstrukturen der Welt des Römers entdecken.

Welche sozialen Beziehungen und Verhaltensnormen sind also der Ordnung der Blicke im Haus eingeschrieben, sodaß der gesellschaftliche Gehalt der visuellen Strukturen sich jedem mitteilt, der sich in ihnen bewegt?

DIE BEREICHE DES RÖMISCHEN HAUSES UND IHRE GESELLSCHAFTLICHE BEDEUTUNG

Wenn hier von dem römischen Haus schlechthin gesprochen wird, so deswegen, weil nach dem Befund unserer literarischen wie archäologischen Quellen trotz aller Veränderungen der Hausarchitektur – vom 3. Jahrhundert v. Chr. bis zum 2. Jahrhundert n. Chr. – und auch ungeachtet der notwendigen Differenzierung von Häusern nach Stadt- und Landhäusern oder nach Hausgröße und Ausstattungsniveau von einer funktional konstanten Grundstruktur auszuge-

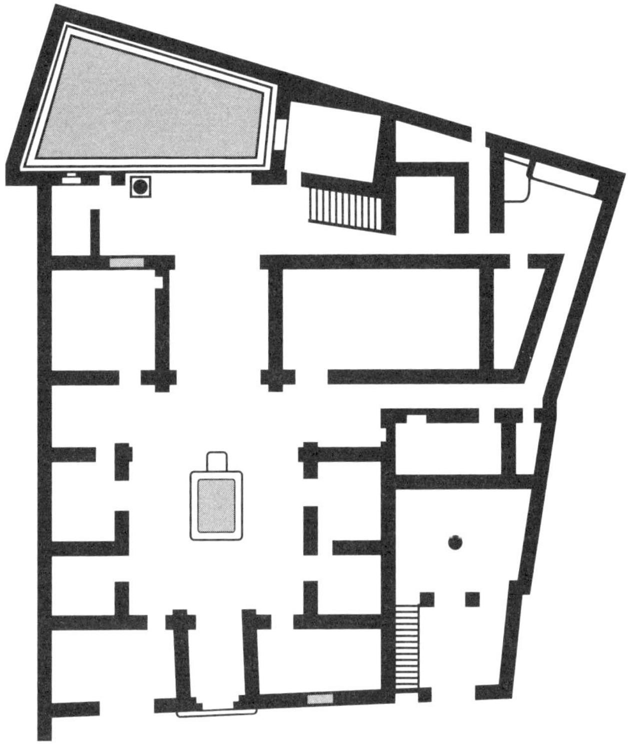

Abb. 43: Grundriß der Casa del Chirurgo, Pompeji

hen ist. Diese Kontinuität entspricht der Stabilität der römischen Sozialordnung sowohl im Hinblick auf die *familia*, also auf das Haus als eine soziale Einheit, als auch auf seine Einbindung in die Gesellschaft, also auf seinen Standort im Gefüge der hierarchisch abgestuften sozialen Beziehungen. Diese Kontinuität zeigt sich in den vielen pompejanischen Häusern, die von der sogenannten samnitischen Periode in hellenistischer Zeit bis zum Untergang der Stadt alle ein und derselben Grundidee folgen. In ihrem Zentrum steht das *atrium*.

Eines der ältesten Häuser Pompejis, die Casa del Chirurgo, sah auch im Jahr 79 n. Chr. noch fast genauso aus wie zur Zeit seiner Entstehung im 4. Jahrhundert v. Chr., Es zeigt uns die Grundanlage eines Hauses in reiner Form: In der Mitte befindet sich das *atrium*, in das man von der Straße aus durch einen Korridor, die *fauces*, gelangt. Um das *atrium* herum gruppieren sich verschiedene Wohnräume, deren wichtigster das *tablinum* ist. Dieses öffnet sich einerseits zum *atrium*, zum andern auf einen Hof mit Garten.

Die Casa del Menandro, erbaut in der Mitte des 3. Jahrhunderts v. Chr., hat in den folgenden Jahrhunderten erhebliche Erweiterungen erfahren, die das

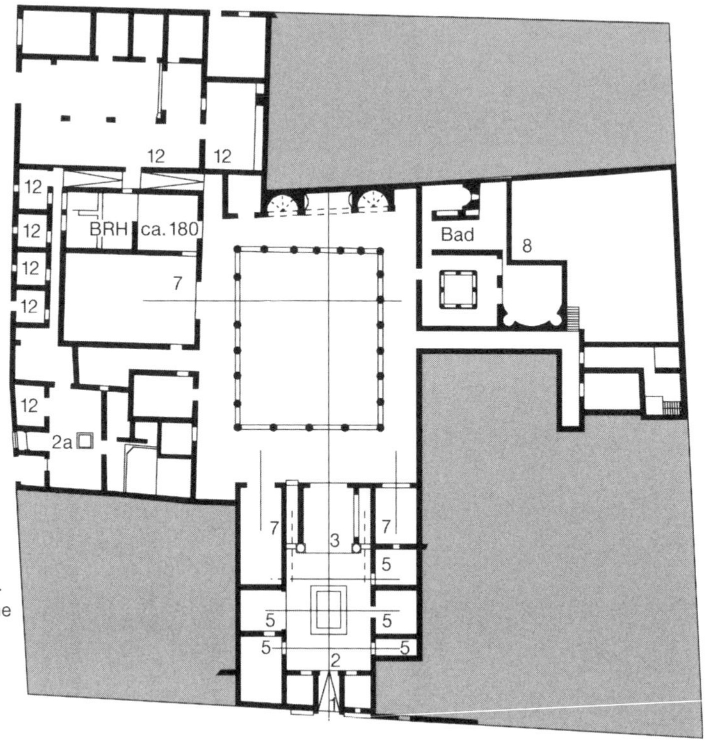

Abb. 44: Grundriß der Casa del Menandro, Pompeji

Haus zu einem der größten von Pompeji werden ließen. Dennoch sind auch hier die ursprünglichen Kernbestandteile, die mit denen des Chirurgenhauses identisch sind, im Prinzip weiterhin beibehalten und ihrer Funktion entsprechend genutzt. Über diese Funktion schreibt der Architekt Vitruv:

> Für hochstehende Personen aber, die, weil sie Ehrenstellen und Staatsämter bekleiden, den Bürgern gegenüber Verpflichtungen erfüllen müssen, müssen fürstliche, hohe Vorhallen, sehr weiträumige Atrien und Peristyle gebaut werden, Gartenanlagen und geräumige Spazierwege, die der Würde angemessen angelegt sind; außerdem Bibliotheken, Räume für Gemäldesammlungen und basilika-ähnliche Hallen, die in ähnlicher Weise prunkvoll ausgestattet sind wie die staatlichen Gebäude, weil in den Häusern dieser Männer öfter politische Beratungen abgehalten und Urteile und Entscheidungen in privaten Angelegenheiten gefällt werden.«
> (Vitruv, *De architectura* VI, 5,2)

Die hier genannten architektonischen Elemente sind dieselben wie bei den beiden schon kurz vorgestellten Hausgrundrissen. Was Vitruv über ihre Funktion bemerkt, macht deutlich, daß das Haus nicht allein Ort von Familienleben ist, sondern daß sich in ihm ein Teil des öffentlichen Lebens abspielt. Es ist jener Teil, ohne den die Funktionsweise der politischen und sozialen Ordnung Roms nicht zu verstehen ist. Das Haus stellt nämlich vor allem jenen Raum dar, in dem das Netz der Klientel- und Patronagebeziehungen täglich neu geknüpft wird. So bemerkt Vitruv:

> Daher sind für Leute, die nur durchschnittliches Vermögen besitzen, prächtige Vorhallen, Empfangssäle, Atrien nicht notwendig, weil diese Leute anderen durch ihren Besuch ihre Aufwartung machen, aber nicht von anderen besucht werden.
> (Vitruv, *De architectura* VI, 5,1)

Allerdings besitzen 41 Prozent aller Häuser Pompejis ein *atrium*, in gut einem Drittel finden wir einen Garten mit ihm zugeordneten Räumlichkeiten. Das Atrium- oder Peristylhaus erfüllte seine Aufgabe also für ein sehr viel breiteres Spektrum von großen und kleinen Herren als nur den von Vitruv genannten hochgestellten Persönlichkeiten. Hierin spiegelt sich die Eigenart der römischen Sozialordnung: Alle Patrone definierten ihren sozialen Status ihrerseits innerhalb eines hierarchisch fein abgestuften Netzes von Abhängigkeiten und Verpflichtungen. Das Haus als Raum gesellschaftlicher Öffentlichkeit mußte daher beiden Zwecken genügen: dem Empfang von Klienten wie dem von amici, dem Kreis von gesellschaftlich mehr oder weniger Gleichgestellten. In der Hausarchitektur schlägt sich das in einer visuellen Scheidelinie nieder: Zwischen dem *atrium-tablinum*-Komplex einerseits und dem Peristyl-Garten-*triclinium*-Komplex andererseits. Hinzu kommt als drittes der Bereich der häuslichen Wirtschaft und Infrastruktur. Welcher Raumbereich seines Hauses für den Umgang mit seinem Besucher angemessen erschien, mußte der Hausherr in jedem Einzelfall festlegen.

Wer immer also ein Haus betrat, tat dies mit den Augen entweder eines Angehörigen der *familia* oder denen eines Klienten oder eines *amicus*. Architektur und Ausstattung des Hauses hielten ein Ensemble von Raumansichten und Blick- wie Bewegungsmöglichkeiten bereit, deren jeder entsprechend seines sozialen Status im Verhältnis zum Hausherrn teilhaftig wurde.

Direkt hinter der normalerweise nicht sehr großen oder nur zum Teil geöffneten Haustür bietet sich von den *fauces* aus ein Durchblick häufig über die gesamte Länge des Hauses. Über die Mitte des *atrium*, das *impluvium*, hinweg und unter der Öffnung im Dach, dem *compluvium*, hindurch, rückt der nächste Raum, das *tablinum*, in die Mitte des Blicks. Hier endet er aber noch nicht, sondern wird weitergezogen in die hinter dem *tablinum* aufscheinende Helligkeit des Gartens oder des Peristyls.

Dieser Durchblick durch die zentralen Teile des Hauses ist ein typisches und konstantes Merkmal, das in ähnlicher Form bereits in der Villa des Plinius aufgetaucht ist. Der Durchblick hängt im übrigen nicht, wie die beiden Hausgrundrisse vielleicht nahelegen könnten, an einer axialsymmetrischen Planung, sondern wurde auch dort angestrebt, wo eine solche nicht leicht möglich war, so in der Casa dell'Orso mit ihrem aufgrund der Straßenführung unglücklich geschnittenen Grundstück. Beim Eintritt in das Haus wird der Blick also auf eine Blickachse gezwungen. Freilich findet sie im Gebäude selbst keinen architektonischen Zielpunkt, führt vielmehr durch dieses hindurch wieder ins Freie auf ein wie immer gestaltetes Gartenbild. Das ist allerdings auf die Entfernung kaum genau zu erkennen und ruft daher eher allgemeine Vorstellungen hervor.

Was kennzeichnet die ästhetischen Qualitäten dieses weiten Blicks? Zunächst einmal fängt er die Raumdimensionen ein, also die Größe des gesamten Anwesens, reicht er doch nicht selten einige Dutzend, manchmal sogar bis an die hundert Meter weit. Durch den noch sehr eingegrenzten Blickwinkel nach der Seite wird außerdem die Weite und Höhe des *atrium* betont. Der Lichteinfall akzentuiert dies noch: Der gesamte Blickraum erhält in der Regel einzig durch das *compluvium* sowie durch die Gartenöffnung Licht und bleibt daher teilweise in einem Halbdunkel, das den Blick in die Länge zieht. Unabhängig von den tatsächlichen Größenverhältnissen soll also dem Eintretenden das Haus so groß und geräumig wie möglich erscheinen.

Licht und Schatten bilden indes nur eine Komponente der in das Haus eindringenden Elemente seiner natürlichen Umwelt. Auch Hitze und Kälte, die Sonne, an deren Lichtkegel im *atrium* die Stunden des Tages ablesbar sind, sowie der Regen, der mitten im gewöhnlich größten Raum des Hauses in das *impluvium* rauscht, lassen eine ganz unmittelbare Öffnung des Hauses gegen seine Umwelt spürbar werden. Der Blick durch das Haus enthält

Abb. 45: Atrium und Tablinum im Haus des Menander

somit – zuallererst auf dieser elementaren Ebene – die Erfahrung, daß Innen und Außen eng aufeinander bezogen sind.

Den primären sozialen Sinn der Blickachse offenbart schließlich die folgende Beobachtung. Die Lenkung des Blicks vollzieht sich nämlich durch eine Abfolge von Blickrahmungen, die den Blick bündeln und weiter in die Tiefe richten: zuerst die innere Begrenzung des Korridors der *fauces*, danach die Öffnung des *tablinum* zum *atrium*, oft durch zusätzliche Gestaltungselemente wie Säulen oder Pilaster hervorgehoben. Den nächsten Blickfocus stellt der hintere *tablinum*-Durchbruch dar, meist noch einmal gespiegelt in einer oder mehreren Säulenstellungen des Peristyls.

Einen eindeutigen Zielpunkt hat diese visuelle Anordnung nicht. Ihr Sinn liegt darin, eine tiefgestaffelte Bühne zu errichten, deren Mittelzone das tablinum ist. Dort fungiert der *dominus* des Hauses als Zentrum des sozialen Rituals der *clientela*. Hier empfing er als Patron allmorgendlich die *salutatio*, die Aufwartung derer, die ihm verpflichtet oder verbunden waren. Und vornehmlich auf diesen Zweck hin ist die sich dem Blick darbietende Architektur der Räume ausgerichtet, unterstrichen noch durch eine häufig leicht erhöhte Sitzposition im *tablinum*. Der Patron rückt in den Mittelpunkt eines gerahmten Bildes. In dessen Hintergrund erscheint die Szenerie von Garten und Peristyl, mit der sich eine gehobene soziale Welt verbindet.

In diesem Bild, das von Haus zu Haus mit unterschiedlichen Akzenten gestaltet sein kann, ist die soziale Vorrangstellung im Rahmen des Klientelverhältnisses für jeden sichtbar formuliert. Die gesellschaftliche und politische Bedeutung jener Institution – die politischen Kundgebungen auf den Außenwänden pompejanischer Privathäuser künden visuell ebenfalls davon – verleiht diesen Teilen der römischen domus einen durch und durch öffentlichen Charakter.

In seiner gewissermaßen strategischen Schlüsselposition wird der Patron jedoch nicht nur gesehen, sondern aus ihr heraus überblickt er auch seinerseits die Grenzlinien seines Hauses. Der Blick zurück zu den *fauces* gewährleistet die Kontrolle über den Zugang zum *atrium*. Und schließlich kommt, wer die übrigen Bereiche des Hauses betreten will, an den Blicken des *dominus* nicht vorbei. Darüber hinaus geht vom *tablinum* auch in Abwesenheit des dominus eine symbolische Kraft aus, an der sich alle Bewegung im Haus orientiert. Ein Vorhang, dessen bronzene Halterungen in einem Haus noch vorhanden sind, verhängt dann das Herz der *domus*.

> Der Vorhang war die Maske vor allem, was übermächtig war: Kaiser, Gottheit, Adel. Die sakrale Bedeutung des Vorhangs beeinflußte nachhaltig seinen Gebrauch; es kostete mehr Mut, einen Vorhang zu lüften, als eine Tür zu öffnen.

So beschreibt Yvon Thebert die magische Kraft dieses archäologisch begreiflicherweise heute nicht mehr faßbaren, notwendig aber hinzuzudenkenden Elements antiker Raumausstattung. Es ist in anderen Häusern durch eine hölzerne Klappwand ersetzt.

Ein weiteres Mal zurück zu dem noch immer im Gang der *fauces* verharrenden Besucher: Tritt er über die normalerweise deutlich im Boden erkennbare Türschwelle ein paar Meter nach vorn in das Haus hinein, so weitet sich sofort sein Blick auf das *atrium* in seiner gesamten Ausdehnung und räumlichen Struktur. Er kann allerdings nicht geradewegs zum *tablinum* und damit zum Hausherrn gelangen, sondern muß dazu um das *impluvium* herumgehen, das zudem noch mit einer Säulenstellung umgeben sein konnte. In dem Moment tritt aber die ursprünglich beherrschende Sichtachse in den Hintergrund, und

Abb. 46: Larenaltar im atrium, Casa del Lucio Cecilio Giocondo, Pompeji

im *atrium* bieten sich neue Blickpunkte dar. In ihrer Summe ergänzen und verstärken sie die bisherigen Bilderfahrungen.

Im Gang durch das *atrium* und im Blick auf die angrenzenden kleinen Räume begegnet der Besucher den *sacra privata* der *familia* des Hausherrn. Dazu gehören einmal die *imagines* der Ahnen, gelegentlich auch des Hausherrn selbst. Wie Polybios und Plinius berichten, waren tragbare Wachsbildnisse der verstorbenen männlichen Familienoberhäupter oder deren Bildnisbüsten im *atrium* ausgestellt. Dieses konnte weiterhin der Sitz von Schutz- und Hausgöttern der *familia* sein, der *penates*, *lares* sowie des *genius* des *pater familias*, der als Fruchtbarkeitsgeist für das Weiterbestehen der Familie sorgte. Alle diese waren für die Hausgemeinschaft essentielle spirituelle Bezugspunkte und genossen als solche Verehrung, sichtbar in den für sie errichteten Altären. Die Larenaltäre befanden sich nicht selten auch in der Nähe der Küchen, weil sie vor allem für die unfreien Mitglieder der *familia* bestimmt waren, und bestanden aus gerahmten Wandbildern, während die Penatenaltäre, meist aus Holz und deshalb archäologisch fast nicht bezeugt, die tönernen oder bronzenen Schutzgötter der *familia* beherbergten. An diesen geweihten Orten versah der Hausherr nicht nur täglich den Kult, sondern sie standen im Mittelpunkt zahlreicher Anlässe des familiären Lebens wie Geburt und Tod, Übergangsriten und Hochzeit. Daran nahm nicht nur die engere *familia* teil, sondern auch ein von Fall zu Fall unterschiedlich weiter Kreis der sozialen Umgebung des Hausherrn. Es ist daher kein Zufall, daß der Raum der *sacra privata* zugleich der für die Öffentlichkeit zugänglichste Raum des Hauses war.

DER ÖFFENTLICHE CHARAKTER DES HAUSES

Das römische Haus war also keine Insel beliebiger privater Abgeschiedenheit, sondern Raum für die gesellschaftliche Öffentlichkeit. An einer Reihe von Merkmalen der visuellen, architektonischen Gestaltung läßt sich dieser Bezug auf das Öffentliche erkennen.

Zunächst war die gesamte Hausarchitektur auf Blickachsen ausgerichtet. Das ist ein wesentliches Kennzeichen auch aller öffentlichen Gebäude der Stadt, seien es Tempel, Platzanlagen oder Basiliken. Beispiele dafür sind etwa die Kaiserfora in Rom, und diese architektonische Idee lebt zudem weiter in den christlichen Basiliken.

Darüber hinaus charkterisieren mehrere architektonische Einzelelemente des Hauses ebenfalls den öffentlichen Bereich. Dazu zählen in erster Linie natürlich die Säule oder Halbsäule oder der Pilaster, die im *atrium*, im Peristyl, an Türgewänden oder am Hauseingang verwendet werden. Eindrucksvoll ist zum Beispiel das *atrium* des Samnitenhauses in Herculaneum mit seiner stuckierten Säulengalerie. Sie wird über der *tablinum*-Seite dann tatsächlich zu einer offenen porticus. Bekanntlich ist die Säule seit den Anfängen der Antike das Zeichen schlechthin für öffentliche Architektur. Dazu gehört auch das *fastigium*, der Giebel. Durch seine Verwendung in der Tempelarchitektur besaß er stets eine sakrale Konnotation und wurde erstmals von Caesar in privaten Kontext gestellt. Ferner gibt es Apsiden, die wiederum verweisen auf das Heiligtum mit dem Aufstellungsort des Kultbildes oder auf das Tribunal einer Basilika; sodann Tonnengewölbe, die in der Kaiserzeit etwa auch in Thermenbauten zu finden sind. Ein Beispiel für die bei Vitruv erwähnten Basiliken im privaten Wohnbereich konnte in einem Haus in Herculaneum entdeckt werden; dort ist ein äußerst geräumiges *tablinum* architektonisch als Basilika gestaltet. Ein Ausruf des steinreichen Freigelassenen Trimalchio, der sich am Ziel seiner Wünsche sieht, charakterisiert den Zusammenhang treffend:

Abb. 47: Basilika von Pompeji, Wanddekoration im 1. Stil

Einstweilen habe ich, indem daß Merkur die Hand über mich hielt, dieses Haus gebaut. Wie ihr wißt, war es eine Bruchbude; jetzt ist es ein Tempel. (Petron, Gastmahl des Trimalchio 77, 4)

Formen der öffentlichen Repräsentation bilden schließlich auch einen wesentlichen Gegenstand der Wandmalerei. Im 1. Stil – diese Stilklassifizierung ist problematisch und wird hier nur als Begriff zur Verständigung benutzt – wird der Zusammenhang von Wandflächen durch eine gemalte Gliederung erreicht. Zuweilen unterstützt durch Stuckauflagen, täuscht sie die Verwendung großer, exakt behauener Marmorblöcke vor. Aus ihnen waren zunächst im hellenistischen Osten und dann seit Augustus im ganzen Reich die repräsentativsten öffentlichen Gebäude errichtet. Wo es dazu nicht reichte, konnte auch ein öffentliches Gebäude wie etwa die Basilika am Forum von Pompeji mit Hilfe der Wanddekoration ein würdiges Aussehen erhalten.

Abb. 48:
Villa von Oplontis, Wanddekoration mit Architekturprospekt im 2. Stil

Noch auffälliger beherrscht die ganze Welt der öffentlichen Architektur die Wandbilder des 2. Stils. Man hat diesen als von der Bühnendekoration des Theaters abgeleitet verstehen wollen. Doch das Verhältnis beider ist eher paralleler Art: Genau wie im Theater wird in diesen Bildern Bezug genommen auf das großartige Erscheinungsbild der Selbstdarstellung von Gemeinwesen und Herrschern und von religiöser Verehrung. Tempel sind daher ebenso regelmäßig Gegenstand der Darstellung wie Paläste, reich geschmückte Portiken oder Gymnasien. Wie diese den kostbaren szenischen Rahmen für die Auftritte der *nobiles* und *principes* abgaben – man stelle sich beispielsweise Caesar vor dem Venus-Genetrix-Tempel auf dem Forum Iulium oder Augustus entsprechend vor dem Mars-Ultor-Tempel vor –, so definierten die Bühnen solcher Architekturprospekte auch in privaten Räumen das Handeln ihrer Bewohner als öffentlich. Dies wird besonders dann augenfällig, wenn es sich um eigentlich eher intime Gemächer handelt.

Die Konzentration der Bilder auf die Architektur wird im 3. Stil erheblich zurückgenommen zugunsten einer eher ruhigen Flächigkeit. Im Vordergrund stehen nun einzelne Gemälde in der Regel mythischen Inhalts, die von eleganten Dekorationen gerahmt sind. Auch diese Bildergalerien nehmen Bezug auf den öffentlichen Bereich. Vitruv spricht von »Gemäldesammlungen [*pinacothecae* …], die in ähnlicher Weise prunkvoll ausgestattet sind wie die staatlichen Gebäude«. Solche *pinacothecae* gehörten zum Standardrepertoire urbaner Kultur, wie darüber hinaus auch die Aufstellung von Plastiken und Skulpturen, die seit der späten Republik ebenfalls in reichem Maße in den privaten Kontext integriert wurden.

Abb. 49: Wanddekoration im 3. Stil, Casa del M. Lucrezio Fronto, Pompeji

Der 4. Stil enthält im Hinblick auf die genannten Bezüge keine Neuerungen. Zur angenommenen Entwicklung dieser Stile sei abschließend nur so viel gesagt: Der archäologische Befund in den Häusern Pompejis läßt, wenn man ihn nur im Kontext der gesamten Hausarchitektur betrachtet, die verschiedenen Dekorationsformen der Wände nicht als einander ablösende Stufen der Stilentwicklung erscheinen, sondern als sich immer weiter entfaltende Möglichkeiten der funktionalen Differenzierung von Räumen innerhalb der Gesamtstruktur des Hauses.

DER GANG DURCH DAS HAUS: PERISTYL UND TRICLINIUM

Die öffentliche Sphäre wurde nicht ausschließlich im Bereich von *atrium* und *tablinum* in die private Welt hineingeholt, sondern auch in dem räumlich davon getrennten Bereich von Peristyl und *triclinium*. Zu dieser Unterscheidung äußert sich erneut Vitruv, der sich damit befaßt,

> in welcher Weise in Privatgebäuden die Zimmer gebaut werden müssen, die allein den Hausherren gehören, und die, die auch Leuten, die nicht zur Familie gehören, zugänglich sind. Denn in die Privaträume haben nicht alle Zutritt, sondern nur geladene Gäste, zum Beispiel in die Schlafräume [*cubicula*], Speisezimmer [*triclinia*], Baderäume [*balneae*] und die übrigen Räume, die gleichen Gebrauchszwecken dienen. Allgemein zugängliche Räume aber sind die, in die auch uneingeladen Leute aus dem Volk mit Fug und Recht kommen können [...].
> (Vitruv, *De architectura* VI, 5,1)

Zwei miteinander verbundene Prinzipien prägen nach Vitruv also die Raumstruktur des Hauses: Das eine bestimmt die Stellung der Räumlichkeiten danach, inwieweit Außenstehende zu ihnen Zutritt haben, oder anders ausgedrückt: nach dem Grad ihrer Öffentlichkeit oder Privatheit. Freilich stehen sich die beiden Sphären nicht dichotomisch gegenüber. Der jeweilige Standort muß vielmehr auf einer fein abgestuften Skala zwischen ihnen bestimmt werden. In der Raumstruktur bildet sich damit die Vielfalt der sozialen Beziehungen des Hausherrn ab, von denen keine der anderen völlig gleichwertig ist. Dem entspricht die differenzierte Wertigkeit von Räumen, durch die Besucher oder Mitglieder der *familia* Zugang zum *dominus* in seinen verschiedenen Rollen erhalten.

An dieser Stelle kommt das zweite Prinzip ins Spiel: Seine Rolle als Patron in der Welt des *negotium*, der gesellschaftlichen und politischen Verpflichtungen, drückt dem *atrium-tablinum*-Bereich ihren Stempel auf, hingegen manifestiert sich im Peristyl-*triclinium*-Komplex die Welt des *otium*, der Muße. Ihr gibt sich der Hausherr vorwiegend im Kreis seiner ihm sozial mehr oder weniger gleichgestellten Freunde hin. Und eben dadurch weit davon entfernt, eine Zone des Rückzugs und der Abgeschiedenheit zu sein, verkörpert dieser andere Teil des Hauses mit seinem besonderen architektonischen Rahmen für Geselligkeit, Gastfreundschaft und Kulturgenuß ebenfalls einen wichtigen Bereich von Öffentlichkeit. Auch in ihm geht es um soziale Differenzierung, mithin um Statusdefinition, nun weniger im Rahmen von Klientelbeziehungen als im andauernden Wettbewerb der annähernd Statusgleichen, der *amici*. Architektur und Ausstattung des Hauses stehen im Dienst dieser Konkurrenz. Sie findet vor allem in drei Ausdrucksformen statt.

ARCHITEKTONISCHE MITTEL FÜR DIE DEFINITION DES SOZIALEN STATUS

Der ostentative Raumkonsum fällt als erstes auf. Den meisten bekannten Hausgrundrissen ist zu entnehmen, daß der Gestaltung der Welt des *otium* der größere Teil der zur Verfügung stehenden Grundfläche gewidmet ist. Es gibt auffällig viele, zum Teil auch kleine Räume, ohne daß sich ihre Nutzung im Einzelfall genau ausmachen ließe. Sieht man von eindeutig zu den Bereichen Bad und Küche gehörenden Räumen ab, dann findet man lediglich für die *triclinia* normalerweise klare Anhaltspunkte, während die übrigen *cubicula* und *oeci* vermutlich sowohl als Schlafzimmer wie als Wohn- und Empfangszimmer gedient haben. Die Angaben, die Plinius über die Räume seiner Villen macht, lassen jedenfalls keinen anderen Schluß zu. Und Trimalchio prahlt an der schon zitierten Stelle damit, daß er 20 Schlafzimmer besitze.

Das Peristyl, also der von Portiken umgebene offene Platz, ist das zweite wichtige Mittel im architektonischen Wettstreit. Es gehörte schon bei den Griechen zu den frühesten Gestaltungsformen des öffentlichen Raumes in der Stadt. Zunächst sollten solche Plätze noch ohne besondere architektonische Fassung im Rahmen der Bürgerstaatlichkeit für die Begegnung von Bürgern einen Raum schaffen. Im Hellenismus wurden sie dann mit Portiken eingefaßt und immer mehr zu Orten herrscherlicher Macht- und Prunkentfaltung. Als solche gingen sie zunächst in die hellenistische und später in die römische Privatarchitektur ein. Seitdem signalisierten sie im Verein mit luxuriösen Ausstattungsdetails die gehobene soziale und kulturelle Stellung des Hausherrn.

In den Häusern Pompejis wird deutlich, wie sehr sich die mit dem Peristyl-Komplex verbundene Architektur als Mittel zur Herstellung gesellschaftlicher Abstufung eignete. Zusammen mit weiteren Ausstattungselementen wie etwa Brunnen, Gartenanlagen, Skulpturenausstattung, Mosaiken und sonstigen Wanddekorationen eröffnet sich nämlich eine breite Skala von Gestaltungsmöglichkeiten, die die Grundidee vielfältig variieren. In ihrer jeweiligen Umsetzung kommt der soziale Standort des Hausbesitzers zum Ausdruck. Gewiß sind die Regeln, nach denen dieses Spiel unter den Reichen und Würdigen ausgetragen wurde, mangels zeitgenössischer Aussagen über Bedeutungszuschreibungen im Detail nicht zu rekonstruieren. Eine eindeutige Sprache spricht gleichwohl die archäologisch festzustellende Bandbreite von Häusern mit einem oder gar mehreren vierseitigen Peristylen bis hin zu solchen, in denen ein Garten- oder Landschaftsbild auf der hinteren Seite eines mehr oder minder engen Lichthofes eine bescheidene aber doch wirksame Möglichkeit darstellt, an dieser Grundidee teilzuhaben.

Auch in diesem Teil des Hauses zielt die Architektur in ihrer konkreten Anwendung darauf ab, den, der sich in ihr bewegt, mit inszenierten Blickbildern zu konfrontieren. Zu erinnern ist daran, daß der Peristyl- und Gartenbereich die letzte Tiefenschicht auf der Blickachse vom Hauseingang aus darstellt. Am einfachsten und klarsten geschieht dies bei einem Haus wie etwa dem des Pansa. Bei ihm liegen Peristyl, Gartensaal und Garten symmetrisch auf der Mittelachse des Hauses. War dies nicht möglich, so versuchte man, einen vergleichbaren Eindruck zu erwecken, indem man – bevorzugt durch einen Brunnen oder eine Exedra – einen bestimmten Blickpunkt auf der Blickachse schuf.

Zahlreiche Blickmöglichkeiten eröffnete sodann der Eintritt in das Peristyl und der Gang durch seine Portiken. Besonders stark inszeniert ist der Blick vom *triclinium* aus. Die Rangordnung auf den hufeisenförmig aufgestellten Klinen war festgelegt. Der beste Platz war stets der ganz links auf der mittleren Kline, weil auf ihn hin das Bllickbild, das sich vom *triclinium* aus bot, geplant und angelegt war: vom architektonischen Grundriß und vom Spiel mit Licht und Raum, also vom Verlauf der Wände, von der Plazierung von Durch- und Eingängen, der Bemaßung von Säulenstellungen über die Verwendung bestimmter Baumaterialien bis zum Schmuckdekor und zur Ausstattung der

Abb. 50: Blick in die Gartenperistyle der Casa del Fauno, Pompeji

Szenerie mit Standbildern, Brunnen, Mosaiken und Malerei, also zum Spiel mit Formen und Farben. Nimmt man die nicht selten vorhandenen Wasserspiele hinzu, dann wird das Blickbild noch durch ein Hörbild bereichert. Man kann nun leicht verstehen, daß Komplexität und Ausstrahlung dieser Bilder beliebig zu steigern waren und daß sie daher ein ideales Instrument der Statusdefinition darstellten.

Dem gleichen Ziel diente schließlich auch die malerische Dekoration der Wände. Zunächst einmal ist natürlich schon die Zahl der dekorierten Räume ein Statusindikator, der im übrigen mit der Hausgröße korreliert. Aber wie bei den bisherigen Beobachtungen handelt es sich auch hier wieder um ein kontinuierliches Spektrum, wobei das Fehlen jeglicher Dekoration einen Ausnahmefall darstellt. Wichtig ist daneben, daß innerhalb der Häuser die Wanddekoration Orientierung über die funktionale Struktur des Hauses vermittelt. Dieser Signalcharakter wird insbesondere darin erkennbar, daß selbst in Quartieren des Hauspersonals zuweilen die Wände dekoriert sind, allerdings in einer deutlich unterschiedenen, auf einfachste geometrische Muster reduzierten Form.

Dem Wesen der Wandmalerei entsprechend sind es dann vor allem drei Aspekte, aus denen soziale Distinktionsmerkmale zu gewinnen waren: Farbe,

Motiv und Komposition. Neben der Farbsymbolik spielt dabei eine Rolle, wie selten ein Farbpigment war oder wie schwierig die Farbe sich zubereiten und verarbeiten ließ. Daraus ergibt sich eine Farbreihe, die in ihrer Wertigkeit vom einfachen Weiß und gelben Ocker über Rot und Blau bis zu Schwarz reicht. Darüber hinaus wird gewiß die Differenziertheit eines polychromen Farbauftrags höher geschätzt als wenige einfarbige Flächen.

Auch die Bildmotive unterliegen einer Abstufung ihrer Wertigkeit. An der Spitze stehen Architekturmotive oder mythologische Szenen mit Göttern und Heroen, gefolgt von Landschaften und Stilleben – allesamt in der Form für sich stehender Bilder. Am unteren Ende der Wertigkeitsskala rangieren Einzelfiguren wie Putten oder Tiere sowie Gegenstände zumeist religiösen Gebrauchs und die allgegenwärtigen floralen Dekors. An vielen Stellen erweitern die Wandmalereien das Bildangebot der Architektur nahezu ins Unendliche, öffnen die geschlossenen Wände scheinbar nach draußen. Ihre bevorzugten Darstellungen betten das Leben im Haus in die gestalteten Landschaften der Stadt oder der Natur ein.

Entscheidend für die Bewertung – das gilt vor allem für den 3. und 4. Stil – ist endlich der Grad der Strukturierung, der durch die Wandmalerei erreicht wird. Es kommt darauf an, wie vielfältig die Bildwände ausgearbeitet sind und dadurch visuelle Abwechslung und Spannung erzeugen etwa zwischen großformatigen, von komplizierten Architekturformationen gerahmten Gemälden und mit feinstem Pinsel gemalten Miniaturformaten. Vielleicht noch stärker als die Architektur birgt die Wandmalerei mit ihren sich überlagernden Bilddimensionen eine ungeheuere Vielzahl von Kombinationsvarianten und damit eine große Bandbreite von visuellen Möglichkeiten, Aufmerksamkeit zu erwecken und sich von anderen zu unterscheiden.

DIE BOTSCHAFT DES RÖMISCHEN HAUSES UND DIE STRUKTUR DER RÖMISCHEN GESELLSCHAFT

Es kann nicht überraschen, wenn Hausbesitzer, um in ihrem jeweiligen Rahmen möglichst viele in Architektur und Ausstattung sich bietende Bildmöglichkeiten zu nutzen, zuweilen sogar zu miniaturisierten Formen gegriffen haben. Darin sehen manche Betrachter ein Indiz dafür, daß wir in den pompejanischen Häusern der Kaiserzeit lediglich Nachahmungen der großen Landvillen – wie etwa der des Plinius – vor uns hätten. Sie zeugten – die folgenden Zitate stammen aus einer grundlegenden Studie von Paul Zanker – von einem »verfremdenden und entfunktionalisierenden Geschmack« (S. 200). Die Elemente der Villenkultur seien zu Versatzstücken einer bloßen Dekoration von zum Teil »billigster« künstlerischer Qualität abgesunken (vgl. S. 177, 190). Dahinter stehe das angeblich »allgegenwärtige Bedürfnis nach irgendeiner Form der Teilhabe« am Villenluxus der Reichen. Was davon in Pompeji zu sehen sei, wäre nur ein »monströses Mixtum compositum« einer »Walt-Disney-Welt« (S. 162).

Zankers Beobachtungen an den pompejanischen Häusern haben zweifellos neue Wege zu deren Verständnis gebahnt. Doch gehen die in die Ergebnisse der Untersuchungen eingeflossenen Wertungen an der Struktur der römischen Gesellschaft vorbei. Die Häuser Pompejis – und das heißt trotz der Zufälligkeit unserer Quellenlage: das römische Haus schlechthin – sind keine dekadenten Villenimitate. Diese Häuser künden vielmehr davon, daß es in einem sehr breiten Spektrum der Gesellschaft gemeinsame Vorstellungen und Ideale davon gab, wie man wohnen, mithin sein Haus gestalten und einrichten sollte. Alle haben sich dabei an bestimmten visuellen Strukturen orientiert, die ihre Häuser zu einem Ensemble von Blickbildern werden ließen. Und obwohl diese Bilder ein wichtiges Mittel im Wettbewerb um sozialen Status waren, bildeten ihre Inhalte und vor allem die Formen dieser visuellen Statuskonkurrenz zugleich eine allen gemeinsame kulturelle Verständigungsebene. Daß die hier gesprochene Sprache aristokratisch geprägt war, ist offensichtlich, im übrigen aber nichts Neues oder Besonderes, wie im Vergleich etwa mit den selbstverständlich aristokratischen Kulturformen der athenischen Demokratie deutlich wird. Die durch und durch aristokratische Prägung der römischen Wohnkultur ist nicht ein Mangel oder ein bedauerliches Mißverständnis. Sie beweist vielmehr, daß die Elite den ihr notwendig obliegenden Führungsaufgaben gerecht wurde. Mit der von ihr inaugurierten Kultur schuf sie ein tragfähiges Band, das die Gesellschaft einte und ihr über einen langen Zeitraum Stabilität verlieh.

Wer hingegen in den pompejanischen Hausbesitzern nur geistlose Nachahmungstäter sieht, geht von einem allzu dichotomischen, d. h. in einer starren Struktur von oben und unten fixierten Gesellschaftsbild aus. Das römische Haus mit seinem innerhalb einer konstanten Grundstruktur reichen Differenzierungsrepertoire lehrt, daß die Suche nach schichttypischen Statusmerkmalen weitgehend vergeblich ist und daher zum Verständnis der römischen Gesellschaft nicht viel beiträgt. Interessant ist vielmehr, wie der einzelne seinen Voraussetzungen und seinen Möglichkeiten entsprechend versuchte, eine allgemein akzeptierte kulturelle Sprache für sich persönlich anzuwenden, um mit ihrer Hilfe seinen gesellschaftlichen Standort zu formulieren. Was dabei – und natürlich auf zahlreichen anderen Feldern des kulturellen Diskurses – herauskam, war nicht ein Nebeneinander von Angehörigen einer sozialen Schicht, sondern ein unendlich fein abgestuftes Gefüge von Über- und Unterordnung. Jeder einzelne hat stets mehreren sozialintegrativen Personenverbänden wie etwa dem Haus und der *familia* angehört. Im Rahmen dieser hierarchischen Ordnungen hat er seine soziale Stellung wahrgenommen, erfahren und selbst immer wieder neu bestimmt – die sich ihm bietenden Chancen gesellschaftlicher Mobilität nutzend. Die römische Gesellschaft war so gesehen eine Summe zahlloser Einzelperspektiven, für die der Blick auf einen Vordermann wie der zurück auf rangmäßig Unterlegene maßgebend war.

PRIVATES WOHNEN UND GESELLSCHAFT

Die Römer waren die ersten, die auf private Wohnarchitektur großen Wert legten. Weder bei den Ägyptern und im Alten Orient noch bei den Griechen findet sich Vergleichbares. Erst die Römer haben die sorgfältige Gestaltung und ästhetische Stilisierung ihrer privaten Wohnumwelt zu einem gesellschaftlichen Anliegen ersten Ranges gemacht. Der Grund dafür ist, daß die *familia* und die Verpflichtungs- und Abhängigkeitsbeziehungen im Rahmen von *amicitia* und *clientela* entscheidend für die Struktur der Gesellschaft waren. Das Haus war der Raum, in dem diese beiden grundlegenden gesellschaftlichen Bedingungen zur alltäglichen lebendigen Erfahrung wurden. Als Mittel sowohl der gesellschaftlichen Unterscheidung wie des gesellschaftlichen Zusammenhalts waren für die Römer diese Häuser ebenso lebenswichtig wie ein Forum, ein Theater oder die Thermen.

Mit dem römischen Haus wurde das private Wohnen erstmals in Europa zu einem gesellschaftlich bedeutsamen Thema. Als solches wurde es in bestimmten historischen Situationen immer wieder aufgegriffen, man denke an die Schloßbauten der Aristokratie in der frühen Neuzeit oder an englische Herrenhäuser. Erst mit dem Aufstieg des Bürgertums wurde breiteren Bevölkerungsschichten das Wohnen wieder ein ästhetisches Anliegen.

Wie es heute darum steht, ist nicht leicht zu erkennen, da die Formen privaten Bauens und Wohnens praktisch ganz aus dem öffentlichen Blickfeld verschwunden sind. Indessen gilt seit den alten Römern der Satz: Wie wir wohnen, so wollen wir leben. Pluralismus und unreflektierte Beliebigkeit können nicht letzte Antwort auf diese an uns gestellte Frage sein.

KÖRPER –
IDEALE BILDER DES MENSCHEN

11.

DAS SCHÖNE UND DAS GUTE – DIE ARCHAISCHEN KOUROS-STATUEN UND DER GRIECHISCHE MENSCH

Form nur ist Glaube und Tat,
die erst von Händen berührten,
doch dann den Händen entführten
Statuen bergen die Saat.
Gottfried Benn

Das ins Werk gefügte Scheinen ist das Schöne. Schönheit ist eine Weise, wie Wahrheit als Unverborgenheit west.«
Martin Heidegger

Ungeachtet einer seit zwei Jahrhunderten andauernden intensiven Erforschung bleiben die Dichtungen Homers bis heute letztlich ein Rätsel: Am Beginn der griechischen und zugleich der europäischen Geschichte erscheint vor dem Hintergrund der vorangehenden, nur wenig bekannten Epoche plötzlich im 8. Jahrhundert v. Chr. eine Poesie, die in vieler Hinsicht für die gesamte Antike und sogar weit über sie hinaus zum Maßstab und Vorbild geworden ist. Kaum zwei Generationen nach der Odyssee geschieht in einer anderen Dimension künstlerischen Ausdrucks Ähnliches. Unvermittelt treten in der Mitte des 7. Jahrhunderts v. Chr. die ersten großplastischen Bildwerke menschlicher Figuren auf. Mit ihnen beginnt eine neue Epoche der Kunst, und sie repräsentieren von ihrem ersten Exemplar an einen Bildnistypus, der formal wie thematisch völlig ausgereift ist. Zwar läßt sich nachweisen, daß die griechischen Bildhauer etwa von ägyptischen Vorbildern manches handwerklich-technische Rüstzeug übernommen haben. Ferner formulieren auch die kleinformatigen Statuetten der vorangegangenen Phase des Kunstschaffens das zentrale Thema der neuen Bildnisse teilweise schon. Aufs Ganze gesehen steht man jedoch vor einem völligen Neuanfang.

DIE MENSCHLICHE FIGUR IN DER GEOMETRISCHEN EPOCHE

Dieser Neubeginn zeichnet sich am besten ab vor dem Bild des Menschen, wie es noch im 8. Jahrhundert v. Chr., in der Zeit Homers, gesehen wurde. Sehr charakteristisch dafür sind als erstes Bilder auf Keramikgefäßen.

Zwei hochgeometrische Vasenbilder zeigen die menschliche Figur als ein Ensemble abstrakter Bildelemente. Die natürlichen Gegebenheiten sind auf einfachste Zusammenhänge reduziert. Die Bilder nehmen auch keine Rücksicht auf die Sehgewohnheit des Betrachters. Vorder-, Seiten- oder Rückansicht sind nicht eindeutig festgelegt. Die Elemente des Bildes sind vielmehr in wechselnden Ansichten gezeigt und additiv zusammengesetzt: Die Schädel sind rund und offenbar ohne Angabe von Haaren. Kinn und Nase werden im

Abb. 51: Kantharos in Dresden, Albertinum, 800–750 v. Chr.

Abb. 52: Geometrische Amphora aus Attika, 800–750 v. Chr.

Profil gezeigt, während das Auge grob in Vorderansicht wiedergegeben ist. Im Profil zeigen sich Füße, Beine und Gesäß, wobei Schenkel und Unterbeine stark gewölbt sind. Den Oberkörper stellt ein auf der Spitze stehendes Dreieck dar, also erneut eine Vorderansicht. Von den übrigen Körperflächen heben sich Armgelenke, Hals, Taille und Knie durch ihre Schmalheit ab und gliedern die Figur stark.

Die abstrakten Bildformeln dieser Gestalten reduzieren und konzentrieren das menschliche Wesen auf bestimmte einzelne Züge. Das Bild will als Aufzählung besonderer körperlicher Eigenschaften gelesen werden, die in der Funktion einzelner Körperteile liegen: schnelle Beine, bewegliche Arme und Knie, mächtige Schultern, starke Schenkel. Der Körper ist als Summe betonter Einzelglieder aufgefaßt, nicht als vielfältig gegliederte Ganzheit. Eine solche Anschauung des Menschen findet sich auch bei Homer. Er charakterisiert seine Protagonisten durch einzelne hervorstechende Eigenschaften: Achill, der Schnellfüßige, Aias mit den mächtigen Schultern etc. Weiterhin fällt auf, daß im Bild nicht zwischen den Geschlechtern unterschieden wird. Daher läßt höchstens die dargestellte Situation Rückschlüsse zu. So sind auf dem einen Bild die um das Totenlager versammelten und um den Verstorbenen Klagenden ziemlich sicher Frauen, während auf dem anderen Bild männliche Krieger zu sehen sind.

Auch in der Kleinplastik finden sich vergleichbare Bildprinzipien. Der Körper eines lanzenschwingenden Kriegers aus Olympia ist ganz ähnlich gestaltet wie die Figuren der Vasenbilder. Der Kopf ist überproportional groß, Gesicht und Haare sind auf einfache Formen reduziert. Ebenso der dreieckige Oberkörper, der tiefe, durch einen Gürtel betonte Tailleneinschnitt, die säulenartigen Beine. Die Einzelelemente bleiben weitgehend additiv nebeneinander stehen.

Trotz der abstrakten Schilderung ist eindeutig, daß die Körper nackt vorgestellt werden. Auch fehlen alle Attribute, die bestimmte menschliche Typen oder Gottheiten oder auch Individuen spezifisch kennzeichnen würden. Abgesehen von den Bildzeichen für den Krieger ist das entscheidende künstlerische Thema aber offenbar der Mensch an sich, und dieses Thema beherrscht auch die Kunst über den Umbruch zur steinernen Großskulptur hinweg.

Abb. 53: Geometrische Bronzestatuette aus Olympia, die den Henkel eines Dreifußkessels bekrönte, um 750 v. Chr.

EIN NEUES BILDNIS

Knapp 100 Jahre nach der Statuette aus Olympia, im letzten Viertel des 7. Jahrhunderts v. Chr., entstand in Attika das gut lebensgroße Standbild eines jungen Mannes. Dieser Kouros New York ist einer der am besten erhaltenen frühen Kouroi. Sein visueller Gesamteindruck setzt sich aus einer Reihe von Faktoren zusammen:

Er steht auf einer Basis (Plinthe), die hier mit der Statue in einem Stück gearbeitet ist. Er ist leicht überlebensgroß und nackt. Er steht aufrecht, fest auf beiden durchgedrückten Beinen, wobei das linke Bein leicht vorgesetzt ist. Er wendet sich dem Betrachter frontal zu, hat die Arme etwas angewinkelt und die zur Faust geballten Hände seitlich an den Oberschenkeln angelegt. Brust, Schultern, Beine, Knie und Gesäß sind betont, während Taille und Hüfte eher zierlich sind und das Geschlechtsteil klein ist. Viele anatomische Details sind durch Wülste oder Linien angegeben.

Der Kopf ist kubisch aufgebaut, das Gesicht lang und oval, die Augen groß und mandelförmig. Die Lippen sind voll und gerade, die Ohren sitzen etwas hoch, ornamentale Linien geben die Details an. Der Kouros trägt ein schmales Halsband. Über der hohen Stirn beginnt eine überaus kunstvolle Frisur. Das lange Haar ist in 14 Zöpfe geflochten, die ihrerseits in einzelne Perlen gegliedert sind. Die Zöpfe liegen gleichmäßig nebeneinander und werden von einem schmalen Band zusammengehalten. Dieses ist auf dem Hinterkopf in einem Herakles-knoten zusammengezogen, die Bandenden fallen in Bögen über die Locken herab.

Dieser Kouros ist aufgrund seines Erhaltungszustands und seiner Entstehungszeit für den Überlieferungsbestand gewissermaßen ein Prototyp. Ein sehr verwandter ist durch Zufall vor wenigen Jahren in Athen gefunden worden. In den Antikenmuseen der ganzen Welt stehen die Bilder nackter, junger Griechen. Ungefähr 500 solcher Kouroi, wie die Archäologen sie nach dem griechischen Wort für »junger Mann« nennen, sind ganz oder teilweise erhalten geblieben – für archäologische Großobjekte keine geringe Zahl. Die Figuren dürfen daher als repräsentativ für die gesamte griechische Kultur vom 7. bis zum Beginn des 5. Jahrhunderts v. Chr. angesehen werden. Gefertigt sind sie aus kostbarem Marmor, und in der Regel sind sie lebensgroß, zuweilen auch um ein Mehrfaches größer. Ihre künstlerische Konzeption besteht im Kern aus dem Bildnis einer männlichen Figur, deren körperliche Bestandteile so

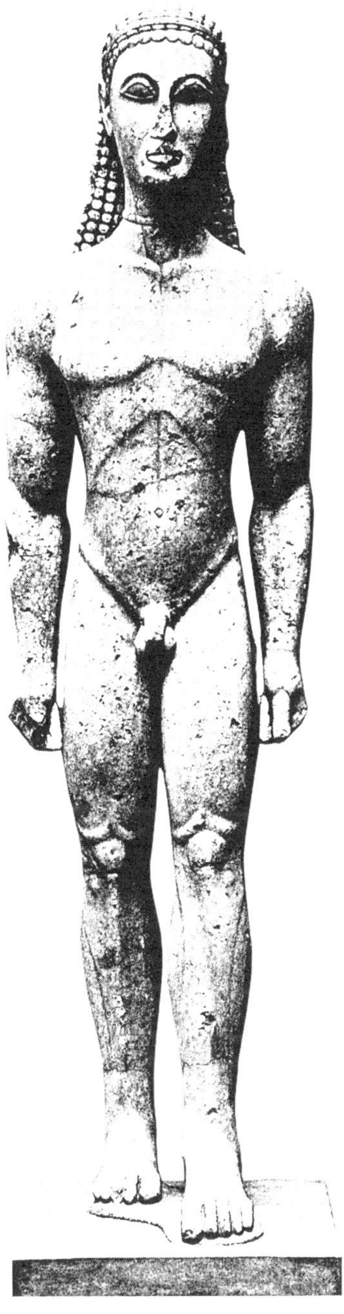

Abb. 54: Der Kouros New York, 620/600 v. Chr.

Abb. 55: Der Kopf des Kouros New York im Profil

aufeinander bezogen sind, daß sie sich zu einer klar geordneten und dabei doch lebendigen organischen Einheit zusammenschließen, die von allen Seiten betrachtet werden kann.

Die Statuen standen auf Gräbern oder als Weihegaben in Heiligtümern. Auf den Sockeln, auf denen die Kouroi aufgestellt waren, liest man Inschriften, die an den Tod tapferer Krieger oder an reiche Stifter erinnern. Dennoch sind die Bilder nicht als Darstellung von Individuen zu verstehen, ebensowenig als solche von Göttern, einzig Apollon macht aufgrund seiner unvergänglichen Jugendblüte einige Ausnahmen. Die Kouroi verkörpern vielmehr ein überindividuelles Ideal, ein gesellschaftliches Leitbild.

DIE ELEMENTE DER KÜNSTLERISCHEN GESTALTUNG

Neu ist an den Kouroi im Vergleich zu den ihnen vorangehenden kleinplastischen Bildwerken zunächst das Material, aus dem sie bestehen. Alle Kouroi sind aus Marmor gemeißelt, einem etwa auch im Tempelbau um 600 v. Chr. in Gebrauch kommenden neuen Stoff. Er erforderte einen neuartigen Aufwand im Hinblick auf Beschaffung, Bearbeitung, Transport und Aufstellung. Schon im Material der Standbilder lag also eine repräsentative Absicht. Wirkung wurde dann auch durch die Größe erzeugt. Die Kouroi sind nur selten unterlebensgroß, die meisten übersteigen – teilweise bis zu einem Mehrfachen – die natürliche menschliche Größe. Diese Monumentalität kommt aber erst richtig dadurch zur Geltung, daß die Standbilder auf eine Rundum-Ansicht gearbeitet sind. Sie wollen unbedingt auch von der Seite und von hinten betrachtet werden.

Dann kann man die ihnen eigentümliche Tektonik erkennen. Die Einheit der Figuren ergibt sich aus einem klaren Aufbau. Symmetrie und die Verteilung von tragenden und lastenden Teilen sind die dabei maßgebenden Prinzipien. Dennoch besteht die Figur nicht aus einer Addition geometrischer Bausteine. Denn in ihr herrscht eine bewegte Spannung, da sie zwar ruhig steht, aber ihre Potenz zur Bewegung unübersehbar ist. Außerdem tauchen überall leichte Abweichungen von der Symmetrie auf, die ebenfalls zu dem Eindruck großer Lebendigkeit, ja Lebensfülle beitragen. Dem widerspricht nicht, daß viele natürliche Körperformen im Prinzip wie stereometrische Körper aufgefaßt werden und Details wie Ohren, Augen, Brustkorb oder Muskulatur wie ornamentale Schmuckelemente stilisiert sind.

Diese Wesenszüge schaffen einen einheitlichen Typus der Menschendarstellung. Die Bedeutung dieser Bilderfindung tritt nicht zuletzt beim Vergleich mit ägyptischen Statuen aus derselben Epoche klar hervor. Diese haben nämlich mit Sicherheit die griechischen Bildhauer angeregt und herausgefordert. Seit unter der Herrschaft des Pharao Psammetichos I. (664–610 v. Chr.) in der Mitte des 7. Jahrhunderts v. Chr. im Nildelta die Siedlung Naukratis als Handelsplatz der Griechen in Ägypten gegründet worden war, konnten viele Griechen die ägyptische Kultur unmittelbar sehen. Mit dieser haben sie sich immer wieder auseinandergesetzt und ihre eigenen Schöpfungen bewußt abgewandelt gestaltet.

Betrachtet man beispielsweise die ägyptische Statue des Motemhet (ca. 670/60 v. Chr., Kairo), so scheint diese auf den ersten Blick den Kouroi sehr ähnlich zu sein. Das betrifft das Standmotiv (von vorne), die Armhaltung, die Hände, Knie und Haartracht. Und

Abb. 56: Die Statue des Motemhep in Kairo

doch spürt man gleich auch gravierende Unterschiede. Der Ägypter hat eine Wand oder einen Pfeiler als Rückenstütze. Die Beinstellung ist viel gespreizter. Dadurch wirkt die Haltung starr und unfrei. Hinzu kommen bestimmte Accessoires von Bekleidung und Schmuck, die den Dargestellten als Gott, Pharao oder Mitglied einer bestimmten gesellschaftlichen Gruppe ausweisen.

Im Gegensatz dazu ist die griechische Figur um eine Mittelachse aufgebaut und ruht von allen Seiten gleichmäßig und ausgeglichen auf beiden Beinen. Der in sich geschlossene und frei im Raum stehende unbekleidete, junge Grieche verkörpert den Menschen als solchen in einer überindividuellen und idealen Weise.

Gewiß haben die Griechen in mancher Hinsicht bei der handwerklichen Erarbeitung der Statuen von den Ägyptern gelernt, so etwa bei der Übertragung der Entwürfe mittels eines Rasternetzes auf den Steinblock. In seiner künstlerischen Form freilich steht der Kouros am Beginn einer neuen Epoche der Kunst, für die es in den älteren Kulturen keine Parallele gibt.

Es ist nicht zu sagen, an welchem Ort der neue Bildnistyp entstand. Denn praktisch zur gleichen Zeit – in der Mitte des 7. Jahrhunderts v. Chr. – haben in zahlreichen Gemeinden der griechischen Welt Künstler begonnen, diese Standbilder zu schaffen. Wahrscheinlich haben sie ihre Erfahrungen rasch ausgetauscht. Ebenso wie viele Dichter und Philosophen dieser Zeit sind die Bildhauer in der Welt herumgekommen, denn sie zogen immer dorthin, wo sie ihre Aufträge bekamen. Für die gesamte griechische Kultur der archaischen Zeit waren die Kouroi also repräsentativ, auch wenn sie in verschiedenen Regionen und über die gesamte archaische Zeit hin in durchaus unterschiedlichem Stil aufgetreten sind.

DIE HISTORISCHE FRAGE

Wie die frühen Griechen zu diesem bewußten Akt monumentaler Formgebung kamen, ist nach wie vor eine offene Frage. Es ist aber nicht zu übersehen, daß die Entstehung und Entwicklung der Großskulpturen zu jenem Prozeß dynamischen Wandels gehört, der sich seit der zweiten Hälfte des 8. Jahrhunderts v. Chr. in den griechischen Gemeinden vollzogen hat. Wettbewerb und Nachahmung haben zur schnellen Verbreitung einer Reihe von Neuerungen geführt. Die Erfindung neuer Waffen und der Hoplitenkampftechnik, die urbane Ausgestaltung der Siedlungen mit den Tempeln als ersten steinernen Großbauten, schließlich die Reflexion über neue Ordnungskonzepte für das

Gemeinschaftsleben und deren allmähliche Verwirklichung gehören zur Herausbildung des Bürgerstaates, der griechischen Polis, ebenso wie die Kouroi mit ihrem einheitlichen formalen Schema. Die Analyse ihrer einzelnen Züge führt auf die historische Bedeutung der Standbilder. In der bildlichen Zeichensprache können die Botschaften abgelesen werden, die von den Statuen für deren zeitgenössische Betrachter ausgingen. Die »Brille«, durch die sie die Bilder wahrnahmen, kann aus anderen, vornehmlich literarischen Quellen erschlossen werden. Was ist den Griechen beim Anblick dieser Bildwerke durch den Kopf gegangen?

DIE ZEITGENÖSSISCHE »BRILLE«

Aufgrund der fragmentarisch erhaltenen Inschrift auf der Basis eines Doppelbildnisses aus Delphi ist bekannt, daß die Bilder der beiden jungen Männer auf das Brüderpaar Kleobis und Biton verweisen sollen. »Die Söhne haben hingezogen … [Poly]medes hat es gemacht, der Argiver«, so liest man und wird an die Geschichte zweier Lokalheroen aus der Stadt Argos erinnert. Diese Stadt hat die Kouroi vermutlich als Weihgeschenk dem heiligen Bezirk des delphischen Apollon gestiftet. Die dazugehörige Erzählung findet sich im Geschichtswerk Herodots, der sie dem weisen Solon als Beispiel für gottgeschenktes Glück in den Mund legt:

> Als Solon den Kroisos durch die Geschichte von Tellos, indem er so viel Gutes über ihn sagte, noch wißbegieriger gemacht hatte, sagte der König weiter, wen er denn für den Zweitglücklichsten halte. Er hoffte doch, wenigstens die zweite Stelle in der Glückseligkeit zu erhalten. Aber Solon sagte: ›Kleobis und Biton. Diese beiden Brüder – sie stammten aus Argos – hatten ein gutes Auskommen und waren körperlich sehr stark. Beide wurden gleichzeitig Sieger in Wettkämpfen. Man erzählt folgende Geschichte von ihnen: Auf einem Herafest in Argos mußte ihre Mutter auf jeden Fall in einem Fahrzeug in den Tempel gefahren werden. Die Stiere aber waren nicht rechtzeitig vom Felde zur Stelle. Die Zeit drängte. Da traten die jungen Männer selbst unter das Joch und zogen den Wagen, in dem ihre Mutter saß. Sie liefen 45 Stadien weit und kamen zum Tempel. Nach dieser Tat, die das ganze versammelte Volk gesehen hatte, wurde ihnen der schönste Tod zuteil. An ihnen offenbarte Gott, daß der Tod für den Menschen besser sei als das Leben. Die umstehende Menge der Argeier lobte die Kraft der

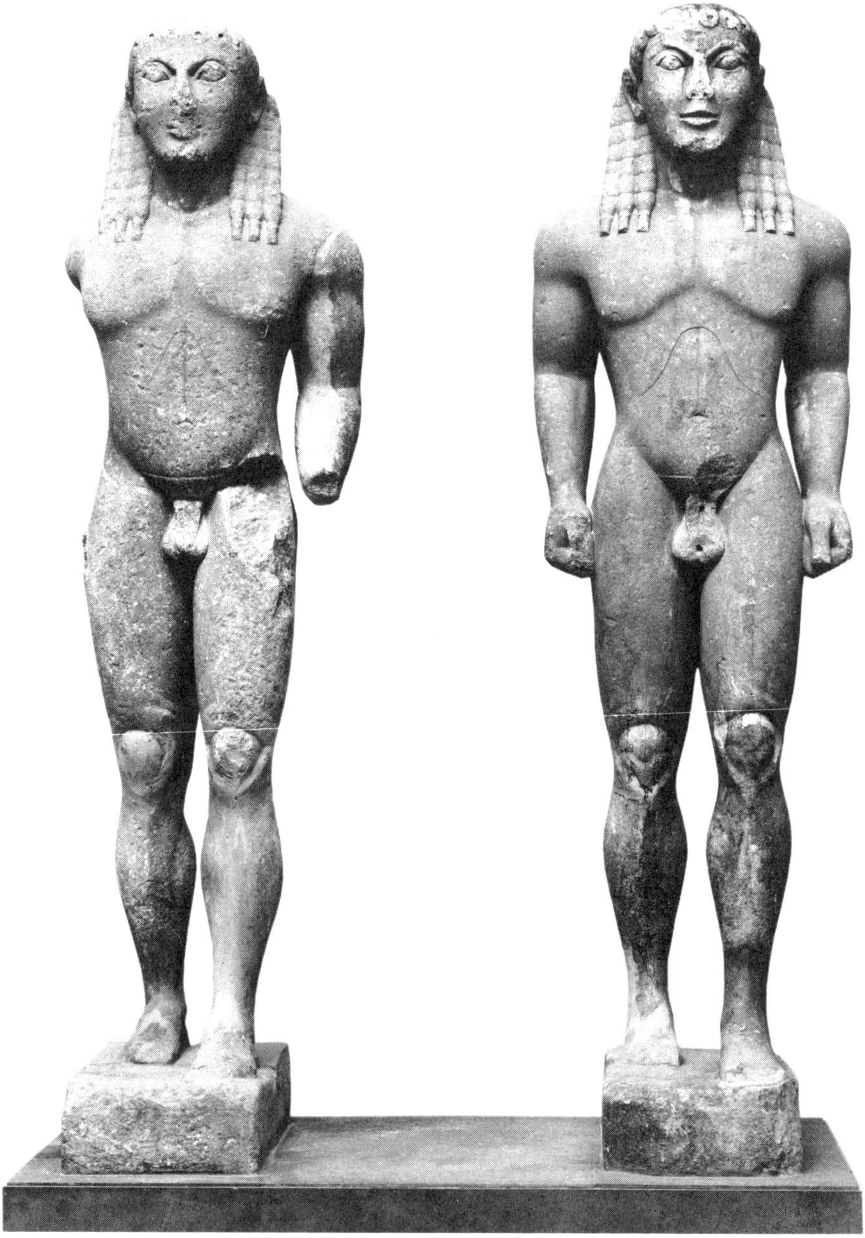

Abb. 57: *Kleobis und Biton, Weihgeschenk der Argiver in Delphi*

jungen Männer. Die Frauen aus Argos aber priesen ihre Mutter, daß sie solche Kinder geboren habe. Hocherfreut über die Tat und den Ruhm ihrer Söhne, trat die Mutter vor das Götterbild und betete, die Göttin möge ihren Kindern Kleobis und Biton, die ihre Mutter so hoch geehrt hätten, das Schönste verleihen, was ein Mensch erlangen kann. Als sie nach diesem Gebet geopfert und am Mahl teilgenommen hatte, schliefen die Jünglinge unmittelbar im Tempelbezirk ein und wachten nicht mehr auf. Sie fanden dieses Ende. Die Argeier ließen Standbilder von ihnen machen und stellten sie in Delphi auf als Bilder edler und wackerer Männer‹.
(Herodot 1, 31)

Herodot hatte die Statuen also in Delphi gesehen. Nun deutet, sieht man von der Inschrift ab, nichts an den Bildern selbst auf die fromme Tat des Brüderpaares hin. Also muß in ihrem zentralen Thema, der Vergegenwärtigung der Körperlichkeit des jungen Mannes als solcher, die gleiche Botschaft enthalten sein, die auch den Sinn der volkstümlichen Erzählung Herodots ausmacht.

DIE BILDLICHEN ZEICHEN

Die demonstrative Präsenz des nackten männlichen Körpers ist das Ergebnis einer simultanen visuellen Wahrnehmung von Bildzeichen, die der Betrachter an der Figur ablesen und spontan in Beziehung zueinander setzen kann. Im Lichte weiterer literarischer Quellen kann man diese Zeichen zu verstehen suchen.

Sie bündeln sich als erstes zu einem Bild der Jugendlichkeit. Der Kouros ist bartlos, seine Haut straff gespannt, sein Fleisch fest. Vielleicht ist auch das in der Regel kleine Genital – Kleobis und Biton sind hier eher untypisch – ein Zeichen von Jugendlichkeit. Dieser Zug soll wohl auf die gesellschaftlich geforderte sexuelle Zurückhaltung aufmerksam machen, die nicht zuletzt im Rahmen der Päderastie ein Ziel war.

Wie die Göttin Hera die beiden jugendlichen Helden dem zerstörerischen Einfluß der Zeit entrückt hat, so ist im marmornen Bildwerk die Jugendblüte als Ideal dauerhaft festgehalten. Die Kouroi sprechen somit von der auch sonst immer wieder bezeugten Einstellung der Griechen, daß die Jugend der beste Abschnitt im Leben sei und daß es daher kein größeres Glück geben könne, als vom Altwerden verschont zu sein. Seinem Freund Glaukos gegenüber wünscht sich der jugendliche Diomedes bei Homer:

Ja, Lieber! Wenn wir, aus diesem Krieg entronnen,
Für immer ohne Alter sein würden und unsterblich,
Dann würde ich selbst nicht unter den Ersten kämpfen
Und auch dich nicht zur Schlacht, der männerehrenden,
rufen.
(Homer, Ilias 12, 322–325)

Gut hundert Jahre später, als die ersten Kouroi entstehen, klagt der Dichter Mimnermos aus dem kleinasiatischen Kolophon in zahlreichen Gedichten über das Elend des Alters und die Schönheit der Jugend:

… doch kurze Zeit nur dauert an – genauso wie ein Traum –
Die Jugend hochgeachtet: schwer und unansehnlich
Ist überm Haupte gleich darauf das Alter aufgehängt,
Verabscheut, achtungslos – es macht den Mann unkenntlich
Und schwächt ihm Augen und Verstand (…).
(Mimnermos, Fragment 1 G.-P.)

In der körperlichen Schönheit des jungen Mannes fand das Ideal des Menschseins für die Griechen der archaischen und klassischen Zeit seinen höchsten Ausdruck. Die Standbilder der Kouroi wurden von ihnen als vollendet schön empfunden. Dabei verbindet sich der visuelle Eindruck für den Betrachter vor allem mit zwei Eigenschaften, durch die der Mensch seine Sittlichkeit *(arete)* erweist: Das ist die Rolle des Kriegers und die des Athleten. Für beide steht der Körper als Bildzeichen. Erneut ist es Homer, der die gedanklichen Assoziationen vorgibt, die sich beim Betrachten der Kouroi eingestellt haben. Beide Hauptheldcn des homerischen Kriegerepos offenbaren ihre kriegerische Tüchtigkeit in ihrer körperlichen Erscheinung. Achill sagt zum Priamos-Sohn Lykaon, den er gefangengenommen hat und kurz darauf niederstechen wird, wie um seine Überlegenheit und sein daraus resultierendes Recht zu legitimieren:

Siehst du nicht mich selbst, wie schön ich bin und gewaltig.
(Homer, Ilias 21, 108)

Und selbst die Leiche Hektors, des heldischen Gegenspielers von Achill, strahlt seine kriegerische *arete* noch aus:

Gleich umringten ihn andere Männer Achaias,
Welche den Wuchs und die edle Gestalt des Hektor bestaunten.
Keiner nahte sich, ohne nochmals nach der Leiche zu stoßen.
Also redete mancher jetzt, zum Nachbarn gewendet:
Welch ein Wunder (...).
(Homer, Ilias 22, 369–373)

Auch durch die Betätigung seines Körpers als Athlet konnte der junge Mann seine *arete* unter Beweis stellen und damit schön sein. Eine von Herodot erzählte Geschichte führt an den Ausgang der archaischen Zeit. Philippos aus Kroton war ein gefeierter Olympiasieger, der sich später, ständig weiter auf der Suche nach Bewährung und Auszeichnung, dem spartanischen Prinzen, Freibeuter und Abenteurer Dorieus anschloß und dabei schließlich den Tod fand. Philippos war, bemerkt Herodot,

> der schönste Mann unter den Griechen seiner Zeit. Um seiner Schönheit willen erwies ihm die Stadt Egesta eine Ehre, die sonst niemandem zuteil wurde. Sie erbauten auf seinem Grabe ein Heroenheiligtum und verehrten ihn mit Opfern.
> (Herodot 5, 47)

Die Körperschönheit der Kouroi kommt nur deswegen zur Wirkung, weil die Figuren stets vollkommen nackt sind – ein sehr auffälliges Bildzeichen. Was bedeutet diese Nacktheit?

> Obwohl im täglichen Leben Sitte und Anstand weit verbreitet waren und strikt beachtet wurden (...), scheuen sich die Griechen nicht, den männlichen Körper bei den Wettkämpfen und in der Palästra unverhüllt zu zeigen: der wahre Mann hat nichts zu verbergen, auch nicht im Angesicht der Gottheit – man vergleiche die diametral entgegengesetzte Auffassung der jüdisch-orientalischen Religionen oder selbst die der Römer, die in diesem Punkt ganz anders dachten.
> (W. Fuchs: Die Skulptur der Griechen. München 4. Aufl. 1993, S. 7)

Indes ist es keineswegs sicher, daß die Nacktheit der Statuen im Sinne eines realistischen Lebensbezugs aufzufassen ist. Bereits in den geometrischen Statuetten treten die Männer nackt in Erscheinung, und es ist durchaus offen, ob die sportlichen Agone nicht erst später nackt ausgeübt worden sind. Einen unmittelbaren thematischen Hinweis auf die Athletik kann man in den Bildern männlicher Nacktheit nur dann sehen, wenn diese Verbindung durch das Auftauchen entsprechender, zum Athleten gehörender Accessoires hergestellt ist wie später nicht selten in den Bildnissen der klassischen Zeit.

Die Nacktheit der Kouroi dient jedoch nicht zur situativen Schilderung. Vielmehr ist sie das entscheidende bildliche Mittel, um das Tugendideal des aristokratischen Individuums, das Ideal der Aristie, mit seinem elementaren Bezug zur körperlichen Leistungsstärke zur Anschauung zu bringen. Der nackte Kouros, wie er sich im Vollbesitz seiner körperlichen Kräfte präsentiert, stellt ein Idealbild des Menschseins vor, bei dem der Mensch als solcher im Mittelpunkt steht. Gegenüber den im Alten Orient vorherrschenden Bildnissen von Menschen in ihren Funktionen und Rangstellen oder bei einer bestimmten Tätigkeit (Pharao, Priester, Beamter, Schreiber) markiert die Nacktheit des Kouros eine epochale Wende. Diese Entdeckung des Menschen ohne Beiwerk oder soziale Zuordnung hat der griechischen Kunst in den folgenden Jahrhunderten ermöglicht, die Bedingungen des Menschseins durch die Gestaltung seiner Körperlichkeit immer differenzierter auszuloten. Daß der nackte Körper seit der klassischen Zeit – und im übrigen bis in unsere Tage – auch zur Kennzeichnung eines heroisch verklärten Daseins diente, ist dabei nur eine der Entwicklungslinien.

Eine weitere semantische Konnotation im Bild des nackten jungen Mannes ist der »schöne Knabe« *(pais kalos)*, der auf die Institution der Päderastie verweist. Der schöne Körper des Kouros mit seiner kunstvollen Haartracht, den kräftigen Schenkeln und dem ausgeprägten Gesäß taucht auch in den Bildern der Knabenliebe auf Keramikgefäßen in der Darstellung des geliebten Jünglings auf. In der Institution der Knabenliebe steckt ein Initiationsritus, durch den die Heranwachsenden in die männliche Welt des Gymnasiums, der Athletik und des Krieges, mithin in die Welt des Polisbürgers eingeführt werden sollten.

Die Lebenskraft und Energie der Kouroi ist schließlich zusammengefaßt in ihrem Stehen. Die Schrittstellung und die Betonung der Knie lassen auf eine potentielle Bewegungsenergie schließen. Doch stehen sie mit beiden Füßen fest auf dem Boden, die Knie sind durchgedrückt, und die Zehen scheinen sich geradezu am Boden festzukrallen. Dieses Motiv gehört offenbar zur kriegerischen *arete* des Kouros. Damit ist ins Bild gesetzt, was der spartanische Dichter Tyrtaios den jungen Kriegern der ersten Schlachtreihe zuruft:

Drum auf! im Spreizschritt halt'
man stand, mit beiden Füßen
gestemmt ans Erdreich! in die Lip-
pe grab' sich ein der Zähne Biß!
(Tyrtaios, Fragment 7 G.-P.)

Unwankendes Ausharren auf seiner Position zeichnet den Krieger in der Gemeinschaft der Hoplitenphalanx aus. Von eben diesem Wert, der Standhaftigkeit in der Schlachtreihe der Bürgersoldaten und ihrer kriegerischen Leistungsbereitschaft, kündet das gespannte Stehen und der energiegeladene Körper des Kouros.

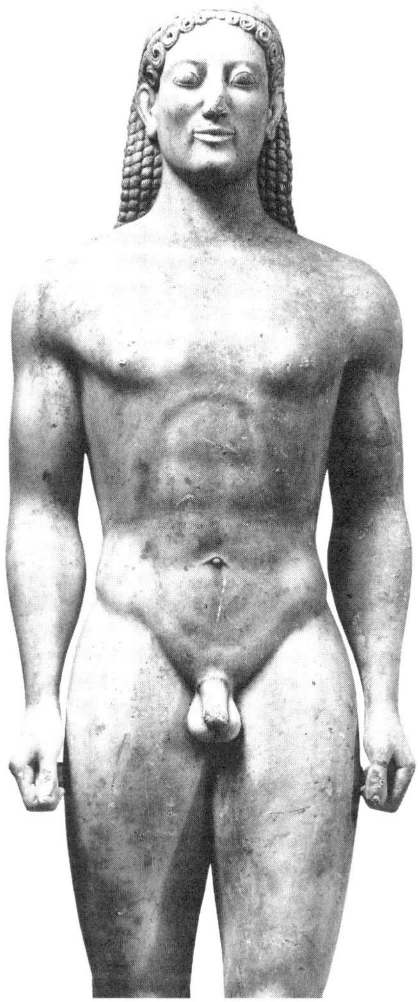

Abb. 58: Der Kouros von Anavyssos in Athen, um 520 v. Chr.

DER KOUROS ALS GESELLSCHAFTLICHES LEITBILD

Das Bild des demonstrativ zur Schau gestellten jungen und schönen männlichen Körpers setzt sich aus einer Reihe von Bildformeln zusammen. Sie werden in ihrer Wirkung noch verstärkt und an manchen Stellen erweitert durch die farbige Fassung, die die Marmorskulpturen erhielten. Mit farbiger Fassung wurden Körperteile wie Augen, Haare, Haut oder Brustwarzen genauer dargestellt oder Schmuckelemente hervorgehoben. Insgesamt verstärkte die Bemalung die plastische und lebendige Wirkung des Körpers.

Der ins spätere 6. Jahrhundert v. Chr. gehörende, stilistisch bereits weiter entwickelte Kouros von Anavyssos, einem attischen Demos, führt das Bildthema in Vollendung vor Augen: Die Figur ist von stattlicher Lebensgröße. Die Muskelbildung ist feiner und differenzierter herausgearbeitet als bei Kleobis und Biton mit ihren mehr schematischen und ornamentalen Strukturen. Gleichwohl wirkt der Körper kraftvoll und geradezu bullig mit breiter Brust und Schultern, mit sehr muskulösen Beinen und hervorgehobenen Gelenken, mit kräftigem Gesäß, mit zu Fäusten geballten Händen. Hinzukommen die Haartracht, deren üppige und aufwendige Präsentation die Möglichkeit von luxuriöser Verausgabung von Zeit und Mitteln verrät, sowie die Gesichtszüge.

Viel gerätselt wurde über das berühmte archaische Lächeln. Es ist zunächst handwerksbedingt, da der Meißel den Mundwinkel nur gerundet formen kann. Gibt man diesem Schlag eine leichte Drehung nach oben, dann lächelt der Mund. Und so war es gewiß auch gewollt, denn das gleiche könnte man mit dem gegenteiligen Effekt auch in die andere Richtung tun. Wiederum kann nun diese Ausdrucksqualität des Lächelns kaum realistisch, situationsbedingt gemeint sein. Dagegen spricht im vorliegenden Beispiel schon das Epigramm auf der Statuenbasis, das zur Klage am Grabmal des in vorderster Schlachtreihe gefallenen Kroisos aufruft:

> Bleibe stehen und trauere bei dem Grabmal des toten Kroisos, den unter den Kämpfern in vorderster Linie der wilde Ares dahingerafft hat.

Eher könnte man das Lächeln als Ausdruck einer inneren Haltung auffassen. Es drückt die innere Heiterkeit des seinem Tugendideal verpflichteten Mannes aus, die aus einer von Selbstbeherrschung und Maßhalten geprägten Lebensführung hervorgeht. Heiterkeit ist die Gelassenheit und das Bewußtsein der Selbstmächtigkeit, durch die das Individuum sein Leben zu einem erfüllten gestaltet. In ihm stimmen Körper, Seele und Geist harmonisch zusammen und verleihen den menschlichen Zügen einen Ausdruck der Wohlgestimmtheit, der *euthymia*. Mit dieser Ausstrahlung wendet sich der Kouros dem Betrachter zu, der sich angesprochen und aufgefordert fühlt, die von der Figur ausgehende Botschaft aufzunehmen: Der sanft lächelnde – nicht lachende – Kouros verkörpert den Menschen, der seiner selbst gewiß und souverän den Fährnissen des Lebens gegenübertritt. Er ist bei sich *(sophrosyne)* und kann dadurch auch angesichts der Abgründe des Todes, die den Griechen das Schrecklichste waren, sein Leben mit Sinn erfüllen. Das ist die Verheißung des Schönen.

Wer die Statue anschaut, für den ergibt sich aus ihren visuellen Elementen in Sekundenbruchteilen das Bild der physischen Präsenz des Kouros. Sie enthält Werte wie Vorbildhaftigkeit, Kraft, Stärke, Beweglichkeit, Lebendigkeit, potentielle Energie, Leistungsbereitschaft, Standhaftigkeit, sexuelle Attraktion, Anmut und Selbstsicherheit. Diese semantischen Konnotationen schließen sich im Kopf des Betrachters zu einer kohärenten Botschaft zusammen. Seit Homer, der dem antiken Bewußtsein allgegenwärtig war, ist sie in gültiger Weise formuliert: Als zerlumpter Alter im eigenen Hause noch unerkannt, schickt Odysseus sich an, den Bettler Iros, der ihn geschmäht hatte, zum Zweikampf herauszufordern.

> Doch Odysseus gürtete sich mit seinen Lumpen um die Lenden und ließ seine Schenkel sehen, die schönen, großen, und es erschienen seine breiten Schultern und die Brust und die starken Arme. Doch Athene trat zu ihm heran und ließ die Glieder dem Hirten der Männer schwellen, und die Freier verwunderten sich alle gewaltig.
> (Homer, Odyssee 18, 66–71)

So wie hier aus dem unansehnlichen Alten durch die äußere Verwandlung ein den anderen Aristokraten ebenbürtiger Gegner wird, erhält Odysseus in einer anderen Szene ein entsprechendes Äußeres, und es ersteht vor den Augen der Zuhörer oder Leser ein unvergeßliches Bild männlicher Schönheit: Als elender Schiffbrüchiger an die Gestade des Phäakenlandes gespült, wird der Held von der Königstochter Nausikaa und ihren Gefährtinnen entdeckt. Sie erschrecken, und Odysseus fordert sie auf, sich zu entfernen, damit er sich mit Hilfe beigebrachter Utensilien wieder menschlich machen kann:

> Er aber spülte sich, der göttliche Odysseus, aus dem Fluß die Haut rein von dem Salze, das ihm den Rücken und die Schultern rings bedeckte, und rieb sich vom Haupte den Schaum des unfruchtbaren Meeres. Doch als er sich ganz gewaschen und glatt gesalbt und sich mit den Kleidern bekleidet hatte, die ihm gereicht die unbezwungene Jungfrau, da machte ihn Athene, die Zeusentsprossene, größer und voller anzusehen und ließ ihm von dem Haupte kraus die Haare fallen, einer Hyazinthenblume ähnlich. Und wie ein kundiger Mann Gold um Silber herumgießt, einer, den Hephaistos in allfacher Kunst belehrt hat und Pallas Athene, und er vollendet anmutige Werke: so goß sie ihm Anmut über Haupt und Schultern. Da ging er abseits und setzte sich an das Gestade des Meers, von Schönheit und von Anmut strahlend, und es verwunderte sich die Jungfrau.
> (Homer, Odyssee 6, 224–237)

Seit der zweiten Hälfte des 7. Jahrhunderts v. Chr. schälen sich die Konturen der für die Antike typisch gewordenen bürgerstaatlichen Gemeinschaftsordnung immer deutlicher heraus. Dieser Prozeß wird begleitet von jenen kulturellen Leistungen, die zugleich für die griechische Polisordnung konstituierend gewesen sind: politische Philosophie und politisches Bewußtsein, lyrische Dichtung und Naturphilosophie, Tempelbau und religiöse Festkultur, Vasenmalerei und eben auch die Skulptur. Die Kouroi sind für uns Zeugnisse vor allem für zwei Gegebenheiten der bürgerstaatlichen Ordnung – eine soziale und eine politische.

Die Struktur der griechischen Gesellschaft begünstigt das Hervortreten der einzelnen Individuen. Denn sie ist bestimmt von der Isolation ihrer sozialen Grundeinheiten, der einzelnen Häuser *(oikoi)*. Jeder *oikos* steht nur für sich und ist in seiner gesellschaftlichen Wertigkeit abhängig von der individuellen Tüchtigkeit des jeweiligen Haushaltsvorstands, des Hausherrn. Weder gibt es durch Beruf oder politische Funktion vorgegebene gesellschaftliche Rangstufen (etwa Priester- oder Beamtenkasten) oder Nahverhältnisse zu einem Herrscher, noch existieren blutsverwandtschaftlich bestimmte Familienverbände, also Geschlechter, in die der einzelne *oikos* eingebunden wäre. Was gesellschaftlich zählt, ist einzig und allein der einzelne mit seinen persönlichen Fähigkeiten und seinen mehr oder weniger umfangreichen materiellen Mitteln. Das höchste soziale Ansehen genoß also der, der als Person wegen seiner Leistungen herausragte und dessen Haus im Verhältnis zu anderen reich genannt werden konnte. Genau diesen Grundzug der griechischen Sozialstruktur reflektiert der Kouros, der ohne Rang und Titel auftritt und allein auf seine Körperlichkeit als Ausdruck und Inbegriff des Menschen konzentriert ist.

Als zweites zeigt der Kouros die Orientierung an gemeinsamen Idealen des Menschen als Bürger: Obgleich der Kouros den einzelnen in seiner Personalität als entscheidender sozialer Bestimmungsgröße präsentiert, verkörpert er keineswegs die Darstellung von spezifischen individuellen Eigenheiten, im Gegenteil. Es sind die oben beobachteten wichtigen Wertorientierungen der ganzen Gesellschaft, die aus der Einzelperson des Kouros einen idealen Typus machen.

Aber es ist kein Widerspruch, wenn sich gerade solche Menschen diese Ideale zu eigen machten, die eine gesellschaftliche Anerkennung als *aristoi* erstrebten. Die Kouroi sprechen nicht das exklusive Idiom eines aristokratischen Standes – schon deshalb nicht, weil es einen solchen Stand als soziale Gruppe nie gegeben hat. In den Kouroi manifestiert sich vielmehr die *arete* des Mannes schlechthin, unabhängig von seinem sozialen Status. Es überrascht daher nicht, daß Kouroi auch von Handwerkern geweiht worden sind. Und auch in ihren Nachfahren, den klassischen Statuen in der am weitesten verwirklichten bürgerstaatlichen Ordnung der Demokratie des 5. und 4. Jahrhunderts v. Chr., konnten sich alle Bürger ganz selbstverständlich wiedererkennen. Neben anderem bezeugen somit auch die Kouroi, daß der Weg in die Bürgerstaatlichkeit von Beginn an für Aristokraten wie Nicht-Aristokraten ein gemeinsamer Weg gewesen ist.

Die archaischen Griechen haben mit der Erfindung der Großskulpturen für einen Staat der Bürger der Kunst ihre vornehmste Aufgabe für immer bestimmt: in Bildern des Menschen die Werte des Menschseins und des Bürgerseins zum Vorschein zu bringen.

12.

GELUNGENES LEBEN – KLASSIKER DER GRIECHISCHEN PLASTIK IM 5. JAHRHUNDERT V. CHR.

Die Form ist der höchste Inhalt.

Emil Staiger

Zum Natur-Schönen gehört auch der schöne Leib (...). Aber der Leib ist noch mehr – er ist mehr als jedes andere Ding besuchter Tanzplatz der Götter. Kein Schönes der Natur kommt einem schönen Menschen gleich.

Gerhard Nebel

DIE ENTSTEHUNG EINES NEUEN BILDNISTYPUS

Die Grabstatue des Aristodikos ist um 500 v. Chr. in Attika entstanden. Der Künstler hat mit ihr das formale Schema des Kouros noch nicht verlassen. Und doch hat er seine Gestaltungsmöglichkeiten bis zu einem letzten Punkt ausgereizt. Wie nie zuvor erhält die Figur ein plastisches Volumen, die Körperproportionen sind anatomisch nahezu natürlich. Der Rumpf wird zum Zentrum, von dem Kraft und Beweglichkeit ausgehen. In verwirrender Weise unbeweglich verharrend, verrät Aristodikos dabei überall Zeichen neuer Beweglichkeit: weniger starre Knie, ein um eine Winzigkeit verschobenes Becken, Arme, die sich vom Körper gelöst haben, ein leicht gebeugter Oberkörper. Dieser Kouros ist auf dem Sprung zur Bewegung, in eine neue Freiheit, sich als Mensch in die Welt zu stellen.

Diesen Sprung als erster geschafft hat der *Kritios-Knabe*, eine Weihegabe vielleicht für einen Sieg bei den Panathenäischen Spielen, noch vor dem Sieg über die Perser von 480 v. Chr. entstanden. Gesprungen ist dieser Knabe natürlich mit seinen Beinen. Und an ihnen erkennt man sofort, was sich an diesem nackten jungen Mann verändert hat: die Last des Körpers wird nicht mehr wie früher von beiden Beinen gleichmäßig getragen. Dieser hier belastet im wesentlichen sein linkes Bein. Es ist deshalb das Standbein, während das rechte, das Spielbein, unbelastet leicht vorgesetzt und etwas angewinkelt ist. Hierdurch verschieben sich im gesamten Körperbau die Achsen. Das kann man von vorne wie von hinten gut beobachten: an Knien, Hüften, Schultern, Kopf und Gesicht sowie an Glutäen, Wirbelsäule und Rückenmuskulatur. Von der Seite betrachtet bewegt sich der Rumpf in einer Bogenlinie.

DIE BOTSCHAFT DER PONDERATION

Durch Standbein und Spielbein werden gegensätzliche Strebungen im Körper der Figur ausbalanciert. Man spricht von einer kontrapostischen Darstellung oder von der Ponderation der Statue. Sie ist die wichtigste künstlerische Erfindung der klassischen Epoche. Die Ponderation schildert den Körper als ein System von gegensätzlichen Kräften, die aber immer funktional aufeinander bezogen sind. Durch die Anstrengung der einen Körperseite entsteht ein Ungleichgewicht, das durch die Entlastung der anderen Seite aufgefangen wird. Was im Kouros-Typus schon als Potenz vorhanden war, wird nun in den Figuren der klassischen Zeit lebendige Wirklichkeit: die Anwendung

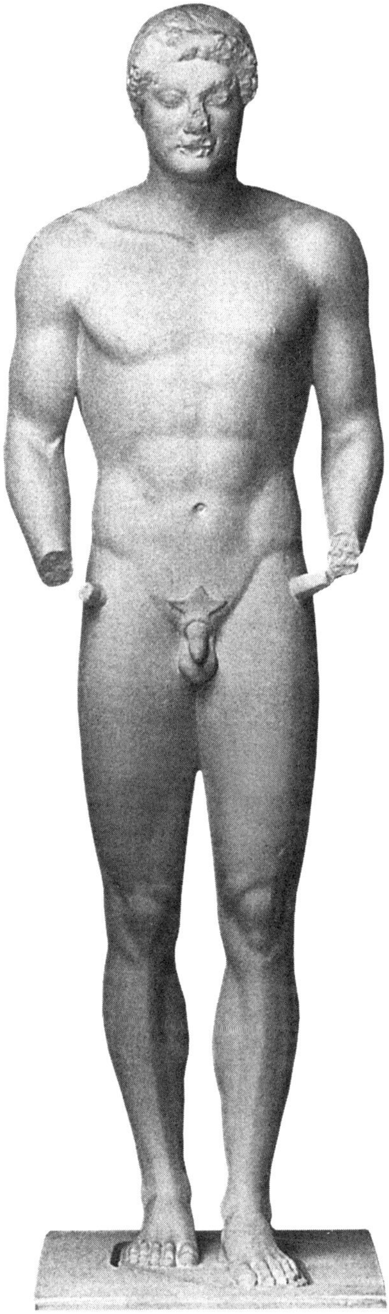

Abb. 59: Der Kouros des Aristodikos in Athen, um 500 v. Chr.

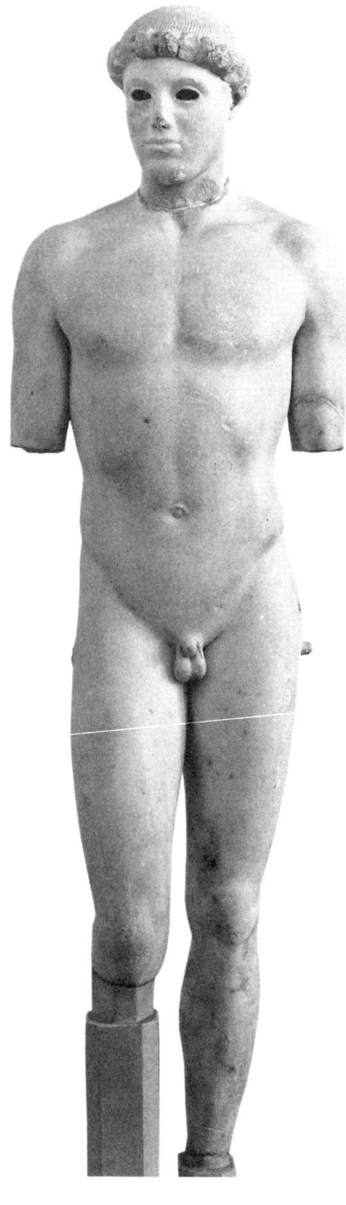

Abb. 60: Torso des Kritios in Athen, vor 480 v. Chr.

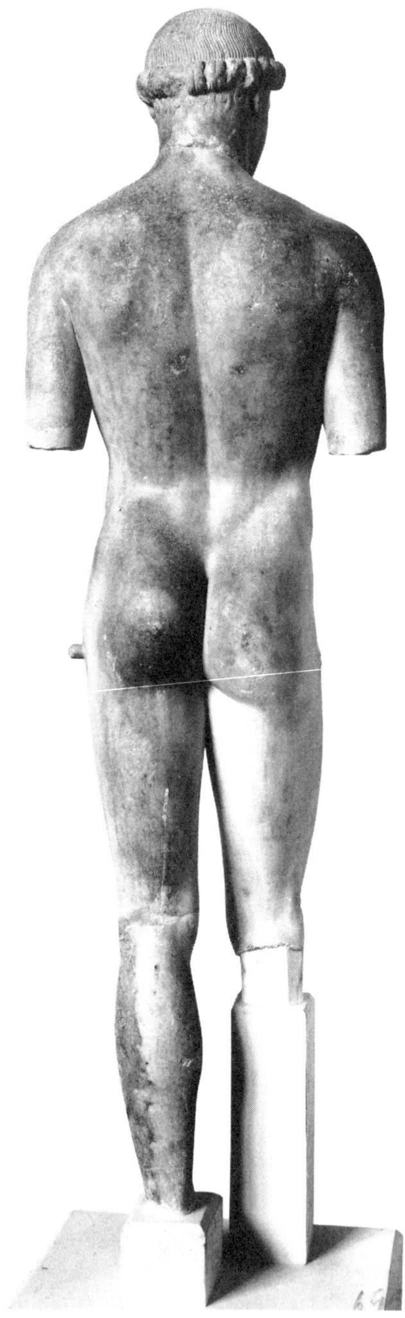

Abb. 61: Rückansicht des Kritiostorso

der Körperkraft und die Fähigkeit, sich zu bewegen. Damit werden die körperliche Bewegung und die Erdenschwere des Körpers zum Ausgleich gebracht. *Palintropos harmonie* – aus dem Gegensätzlichen entsteht die Harmonie. So könnte man mit einem Ausspruch des Philosophen Heraklit das Prinzip der Ponderation formulieren. Es bestimmt das Bildnis des Menschen seit den Perserkriegen, und dieses spricht von der Eigenständigkeit und Freiheit des Menschen ebenso wie von Leistungsbereitschaft, Mühe und Anstrengung. Diese Botschaft gehört in einen bestimmten geschichtlichen Zusammenhang.

In den ponderierten Figuren sind elementare Erfahrungen in ein Bild aus Stein eingegangen, die die Griechen und allen voran die Athener in den Jahrzehnten zwischen 510 und 480 v. Chr. gemacht haben. Die Athener haben in noch nie dagewesener Weise ihre Kräfte anspannen und sich trotz drohender Selbstaufgabe durchkämpfen müssen. Am Anfang stand die Überwältigung der Tyrannenherrschaft (510 v. Chr.) und die Abwehr einer Intervention Spartas (508 v. Chr.). Es folgten waghalsige außenpolitische Unternehmungen, Feldzüge in Mittelgriechenland (506 v. Chr.) und die Beteiligung am Aufstand der kleinasiatischen Städte gegen die persische Herrschaft (499 v. Chr.). Zu guter Letzt wagte man, sich den übermächtig scheinenden Persern entgegenzustellen (490 und 480 v. Chr.) und hatte das Glück auf seiner Seite – dank gewaltiger, bis dahin unvorstellbarer Kraftanstrengungen, die freilich mit klarsten rationalen Berechnungen und Planungen einhergingen.

Das kühne Kalkül des Seekriegsplanes von Themistokles gründete auf einem neuen Selbstbewußtsein, das der Mensch als Bürger unter Gleichen in der neuen politischen Ordnung des Kleisthenes entwickeln konnte. Diese ingeniöse Konstruktion ermöglichte die politische Teilhabe für jeden einzelnen Bürger – und zwar durch den Ausgleich antagonistischer Kräfte. Dieses Gleichgewicht wurde hergestellt durch eine komplexe innere Gliederung der Gesamtbürgerschaft in bürgerschaftliche Vereinigungen auf mehreren Ebenen. Diese Elemente griffen funktional so ineinander, daß eine alle Bürger verbindende gemeinsame Ebene des Politischen entstand (vgl. Kap. 5).

Im Raum des Politischen sind also die Bürger alle gleich, während ihre teils großen gesellschaftlichen Unterschiede nicht aufgehoben werden, sondern unberührt von ihrem Bürgersein weiterbestehen. Allerdings werden die stets lauernden sozialen Sprengkräfte durch die gemeinsame politische Praxis der Bürgerschaft eingehegt und gleichsam neutralisiert. Man könnte das gleichsam als politische Ponderation bezeichnen; sie wird im Kunstwerk übersetzt in ein gültiges Bild des Menschen als Bürger.

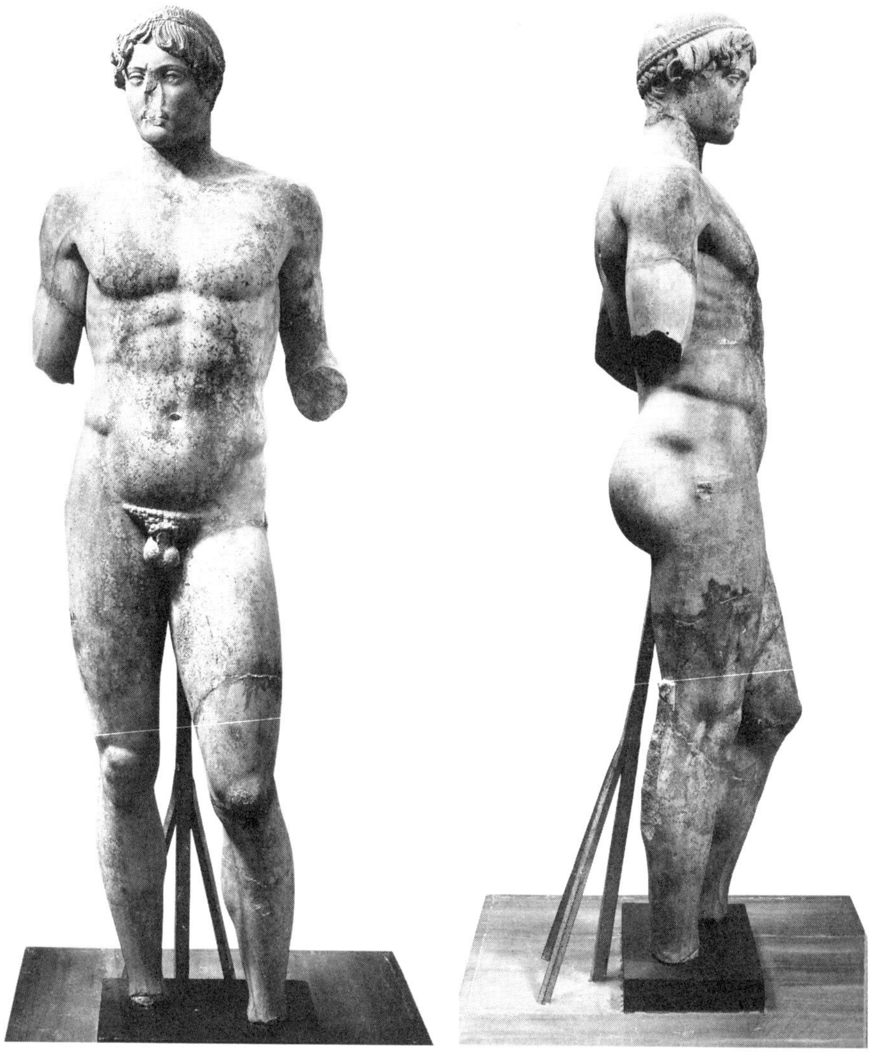

Abb. 62: Der Omphalos-Apollon in Athen, um 460 v. Chr.

Die Generationen seit den Perserkriegen haben die neue Freiheit im Bürgerstaat, den Kleisthenes errichtete, in vielen Dimensionen erlebt und genutzt. Sie haben eine neue, von der zentralen Größe des Politischen geprägte Kultur geschaffen. Die Bildhauerkunst steht dabei neben Naturphilosophie, Medizin und politischer Ethik, Malerei, Architektur und Theater. Das Bewußtsein, von dem dieser kulturelle Neuerungsschub getragen wurde, hat etwa der Dichter und Philosoph Xenophanes auf den Punkt gebracht:

> Nicht von Beginn an enthüllen die Götter den Sterblichen alles –
> aber im Laufe der Zeit entdecken sie forschend das Beßre.
> (Xenophanes, Fragment 2 Latacz)

Daran haben sich die Bildhauer des 5. Jahrhunderts v. Chr. gehalten. Die Entdeckung der Ponderation hat nämlich nicht wieder zu einem neuen und verbindlichen formalen Schema geführt. Vielmehr hat die Auffassung der Figur als organisches Kräftesystem den Künstlern große Freiheiten eröffnet. So konnte die Ponderation auch in spiegelverkehrter Weise angewendet werden. Ein Beispiel dafür ist eine nur wenig später als der Kritios-Knabe entstandene Figur, der *Omphalos-Apollon*. Anspannung und Lockerung sind hier genau umgekehrt verteilt: Standbein rechts, Spielbeinschulter gehoben, Kopfwendung zur Standbeinseite.

Auch ganz andere Bewegungsmotive wurden ebenfalls dem Grundprinzip des harmonischen Ausgleichs unterworfen. Die Bildhauer konnten dadurch den nackten männlichen Körper, der nicht anders als in der archaischen Epoche der Darstellungsgegenstand blieb, mithin den Menschen an sich bei seiner Auseinandersetzung mit der Welt in unterschiedlichen Positionen zeigen. Das eröffnete den Künstlern einen eigenen neuen Gestaltungsspielraum. Die technische Voraussetzung dafür war die Verwendung des Bronzegusses für großplastische Bildwerke. Erst dadurch konnten die neuen Freiheiten in der Darstellung von bewegten Figuren genutzt werden. Hieraus erwuchs den Künstlern ein hohes Selbstbewußtsein, das sich auch darin niederschlug, daß nun erstmals Namen von Künstlern überliefert sind.

DAS PROBLEM DES REALISMUS

Es ist nun ganz kurz einem verbreiteten, wenngleich auf den ersten Blick begreiflichen Mißverständnis vorzubeugen: Die Entwicklung der griechischen Kunst und insbesondere der mit der klassischen Epoche vollzogene Schritt bestehe in einem Streben nach immer größerer Naturnähe. Gewiß bewegt sich bereits der Stil der archaischen Zeit in Richtung einer scheinbar immer getreueren Abbildung der natürlichen Körperformen, und in klassischer Zeit erkannten sich die Griechen in einem Menschenbildnis wieder, dessen Erscheinung dem Lebendigen sehr nahe kam, das Leben gewissermaßen nachahmte. Doch entspricht dies nicht einer quasi natürlichen Entwicklung der Kunstformen.

Welche Ausdrucksmittel die Künstler wählen oder finden, hängt entscheidend von der Auffassung des Darzustellenden, vom »Kunstwollen« ab. Es ist daher zu betonen, daß die Nachahmung der Natur in der klassischen Kunst – im Gegensatz zu ihrer eher zeichenhaften Wiedergabe früher – in gleicher Weise wie in der Archaik auf eine bewußte Gestaltung hinauslief. Das Abbild des Menschen sollte ein Ideal zum Vorschein bringen: das Gleichgewicht und die Harmonie zwischen gegenläufigen Kräften. Deshalb spielt für die Konstruktion der klassischen Figuren die Beachtung von Maßverhältnissen und mathematischen Berechnungen letztlich eine größere Rolle als die Naturbeobachtung. Schließlich werden auch bestimmte Lebensbereiche und Situationen wie Alter, Krankheit, Emotion, Leiden ausgeblendet. Deshalb kann man im Hinblick auf die klassische Kunst kaum von einer realistischen Darstellung sprechen.

DYNAMIK, KRAFTENTFALTUNG UND KAIROS: DER DISKOBOL DES MYRON

Den Diskuswerfer hat Myron aus Athen wohl um 460 v. Chr. geschaffen. Noch heute eines der bekanntesten antiken Kunstwerke, war es schon in der Antike berühmt.

Der jugendliche Athlet dreht seinen nach vorne gebeugten Körper extrem nach rechts, so daß die Schultern in eine frontale Ansicht kommen und sich in einer Ebene mit den bogenförmig abgestreckten Armen befinden. Der rechte Arm ist weit nach oben genommen, leicht angewinkelt, die Hand hält den Diskus. Der linke Arm ist in lockerem Schwung vor das rechte Knie geführt. Das Körpergewicht ruht auf dem rechten Bein, dessen Fuß mit eingekrallten Zehen einen festen Stand bietet. Federnd ist das Bein im Knie gebeugt. Das linke Bein, das entlastete Spielbein, ist stärker gebeugt und zurückgestellt. Der Athlet setzt den linken Fuß mit den Zehen auf, um die Balance zu halten. Der Kopf ist leicht vorgebeugt und in Richtung Diskus gedreht.

Die Figur ist stark auf eine Ansichtsseite hin gearbeitet. Knochenbau und Muskulatur sind auch in der extremen Haltung perfekt wiedergegeben und auf die Ponderation hin komponiert. Ruhe und Bewegung, Last und Kraft, Schwung und Widerlager sind in einem vollkommenen Gleichgewicht austariert; eine klare Struktur von Bogenlinien und Parallelitäten bestimmt das Bild.

Myron schildert einen flüchtigen Moment innerhalb eines Bewegungsablaufs. In diesem Moment ist die Bewegung als ganze präsent, denn es ist der für die Bewegung entscheidende und damit für den Künstler fruchtbarste

Augenblick. Durch die maximale Torsion seines Körpers, durch den weitesten Schwung der Arme und durch die gespannteste Schnellkraft der Beine hat der Athlet ein Höchstmaß an potentieller Energie gesammelt, die sich in der nächsten Zehntelsekunde in kinetische Energie entladen wird. Genau an diesem Umschlagpunkt hat der Bildhauer die Zeit angehalten.

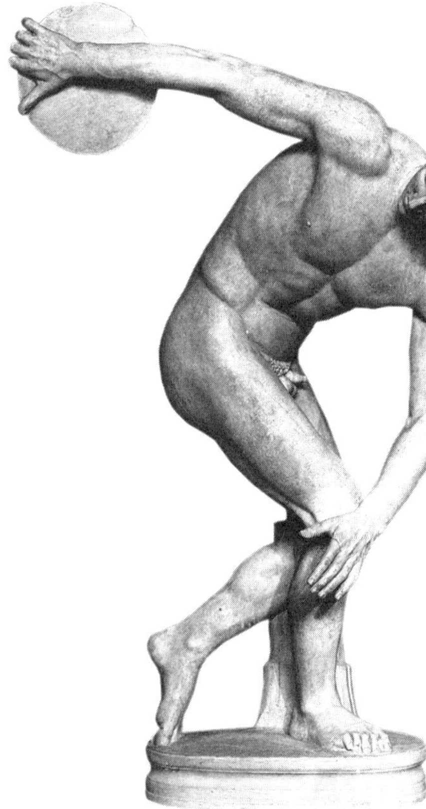

Abb. 63: Der Diskobol des Myron in Rom, um 460 v. Chr.

Dargestellt ist also der Mensch in einer Situation äußerster Anforderung. Er sammelt sich und konzentriert sich, um seine Kräfte möglichst dynamisch in Bewegung umzusetzen. Und er muß dafür den bestmöglichen Moment, den *kairos*, finden.

Der Diskobol ist in jenen Jahren kurz nach 460 v. Chr. entstanden, als die Entwicklung der seit Kleisthenes eingerichteten politischen Ordnung durch die institutionellen Reformen des Ephialtes und des Perikles bestätigt wurde und noch einmal neue Schubkraft erhielt. Das hatte zwei Folgen: eine noch nie gesehene dynamische und kraftvolle Politik nach außen mit dem Ziel, die seit den Perserkriegen entstandene athenische Machtstellung in der Ägäis zu sichern und weiter auszubauen; und im Inneren die wachsende Mobilisierung breitester Kreise der Bürgerschaft für den Dienst an ihrem Gemeinwesen. Ein Bewußtsein schier grenzenloser Verfügungsmacht nach außen und innen machte sich breit. Von diesem Lebensgefühl ist auch die kühne künstlerische Konstruktion des Diskobol durchdrungen. Man stelle nur einmal die kaum mehr als eine Generation älteren letzten Kouroi daneben.

Zugleich jedoch macht die Orientierung des Künstlers am Harmonieideal der Ponderation deutlich, daß eine solche Überwindung traditioneller

Abb. 64: Der Zeus/Poseidon vom Kap Artemision in Athen, um 460 v. Chr.

Beschränkungen nur gelingen kann, wenn sie das notwendige Gleichgewicht der Kräfte nicht aus den Augen verliert.

Mit der Darstellung des *kairos* hat Myron außerdem einem zentralen Gedanken der griechischen Vorstellung von Maß und Ordnung Gestalt verliehen. Denn nur die Wahl des günstigsten Moments gewährleistete, daß der in einer Handlung liegende Sinn optimal, also ohne ungewollte Nebenwirkungen zu verursachen, zur Geltung kommen konnte. Dies war ein Kernpunkt der Lehre der Diätetik, der vernünftigen und maßvollen Lebensführung, die für alle Lebensbereiche – schlafen, essen, körperliche Betätigung, Sexualität – den *kairos* bestimmte. Das Ziel der Diätetik war die Kanalisierung und Meisterung der triebhaften menschlichen Regungen.

So führte also auch die Bildkunst das Ideal einer harmonischen Lebensführung dem einzelnen Bürger vor Augen. Und auf das Leben der Gemeinschaft als ganzer bezogen trug sie dazu bei, die Erfahrungen von Machtwachstum, von erweiterten menschlichen Verfügungsmöglichkeiten und Könnensbeweisen auf verschiedenen Feldern intellektuell, moralisch und emotional zu verarbeiten. Den Gefährdungen und Beunruhigungen, die sich im Begriff *hybris*, der ordnungzerstörenden Grenzüberschreitung, bündeln lassen, haben die Bildhauer wie die Dichter, Philosophen und Geschichtsschreiber ihr Ideal von Ausgleich und Maß, von Harmonie und Eintracht entgegengestellt.

DER INBEGRIFF RAUMGREIFENDER MACHT: DAS GÖTTERBILDNIS VOM KAP ARTEMISION

Der 1928 aus dem Meer geborgene Poseidon (oder Zeus) vom Artemision stellt eines der künstlerisch bedeutendsten Götterbildnisse der Antike und ein Meisterwerk der Frühklassik dar. Die Benennung ist nicht zu sichern. Vor allem fehlt das Attribut, das die Figur in der Rechten gehalten hat. Aber eine spätarchaische Münze aus Poseidonia zeigt Poseidon mit Dreizack in ähnlichem Darstellungstyp. Außerdem spricht der Fundort für eine Weihung an Poseidon. Sie könnte zur Erinnerung an die Schädigung der persischen Flotte im Jahre 480 v. Chr. durch einen Sturm in den Gewässern vor dem Kap Artemision aufgestellt worden sein (vgl. Herodot 7, 192).

Die nackte athletische Figur steht in ausfallendem Schritt auf dem leicht gebeugten linken Bein. Das rechte Bein ist zurückgesetzt und entlastet, der Fuß nur vorn aufgesetzt. Durch die Drehbewegung des Körpers ist der Rumpf in eine leichte Torsion gebracht. Die Meridianlinie ist etwas geschwungen, der Körper erscheint wie ein gespannter Bogen. Der linke Arm ist geradlinig vorgestreckt, die Finger sind etwas gespreizt. Rechts holt der Arm weit nach hinten aus. Der Blick ist über die linke Hand auf den mit der Waffe bedrohten Gegner gerichtet. Kopf und Gesicht sind sehr sorgfältig durchgebildet und verraten beim Bart und in der wohlgeordneten Frisur das technische Können des Künstlers.

Doch gilt sein Interesse nicht in erster Linie der genauen Naturnachahmung. Die Arme sind sogar ein wenig überlang, und die Beinstellung ist auf die Bildaussage hin stilisiert. Die Figur vereint in sich die kühne Dynamik der Drohgebärde, die weit in den Raum greift, mit der statuarischen Ruhe der potentiellen Kraft. Beides kommt etwa im Standbein zum Ausdruck. Einerseits ist es tragende Säule, andererseits von federnder Energie durch die Beugung des Knies, vor allem aber durch den vorn vom Boden abgehobenen Fuß. Auch das Gesicht enthält die Harmonie von Gegensätzen. Im Profil wirkt es jung, gespannt, entschlossen; von vorne gesehen kommen Züge des reiferen Alters hinzu.

Seit den Tagen von Artemision und Salamis und der daraufhin erfolgenden Errichtung ihrer äußeren Macht waren die Athener dem Gott des Meeres besonders verbunden. Denn die Beherrschung des Meeres war die elementare Grundlage ihres Vorrangs. Ihr Weihgeschenk sollte den Athenern den fortdauernden Beistand Poseidons sichern. Mit seiner weit ausholenden Geste, mögliche Widersacher fest ins Visier genommen, beherrscht der Gott sein Reich, und die Stadt weiß ihn an ihrer Seite. Die Dynamik ihrer äußeren Machtentfaltung ist hier auf die herrscherliche Gebärde des schützenden Gottes projiziert. Bekanntlich haben ihm die Athener an einer markanten Stelle, im Heiligtum am Kap von Sounion, auch einen großen Tempel errichtet.

Aber auch wenn die Forderung der Macht, von der das Standbild spricht, unzweideutig ist – die Gestaltung der Figur kündet doch auch davon, daß Macht gebändigt sein kann und sein muß. Sie muß ihren Grund in Maß, Proportion, Gleichgewicht und – bei aller Dynamik und Kraft – in Selbstbeherrschung finden, wenn sie zur dauerhaften Herrschaft werden will. Diesen Zusammenhang hatte der Künstler des Poseidon begriffen, als er in seinem Bild das Wesen der göttlichen Herrschaft gestaltete. Die Bürger Athens haben ihn freilich nur unvollkommen verstanden, so wie sie es auch in anderen Fällen nur teilweise vermochten, die Mahnungen ihrer Denker, Dichter und Künstler auf sich selbst zu beziehen. Es war zu ihrem eigenen Schaden, wie sich schon wenige Jahrzehnte später zeigen sollte, als Athen nach der Niederlage im Peloponnesischen Krieg sein »Seereich« auf Dauer wieder verlieren sollte.

GELASSENES SELBSTBEWUSSTSEIN: DIE KRIEGER VON RIACE

Als in Rom der Kaiser Mark Aurel regierte, erblickte ein griechischer Reisender auf seinem Rundgang im Apollon-Heiligtum zu Delphi eine 600 Jahre alte monumentale Statuengruppe (Pausanias 10, 10,1–2). Die Athener hatten sie zwischen 457 und 450 v. Chr. von Phidias, dem berühmtesten Bildhauer jener Zeit, anfertigen lassen und zur Erinnerung und zum Dank für den ein Menschenalter zuvor errungenen Sieg über die Perser dem delphischen Gott geweiht. Von dem Denkmal ist vor Ort nichts mehr erhalten, so daß uns nur Beschreibungen sowie Analogieschlüsse zu dem etwas späteren Monument der athenischen Phylenheroen von der Agora in Athen eine hypothetische

Rekonstruktion ermöglichen. Es handelte sich in Delphi um eine Ansammlung von 16 ruhig nebeneinander stehenden, leicht überlebensgroßen Bronzefiguren auf einer langgestreckten Basis. Sie verkörperten die zehn attischen Phylenheroen, außerdem drei weitere mythische Ahnherren der Athener, begleitet von Athena und Apollon sowie Miltiades, dem entscheidenden Feldherrn der Schlacht von Marathon.

Für die Zeitgenossen war das athenische Weihgeschenk in Delphi eine unerhörte Provokation und Demonstration – zunächst wegen seiner politischen Aussage; von Delphi aus galt sie der gesamten griechischen Welt. Athen nahm dadurch eine besondere Rolle in dem gemeingriechischen Heiligtum für sich in Anspruch. Es brachte Athena als seine Schutzherrin und Apollon, den Herrn von Delphi, in ein enges Verhältnis. Apollon war auch der Gott der Rache, die für die Politik Athens im 5. Jahrhundert v. Chr. sehr wichtig war: Rache gegenüber den Persern, gegenüber ehemals perserfreundlichen Griechen, gegenüber jeder Gemeinde, die von dem Bündnis mit Athen abfiel.

Mit der Rache wurde auch die Erinnerung an den siegreichen Feldherrn heraufbeschworen. Ganz außergewöhnlich war es aber, daß der verdiente Miltiades auf dem Monument in Begleitung von Göttern und Heroen auftrat. Eine solche Entrückung in übermenschliche Sphären wäre im demokratischen Athen nicht möglich gewesen. In Delphi jedoch figurierte Miltiades als Vertreter seiner Stadt. Seine Erhöhung war zugleich deren Erhöhung und unterstrich ihre Machtstellung in Griechenland.

Miltiades stand im Kreise von Heroen, die den zehn Phylen der attischen Bürgerschaft einst – von Kleisthenes initiiert und unter Mitwirkung Delphis sanktioniert – den Namen verliehen hatten. Daß gerade sie als Verkörperung der Bürgerschaft auf diesem Denkmal erscheinen, sollte offenbar zeigen, daß die entscheidende Voraussetzung für den Sieg über die Perser die kleisthenische Neuordnung gewesen ist. Diese Betonung der bürgerstaatlichen Tradition überrascht in den fünfziger Jahren des 5. Jahrhunderts nicht. Nur wenig zurück lagen die Konflikte von 462/1 v. Chr., als die Volksversammlung unter Führung von Ephialtes und Perikles einer schleichenden Aushöhlung der kleisthenischen Ordnung Einhalt geboten und den Bürgerstaat weiter ausgebaut hatte. In dieser Situation wurden die Phylenheroen umso mehr zu Leitfiguren und demonstrativen Vorbildern.

Auch die übrigen Bildnisse – unter ihnen der Urkönig Kodros, der Athen gegen die Angriffe der Peloponnesier, sowie der Gründerkönig Theseus, der die Stadt gegen die barbarischen Amazonen verteidigt hatte – verstärken die

Abb. 65: *Die Riace-Bronze A*

Botschaft des Monuments: Mit göttlichem Beistand hatte die athenische Bürgerschaft in der Form, die sie sich seit Kleisthenes gegeben hat, die äußeren Feinde besiegt und selbst den Anspruch als Großmacht errungen.

Teilweise mit Waffen, teils als jugendliche, teils als ältere Kämpfer, vermutlich aber durchweg mit nacktem Körper müssen wir uns die Figuren des Marathon-Weihgeschenks vorstellen. Spätere Marmorkopien konnten dem Monument bislang nicht zugeordnet werden. Es ist jedoch anfänglich in der Forschung vermutet worden, eine der größten archäologischen Sensationen des 20. Jahrhunderts könnte mit dem verlorenen Denkmal in Verbindung stehen. Aus dem Meer beim unteritalienischen Riace wurden 1972 zwei Bronzestatuen geborgen. Sie sind ohne Zweifel vollendete Meisterwerke, und ihre stilistische Analyse und weitere motivische Vergleiche lassen es nicht ausgeschlossen erscheinen, daß wir in ihnen die einzigen original erhaltenen Bildwerke des berühmten Bildhauers Phidias vor uns haben.

Die Figuren sind 1,98 Meter groß und könnten aus derselben Werkstatt stammen. Entstanden sind sie zwischen 460 und 450 bzw. 440 v. Chr. Figur A, die vermutlich ältere Figur, ist kenntlich am überquellenden Reichtum von Haar und Bart. Das von einem Band zusammengehaltene Haar findet sich auch bei anderen Bildnissen von Kriegern und Athleten. Figur B, aus stilistischen Gründen wohl etwas jünger, trug über der noch vorhandenen Kappe einen Helm, der sich nicht erhalten hat. Die Augen sind bei A aus Elfenbein, bei B aus Marmor eingelegt. Beide waren bewaffnet, A mit einem Speer, B mit einem Schwert, beide mit einem runden Schild.

Figur A wendet den Kopf deutlich nach rechts und hat den Mund, der die aus Silber eingelegten Zähne sehen läßt, leicht wie zum Gespräch geöffnet. Vielleicht hat die Figur in Beziehung zu einer benachbarten Statue gestanden. Der Kopf von B ist stark geneigt. Ob wir darin eine Geste der Selbstbescheidung sehen sollen, wie zuweilen gesagt wird, ist recht zweifelhaft angesichts des mentalitätsgeschichtlichen Kontextes, in den das Bildnis gehört, also der am höchsten entwickelten Machtstellung Athens im 5. Jahrhundert v. Chr. Eher richtet sich der Blick von oben auf den Betrachter. Das Standmotiv ist bei beiden gleich: Rechtes Stand- und linkes Spielbein sind klar unterschieden, auch wenn beide Füße auf dem Boden stehen. Dennoch erwecken sie aufgrund der Haltung des Oberkörpers einen durchaus verschiedenen Eindruck. Er geht auf eine unterschiedliche Intensität der Ponderation zurück. Fig. A ist stärker aufgerichtet. Die Kontraktionen der Oberkörpermuskulatur und die Verschiebung des Beckens und der Schultern sind schwächer als bei B. Bei ihm erscheint die Meridianlinie stärker gekrümmt; auch die Schrittstellung ist deutlicher ausfallend.

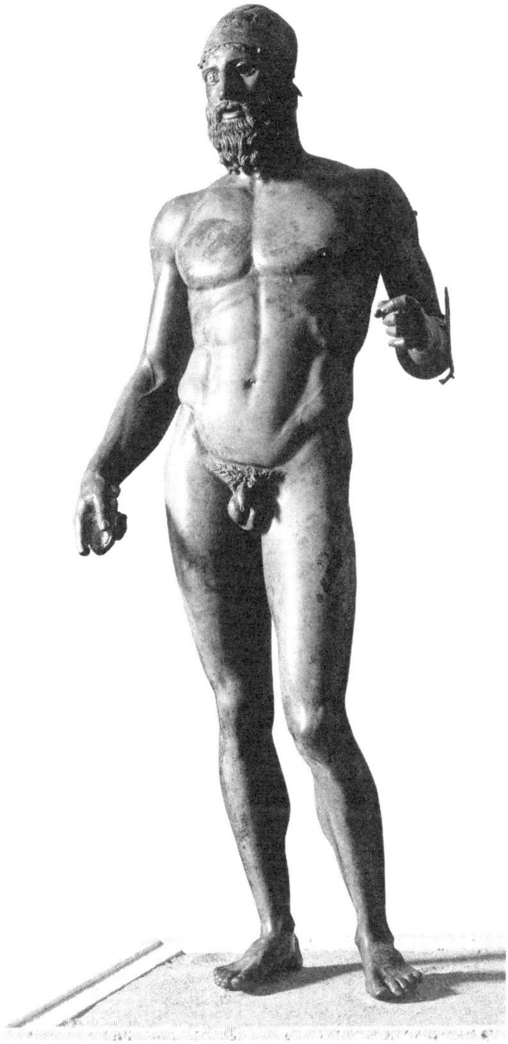

Abb. 66: Die Riace-Bronze B

Abb.67:
Die Riace-Bronze A

Figur A ist erfüllt von einer eher potentiellen Kraftentfaltung und Bewegung, gepaart mit einem Blick, der sich in eine unbestimmte Ferne richtet. Dieser Mann macht einen das Arrogante zumindest streifenden, selbstbewußten, kraftvollen, auf alle Anforderungen gefaßten Eindruck. Demgegenüber befindet sich B in einer stärkeren Bewegung, allerdings nicht nach vorn drängend, sondern im Oberkörper zurückgenommen. Dazu kommen weichere und fülligere Körperformen als bei A. Kraftentfaltung und Bewegung sind verbunden mit beherrschter Gelassenheit.

Auch wenn es aus dem archäologischen Befund für einen Aufstellungskontext keine Indizien gibt und also eine Verbindung mit Delphi möglicherweise gar nicht oder nicht für beide Statuen besteht – die in den Bildzeichen der Riace-Bronzen enthaltene Botschaft paßt nur zu gut zur politischen Aussage des Marathon-Weihgeschenks: In den bildlichen Traditionen des idealen Aristokraten wird das Idealbild des athenischen Bürgers formuliert. Es offenbart sich in einem anatomisch perfekten männlichen Körper, der eine bezwingende physische Präsenz besitzt. Sein Auftreten ist dabei gezügelt und zurückgenommen. Diese Haltung und dieses Selbstbild entsprechen der politischen Situation der Mitte des 5. Jahrhunderts v. Chr., jener Jahre, in denen Perikles einen wesentlichen Einfluß in der Volksversammlung besaß. Die Riace-Krieger künden vom Selbstgefühl des Mächtigen, dessen errungene Stellung in der Welt einen bestimmten, doch gelassenen Auftritt, womöglich in einem wichtigen griechischen Heiligtum, also vor großem Publikum erlaubte. Die aggressiven Potenzen sind unverkennbar, freilich nur angedeutet. Als Inbegriff der Bürgerschaft Athens lassen diese Männer darüber hinaus keinen Zweifel an der bürgerstaatlichen Ordnung im Inneren aufkommen.

KANON UND SCHÖNHEIT: DER DORYPHOROS DES POLYKLET

Myrons Diskobol steht für die Werke der Frühklassik, die durch die Befreiung der Darstellungsmöglichkeiten, die raumgreifenden Bewegungen der Figuren und die Schilderung extremer Handlungen und Positionen gekennzeichnet ist. Die Gruppe der Tyrannentöter wäre ein weiteres wichtiges Beispiel dafür. Diese Dynamik wird im Stil der Hochklassik seit der Mitte des 5. Jahrhunderts v. Chr. wieder deutlich zurückgenommen. Bereits die Krieger von Riace haben das erkennen lassen. Das für die Epoche repräsentative Bildwerk ist aber der Speerträger (Doryphoros) des Polyklet aus Argos (ca. 445 v. Chr.). Die besten Überlieferungen der Statue liegen in einer römischen Marmorkopie aus tiberianischer Zeit vor, gefunden in Pompeji, heute im Nationalmuseum von Neapel, sowie in einer Kopie in Minneapolis.

Der nackte junge Mann steht im Kontrapost, das Körpergewicht ist fast vollständig auf das rechte Standbein verlagert. Das weit zurückgesetzte linke Bein berührt den Boden nur mit den Fußspitzen und ist in hohem Maße unbelastet. Aus diesem Standmotiv folgt alles Weitere. Praktisch jeder Körperteil der Figur – Becken, Rumpf, Brustkorb, Schultern, Arme, Hände, Kopf, ja sogar die Frisur – wird in die Spannung von Belastung und Entlastung einbezogen, so daß im Ergebnis die Gestalt in vollkommenem Gleichgewicht in sich ruht.

Die Körperhaltung des Doryphoros ist alles andere als natürlich. Der krasse Gegensatz von Spiel- und Standbein gefährdet letztlich die Standposition und kann nur aus der künstlerischen Absicht heraus verstanden werden. Bereits

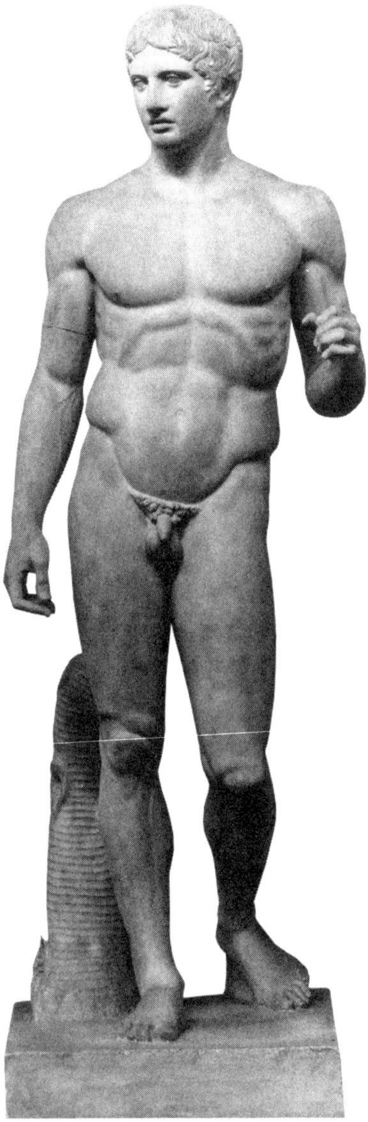

Abb. 68: *Der Doryphoros des Polyklet in Neapel*

für den antiken Betrachter wirkte diese Haltung wie ausgedacht. Was auf den ersten Blick wie ein Naturideal wirken könnte, erweist sich als Konstruktion und Gestaltung der Natur auf ein geistiges Ideal hin.

Polyklet hat eine nur sehr fragmentarisch erhaltene kunsttheoretische Schrift mit dem Titel *Kanon*, Muster oder Richtschnur, verfaßt. Der Doryphoros ist vermutlich die danach entworfene Musterstatue. Bei ihm ging es daher weniger um ein konkretes Darstellungsthema als vielmehr um eine Statue, die – wie es bei Plinius d. Ä. heißt –

> die Künstler als Kanon bezeichnen; und aus diesem Kanon leiten sie die Grundregeln ihrer Kunst wie aus einer Art Gesetzbuch ab.
> (Plinius, *Historia naturalis* 34, 55)

Ruhe und Bewegung, Spannung und Entspannung, Hebung und Senkung, alle Bewegungsmotive von Kopf bis Fuß sind kontrapostisch aufeinander bezogen. Jede Öffnung in eine Richtung wird in einer anderen wieder zurückgenommen, kein Motiv ist zu stark oder zu schwach ausgearbeitet, wie Bauelemente greifen Muskeln und Glieder ineinander und fügen sich zu einem organischen Funktionszusammenhang. Dieses Ordnungsprinzip kann mit dem Begriff der *symmetria*, dem stimmigen Verhältnis, bezeichnet werden. »Die Schönheit liegt (…) in der Symmetrie der Glieder (…)«, stellt Polyklet selbst fest.

Höchste Schönheit ergibt sich demnach aus einer Proportionslehre. Polyklet hat sie auf der Grundlage empirischer Messungen gewonnen und daraus ein Mittleres, *to meson*, zwischen den vorfindlichen Extremen abstrahiert. In der physischen Erscheinung dieses künstlerisch normierten Körpers wird ein Leitbild sichtbar, das auf rationale Grundsätze und Verfahren zurückzuführen ist. Der Doryphoros übersteigt dadurch die einfache Naturwahrheit. Seine Schönheit enthält – nach einem Wort des römischen Rhetoriklehrers Quintilian – einen *decor supra verum* (*De institutione oratoria* XII, 10,8).

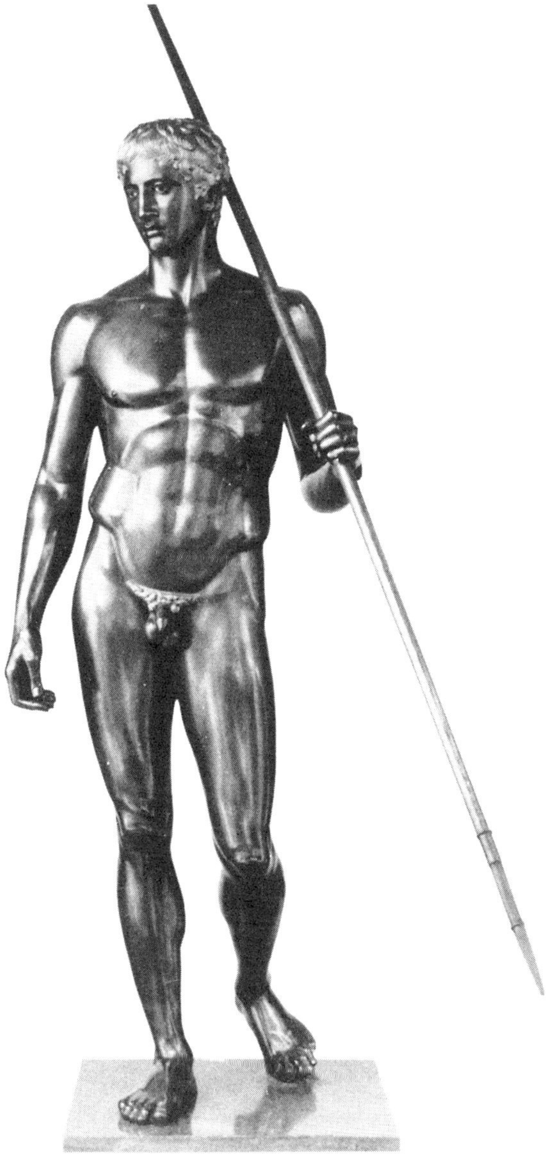

Abb. 69: Bronzerekonstruktion des Doryphoros in München

Das mittlere Maß, die Harmonie, zu der sich die Gegensätze in der Figur verbinden, sind Grundsätze, die von Anfang an im Mittelpunkt auch der politischen Ethik des Bürgerstaates gestanden haben. Weder herrschaftslos noch gewaltunterworfen sollen die Bürger im politischen Raum sein, sagt der Dichter Aischylos, und nach Aristoteles liegt das Prinzip des Bürgerstaates im Wechsel von Herrschen und Beherrschtwerden.

Die harmonische Form des Bildnisses enthält daher zugleich einen moralischen Wert, schön ist es im ästhetischen wie im ethischen Sinne. Die perfekte Ausgewogenheit und gebändigte Spannung bringt als Schönheitsideal eo ipso das Ideal des Bürgerstaates zum Ausdruck. Dieses wird etwa in einer Rede des Perikles bei Thukydides prägnant formuliert. Die Fähigkeit zu Anstrengung und Kraftentfaltung, ja zum Opfer, sind, so führt Perikles aus,

Abb.70: Kopfherme des Doryphoros aus Herculaneum

bei den Athenern genauso ausgeprägt wie ihre Neigung und ihre Möglichkeiten zu glücklichem und genußreichem Leben; Tatkraft und Unternehmungsgeist vereinigen sich mit wohlüberlegter Beratung; politische Teilhabe und Gleichheit sind reguliert durch den gemeinsamen Gehorsam gegenüber den Gesetzen sowie die Bereitschaft, sich von politischen Führern beraten zu lassen. Perikles charakterisiert den athenischen Bürger zusammenfassend – in der Übersetzung von Christian Meier – als

> eigenständig und jeder für sich den meisten Anforderungen gewachsen, gewandt und mit Anmutigkeiten.
> (Thukydides 2, 41,1)

Ebendies ist auch die Botschaft des Doryphoros, des Leitbildes des Menschen als Bürger der Polisgemeinschaft.

Dieses Ideal hat in allen Bildwerken der klassischen Kunst Gestalt angenommen. In die Zeit des Doryphoros, obgleich in der Umsetzung enger verwandt mit den Riace-Heroen, gehört auch der Kasseler Apollon des Phidias. Die Benennung der Figur ist durch den vom Kopisten beigefügten Köcher, das Attribut Apollons, gesichert. Dargestellt ist wahrscheinlich Apollon mit dem Beinamen *Parnopios*, der Vertreiber der Heuschrekken, dessen Statue Pausanias auf der Akropolis in Athen gesehen hat. Daran hat sich die neuere Rekonstruktion der Figur orientiert: Die rechte Hand hält eine Heuschrecke, die linke Pfeil und Bogen.

Eine Generation später erreichen wir das Ende der Hochklassik. Zu erkennen etwa am Diadoumenos, einem Sportler, der sich die Siegerbinde ums Haupt legt. Noch ist die Ähnlichkeit mit dem Doryphoros im ganzen Aufbau nicht zu übersehen. Aber wie in der Frühklassik gewinnt ein auf eine reale Situation verweisendes Bildthema wieder stärkere Aufmerksamkeit.

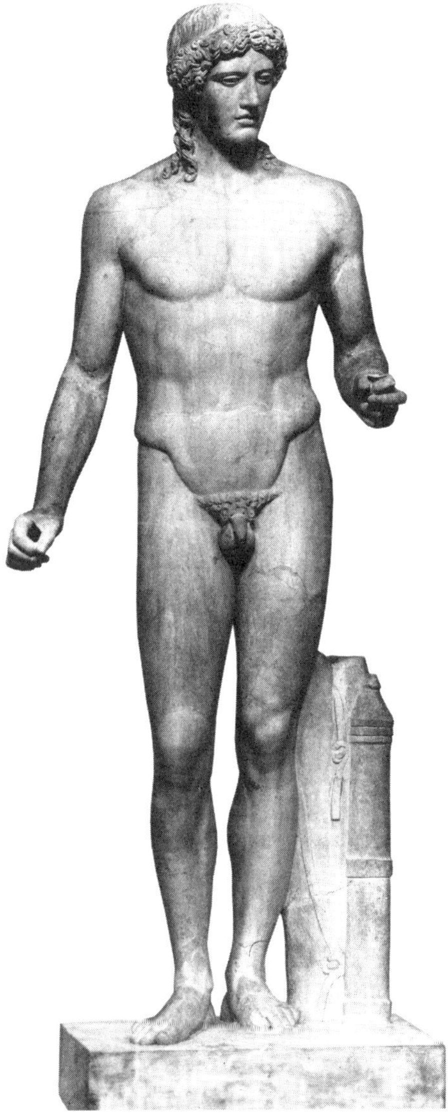

Abb. 71: Kasseler Apollon, um 450 v. Chr.

Die Bildhauer der Klassik haben ihren Mitbürgern das Ideal des Bürgers zur Anschauung gebracht, wie die übrigen Künstler, Dichter, Philosophen oder Geschichtsschreiber überzeugt davon, daß richtiges und vernünftiges Handeln in der politischen Gemeinschaft lehrbar, vermittelbar und auf rationale Grundsätze zurückzuführen sei. Und sie haben dafür eine ästhetische Form geschaffen, die die von den Bildwerken ausgehende Botschaft zu einer bleibenden Forderung und Herausforderung werden ließ. Spätere Jahrhunderte haben deswegen immer wieder daran anknüpfen können. Davon zeugt etwa die verhältnismäßig große Zahl von Repliken des Doryphoros oder dessen ausdrückliche Rezeption im Urbild der römischen Kaiserstatuen, dem Augustus von Primaporta.

DIE FRAGE NACH DEM KLASSISCHEN

Haben wir mit alldem heute noch etwas zu schaffen? Die Antwort, allein mit Blick auf den Bereich der Kunst, hat von einem schlichten Befund auszugehen: Alle als klassisch, und damit als überzeitlich gültig erachteten kulturellen Leistungen der europäischen Geschichte, von der Klassik der augusteischen Zeit über die Renaissancen des Mittelalters und der Neuzeit bis zur Klassik des 17. und 18. Jahrhunderts in England, Frankreich und Deutschland und zur klassischen Moderne des 20. Jahrhunderts, sind aus einem expliziten Rückgriff auf die griechische Klassik hervorgegangen. Bis heute ist keine ernsthafte und wirksame künstlerische Entwicklung ohne den Dialog mit dieser Tradition ausgekommen. Und das gilt für praktisch alle Dimensionen der griechischen Kultur.

Was die bildende Kunst im besonderen angeht, so haben die Griechen mit der Wiedergabe der menschlichen Gestalt in ihrer reinsten Form einen ihrer entscheidenden Beiträge zur Weltkunst geleistet. Das vor allem in den klassischen Statuen vergegenwärtigte Menschenbild ist formal wie inhaltlich von so allgemeiner Verständlichkeit und Zugänglichkeit, daß an ihm zu allen Zeiten Grundlagen menschlichen Daseins und Denkens begreiflich werden können: Alle Möglichkeiten zu selbstbestimmter Bewegung und Handlung und das Unterworfensein unter die Gesetze der Natur, Freiheit und Gebundenheit, Naturtreue und formale Stilisierung, physische Kraft und intellektuelle Reflexion bilden anthropologisch konstante Komplementärerfahrungen. In den Bildwerken der griechischen Klassik wird die Spannung dieser Gegensätze spürbar, und ihr Antagonismus wird im Moment des Bildes aufgehoben. Es ist diese Utopie von Ausgleich und Gleichgewicht, von geglückter Versöhnung, die den unsterblichen Reiz dieser Kunstwerke ausmacht. Sie besitzen daher jene »Bauart langdauernder Werke«, in der nach Bertolt Brecht das Wesen des Klassischen liegt:

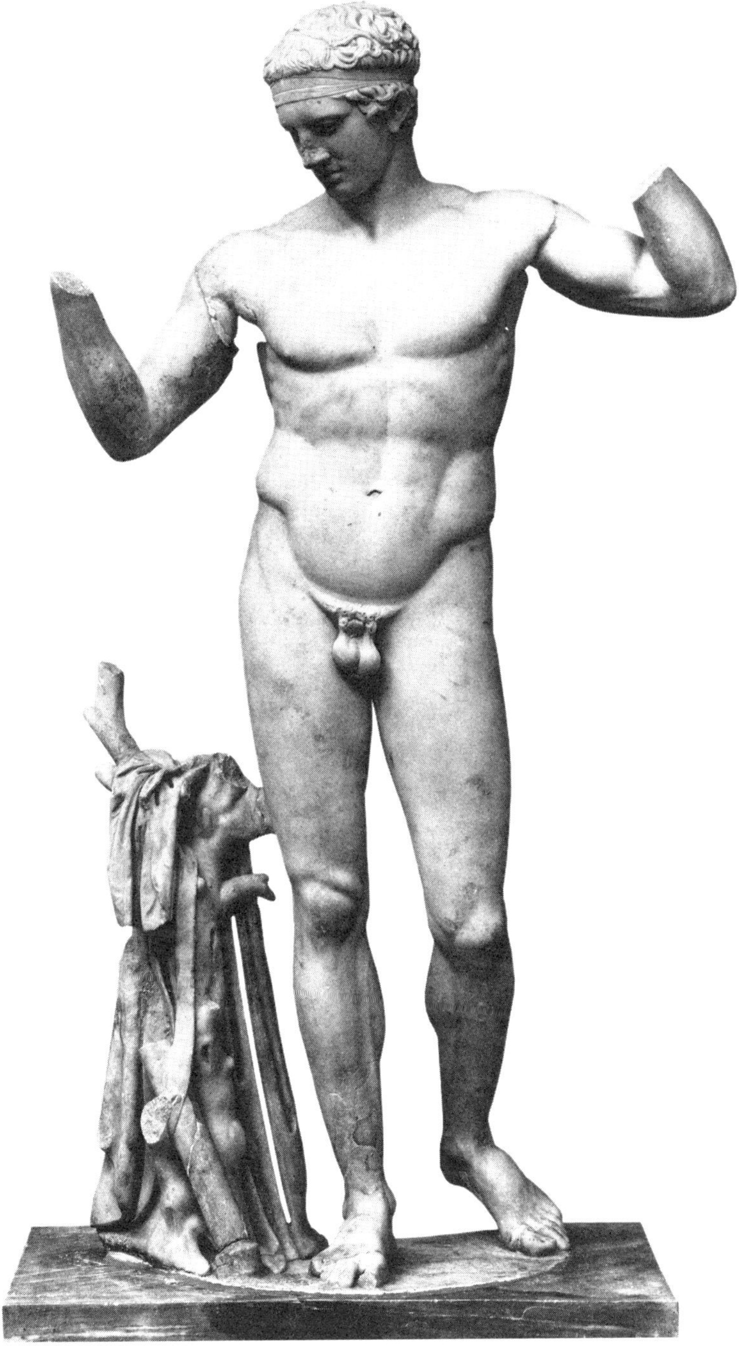

Abb. 72: Der Diadoumenos des Polyklet, um 420 v. Chr.

Wie lange
Dauern die Werke? So lange
Als bis sie fertig sind.
So lange sie nämlich Mühe machen
Verfallen sie nicht.

Einladend zur Mühe
Belohnend die Beteiligung
Ist ihr Wesen von Dauer, so lange
Sie einladen und belohnen.
(...)
(Bertolt Brecht, Gesammelte Werke Bd. 8.
Frankfurt 1967, S. 387)

EPILOG

KARL FRIEDRICH SCHINKEL – EIN ATHEN FÜR DIE MODERNE

Der Mensch bilde sich in allem schön, damit jede von ihm ausgehende Handlung durch und durch in Motiven und Ausführung schön werde. Dann fällt für ihn der Begriff von Pflicht in dem gröberen Sinne (…) ganz fort, und er handelt überall in seligem Genuß, der die nothwendige Folge des Hervorbringens des Schönen ist.

Karl Friedrich Schinkel

Es wäre falsch, dieses Empfinden von Harmonie als einen Rückzug in die Vergangenheit zu genießen. Es entspräche nicht der Intention Schinkels. In der Empfindung liegt vielmehr das natürliche Verlangen nach einer Architektur, die den Lebensraum der Erde in Anpassung an die Natur und in verantwortungsvollem Umgang mit ihren Ressourcen gestaltet. Dem zeitgenössischen Schlagwort der Globalisierung ist das universale Denken entgegenzuhalten.

Helmut Börsch-Supan

Da stehen sie einander gegenüber – in der Friedrichswerderschen Kirche zu Berlin: Links Johann Joachim Winckelmann, dessen neuer und revolutionärer Blick auf die Griechen seit 1755 den Weg zu einer Erneuerung der europäischen Kultur gewiesen hatte – und rechts gegenüber Karl Friedrich Schinkel (1781–1841), der größte deutsche Baumeister, der mit der geschichtlichen Idee Winckelmanns als Leitstern seit 1815 der Hauptstadt Preußens und später Deutschlands ihr bis heute unverwechselbares urbanes Herz geschaffen hat. Die Friedrichswerdersche Kirche im Zentrum Berlins ist eines der

Meisterwerke Schinkels. Der lichtdurchflutete Raum beherbergt heute eine erlesene Auswahl von Skulpturen des 19. Jahrhunderts. Den Reigen eröffnen gleich hinter dem Eingang die zwei leicht überlebensgroßen Standbilder Winckelmanns und Schinkels. Die beiden Portraitstatuen gehören zusammen und standen ursprünglich als Protagonisten einer Galerie von Denkmälern zur Erinnerung an die Heroen preußischer Kultur in der Vorhalle des Alten Museums, ebenfalls einem Hauptwerk Schinkels. Schon im Jahr nach dessen Tod gab der preußische König dem Bildhauer Friedrich Tieck den Auftrag zu einem Memorialbildnis des schon zu Lebzeiten europaweit berühmten und für das Selbstverständnis des neuen preußischen Staates hochwichtigen Mannes. Die Statue konnte allerdings erst 1855 aufgestellt werden, und ihr Pendant, das Bildnis Winckelmanns von der Hand Ludwig Wichmanns, entstand zeitgleich mit ihr zwischen 1844 und 1848 als zweite Figur des Zyklus.

In ihren Bildnissen sind das wesentliche Verdienst und der geistige Habitus der beiden Männer treffend eingefangen. Winckelmann hat über seine vornehme, aber den freien Geist des Gelehrten akzentuierende Bekleidung einen großzügigen Reisemantel geworfen. Er kommt wie von einer weiten Reise zurück und betrachtet, den Blick leicht nach unten, wie auf etwas Mitgebrachtes oder gerade Entdecktes gerichtet, einen kleinen figürlichen Torso in seiner linken Hand. Der Mann wendet sich also jener Vergangenheit zu, aus der das Figürchen stammt. Mit dieser Haltung steht er gleichsam an einer Wegscheide. Darauf verweist die antike Doppelherme, auf die sich sein linker Arm stützt und deren beide Gesichter den Weg zurück wie nach vorne erblicken: Winckelmann – der Heros einer epochalen Wende aus dem Geist der Antike.

Sie bildet auch für Schinkel das Fundament, auf dem er steht – ein antikes Kapitell ist im Begriff, in die Plinthe der Statue einzutauchen oder ragt aus ihr heraus. Auch Schinkel ist sorgfältig im Stil der Zeit gekleidet, und darüber in einen üppigen griechischen Mantel gehüllt, der durch seine Drapierung den Blick auf die Gewandung der Gegenwart frei gibt. Die rechte Hand hält einen Stift, mit dem der Künstler den Grundriß des Alten Museums – an dem sein Bildnis aufgestellt war – auf einer Zeichentafel in seiner Linken festgehalten hat. Schinkel schaute einst mit tatkräftigem Blick nach vorne, ins Weite, durch die Säulenreihe der Wandelhalle hinaus auf jene Bauten, die er als Architekt entworfen und verwirklicht hat und die das Gesicht seiner Stadt in die Moderne hinein bis heute geprägt haben: Schinkel – der ganz auf dem Boden seiner Gegenwart stehende Wegbereiter einer Zukunft, die aus und mit der Geschichte lebt.

Abb. 72: Die Standbilder von Winckelmann und Schinkel in der Friedrichswerderschen Kirche in Berlin

Die Präsentation der beiden Statuen in der Friedrichswerderschen Kirche bewahrt nicht nur das schon von Schinkel selbst für die Eingangshalle seines Museums entworfene Programm eines preußischen Walhalla der Künste – in der heutigen Aufstellung sind davon im weiteren nur noch die Standbilder der Bildhauer Rauch und Schadow zu sehen –, sondern setzt in überzeugender Weise die innere Verbindung in Szene, in der die beiden Männer stehen. Das wird noch unterstrichen durch Christian Daniel Rauchs Goethe-Büste von 1820, die, in die Mitte des Raums leicht nach vorne gesetzt, Goethes zentrale Stellung in dieser geistigen Welt deutlich werden läßt und das gedankliche Band zwischen den beiden Figuren knüpft.

Schinkel ist einer der Wichtigsten, die das in die Lebenswelt versetzt und vollendet haben, was Winckelmann ein halbes Jahrhundert zuvor angestoßen und zum ersten Mal durchdacht hatte. Nicht nur war Schinkel mit dem Werk Winckelmanns eng vertraut, er wirkte selbst auch ganz aus und in dessen Geist. Es ist die Haltung eines lebendigen Klassizismus, die unverändert aus jener fruchtbaren und – mit Nietzsche zu sprechen – lebensdienlichen Weise erwächst, sich die Antike als Teil einer sinnerfüllten Geschichte für die Gegenwart anzueignen. Winckelmann und Schinkel bilden daher auch für dieses Buch den Rahmen, weil dieser seinerseits für den Blick auf die Antike auch aus der Perspektive des 21. Jahrhunderts in neuer Weise wieder wichtig wird.

Denn es waren niemals antiquarisch-archäologische Interessen, die Schinkels Blick auf die Antike lenkten. Seine Motive wurzelten vielmehr in einem energischen Streben, auf die eigene Zeit zu wirken und mit den verschiedensten Mitteln Gesellschaft, Staat und Kultur zu erneuern. Schinkel gehörte zum Kreis jener Männer wie Goethe, Schiller, Schadow, Rauch, Humboldt, Schelling, Brentano und zahlreiche andere, die in den beiden Jahrzehnten nach 1800 in einem regen geistigen Austausch die Rolle von Kunst und Kultur als entscheidender Grundlage für eine Erneuerung formuliert haben. Von diesem Standpunkt aus richtete sich das Augenmerk notwendig auf die Gesamtheit und den Zusammenhang der antiken Kultur. Das bedeutete, wie schon Winckelmann gesehen hatte, daß die bewunderten antiken Kunstwerke nur in ihren sozialen und politischen Bezügen zureichend verstanden werden konnten. So bewegte sich auch Schinkel, indem er sich der Antike zuwandte, in den Koordinaten einer geistigen Gesamtheit, deren vielfältige Aspekte – von technisch-materiellen bis zu poetisch-philosophischen – er als Zusammenhang wahrnahm. Es sei, so resümiert er einmal, »ein Fehler der rein radicalen Abstraction« – ein Merkmal der Aufklärung – »ein Werk der Baukunst aus seinem nächsten trivialen Zweck allein und aus der Konstruction« zu entwickeln, denn dabei entstünde nur »etwas Trockenes, starres [sic] das der Freiheit ermangelte und zwei wesentliche Elemente: das Historische und das Poetische« vermissen lasse (Karl Friedrich Schinkel: Architektonisches Lehrbuch, Fassung v. 1835, Einleitung, zit. n. Goerd Peschken, Schinkel Lebenswerk 1979, S. 150)

Wie in der Epoche der griechischen Demokratie der klassischen Zeit oder im augusteischen Rom sollte das reformierte Gemeinwesen in der Bildung seiner Mitglieder gründen. Damals sei die Kunst erst die Folge der politischen Ereignisse gewesen, nun jedoch sei es »vielleicht die höchste Blüthe einer neuen Handlungsweise der Welt, wenn die schöne Kunst voran ginge« (Karl Friedrich Schinkel, um 1825, zit. bei Gian Paolo Semino: Karl Friedrich Schinkel. Zürich u. a. 1993, S. 200).

Schinkel begriff seine Aufgabe als zukunftsgerichtete und tiefgreifende Kulturarbeit: indem sie auf ein historisches Bewußtsein aus war, das jedem einzelnen die »Ausbildung des Empfindungsvermögens« (Schiller) in ästhetischer wie moralischer Hinsicht gleichermaßen ermöglichen und in der Folge davon das Leben der Gemeinschaft auf eine neue selbstbestimmte und freiheitliche Grundlage stellen sollte. Das Instrumentarium dahin zu gelangen war – auch hier den antiken Erfahrungen folgend – breit und vielfältig. So fühlte und betätigte sich Schinkel nicht bloß als Architekt und Stadtplaner, sondern auch als Maler und Bühnenbildner, Philosoph und Kunsttheoretiker sowie – wir würden heute sagen – Designer und Eventkünstler. Das Ziel der Bildung als öffentliches Anliegen konnte nur erreicht und verwirklicht werden, wenn der ganze Mensch, der Stil zu leben und zu denken davon durchdrungen und entsprechend geformt wurde.

Schinkels Absicht war nie, im Betrachter und Benutzer seiner Werke lediglich ein interesseloses, genußreiches Wohlgefallen zu erzeugen. Seine Idee des Schönen ist im Anschluß an antike Vorstellungen und in Übereinstimmung mit den Auffassungen Schillers und Humboldts stets und unabtrennbar mit der Notwendigkeit moralischer und politischer Bildung verbunden. Schinkel verfolgt einen umfassenden gedanklichen Ansatz, der in Gegenwart und Geschichte auf die Wahrnehmung jener Zusammenhänge zielt, die nicht nur funktional gegeben sind, sondern durch eine alles bestimmende Idee. Dieses ganzheitliche Denken, das der Antike von einem ausschließlich gegenwartsorientierten und dazu politischen Standpunkt aus begegnet, kann auch heute noch jener Brille den erforderlichen Schliff verleihen, ohne die wir im konturlosen Einerlei der Vergangenheit nichts zu sehen vermögen.

Zum »enthusiastischen Weltverschönerer«, als den Bettina von Arnim ihren Freund Schinkel bezeichnet hat, wurde dieser also nur dadurch, daß er eine klare und tragfähige Vorstellung davon hatte, was der Bezug zur Geschichte für ihn bedeutete – ein Spannungsfeld, über das nur »Phantasie« und »Divinationsvermögen« Brücken schlagen konnten:

> Es folgt hieraus schon von selbst, daß das Streben nach dem Ideal in jeder Zeit sich nach den neu eintretenden Anforderungen modificiren wird, daß das schöne Material, was die verschiedenen Zeiten für die Kunst bereits

> niedergelegt haben, den neuesten Anforderungen theils näher, theils ferner liegt und deshalb in der Anwendung für diese mannigfach modificirt werden muß, daß auch ganz neue Erfindungen nothwendig werden, um zum Ziele zu gelangen, und daß, um ein wahrhaft historisches Werk hervorzubringen, nicht abgeschlossenes Historisches zu wiederholen ist, wodurch keine Geschichte erzeugt wird, sondern ein solches Neues geschaffen werden muß, welches im Stande ist, eine wirkliche Fortsetzung der Geschichte zuzulassen.
>
> Hierzu gehört freilich neben der Kenntnis des gesammten historisch Vorhandenen eine Phantasie und das Divinationsvermögen, das rechte und gerade der Kunst noththuende Mehr wenigstens für die nächste Zukunft zu finden.
>
> (Karl Friedrich Schinkel: An den Kronprinzen von Baiern (1834). – In: Ders.: Briefe, Tagebücher, Gedanken. Ausgew., eingel. und erl. von Hans Mackowsky. Berlin 1922, S. 180)

Das ist Schinkels ganzes Programm: Geschichte entsteht nur in schöpferischer Gestaltung von etwas ganz Neuem, das den Lebensbedürfnissen der Gegenwart im Hinblick auf die Zukunft gerecht wird.

> Historisch ist nicht, das Alte allein festzuhalten oder zu wiederholen, dadurch würde die Historie zugrunde gehen. Historisch Handeln ist das, welches das Neue herbeiführt und wodurch die Geschichte fortgesetzt wird. Aber dadurch eben, daß die Geschichte fortgesetzt werden soll, ist sehr zu überlegen, welches Neue und wie dies in den vorhandenen Kreis eintreten soll.
>
> (Karl Friedrich Schinkel, zit. von Hans Kollhoff bei Johannes Cramer u. a. (Hrsg.): Karl Friedrich Schinkel. Führer zu seinen Bauten. Bd. I. München 2006, S. 64 f.)

Ein solcher Umgang mit der Geschichte, in der Vergangenheit und Gegenwart bewußt miteinander verknüpft werden, kennt keinen absolut gesetzten Bezugspunkt in der Vergangenheit. Erst dadurch kann deren Reichtum – »das schöne Material, was die verschiedenen Zeiten für die Kunst bereits niedergelegt haben« – erschlossen und fruchtbar angeeignet werden. Der Rückgriff auf das Mittelalter etwa ist für Schinkel daher ebenso notwendig wie der auf die Griechen, damit aus der Verschmelzung möglichst vieler künstlerischer und ideeller Elemente das zukunftsträchtige Neue, jedoch »nicht das für alle Zeiten Abgeschlossene und Befriedigende« hervorgehen kann, denn dies sei auch »nicht mit dem Glanz des Griechischen, mit der Pracht des Römischen, mit der Ausdehnung des Mittelalterlichen erreicht worden« (Karl Friedrich Schinkel: Briefe, Tagebücher, Gedanken S. 191).

Das Nachahmungspostulat Winckelmanns ist hier weitergedacht und in ein selbstreflexives geschichtliches Bewußtsein überführt – in das Bewußtsein der Moderne, die ihre Zukunft als selbstverantwortete, historisch fundierte Gestaltungsaufgabe sieht. Schinkels historische Größe besteht darin, daß er dieser Forderung in seinem gesamten Werk gerecht geworden ist. Ein summarischer Blick auf drei Beispiele:

Schinkel hat Berlins Mitte, die er in einem Zustand von gewachsener Unordnung und Gesichtslosigkeit vorfand, einer ganzheitlichen städteplanerischen Konzeption unterworfen, in der die Zeichen monarchischer Herrschaft – Schloß, Zeughaus, Forum Friedericianum – in einen neuen Funktionszusammenhang bürgerlicher Bildung und Arbeit eingebunden sind: das Gesicht der konstitutionellen Monarchie als idealer politischer Ordnung. Ein Eckstein dieser modernen metropolitanen Stadtlandschaft – Schinkel hatte sie in London und Paris studiert – bildet, zweitens, das neue Museumsgebäude am Lustgarten. Mit ihm hat Schinkel der absolutistischen Zwingburg der Schloßfassade ein Monument griechischer Bürgerfreiheit, eine dem politischen Leben dienende Säulenhalle (Stoa) gegenübergestellt und damit das Lustgartenensemble mit Schloß und Dom zur Agora einer bürgerlichen politischen Gesellschaft umgestaltet. Der eigentliche Baukörper des Museums enthält ein vollkommen neuartiges Raumkonzept, das die königlichen Sammlungen zum ersten Mal in einer systematischen Museumspräsentation als neues Medium dem bürgerlichen Bildungsstreben zugänglich macht. Eine weitere Manifestation bürgerlichen Neubauwillens und ein Zeichen dafür, wie weit Schinkel den Begriff der Kultur verstanden wissen wollte, ist schließlich der überaus feinsinnige Ziegelbau der Bauschule, der neuen Bildungsstätte für Technik und Gewerbe – wiederum positioniert als Widerpart zum Schloß. In diesem nur auf den ersten Blick unscheinbaren Backsteingebäude hat Schinkel zum ersten Mal die Erfahrungen mit den neuen Nutz- und Gewerbebauten in einem repräsentativen, durch symbolisch zu lesende figürliche Relieffriese und feinen Ornamentschmuck ideell überhöhten Staatsbau künstlerisch verarbeitet und damit bewiesen, daß auch Technisch-Funktionales Teil haben kann und muß am Schönen.

Besonders mit dieser in die Zukunft des modernen Bauens weisenden Bauakademie, aber auch durch seine übrige immense Produktivität hat Schinkel eine anhaltende, nur in der zweiten Hälfte des 19. Jahrhunderts unterbrochene, gerade heute aber wieder ganz aktuelle Wirkung entfaltet. Schinkel hat auf seine Weise mit dazu beigetragen, daß das Fenster zur Epoche der Moderne aufgestoßen wurde, und gerade die von ihm formulierte und in Bilder – Bauten, Gemälde, Räume, Gegenstände – von überwältigender Schönheit gefaßte Vorstellung von Klassizismus, der sich als eine Haltung der Moderne versteht, ist daher nicht überholt. Denn Schinkels Klassizismus besteht darauf, jedes Werk der Gegenwart müsse

> ein ganz neues Element bei sich haben, auch wenn es im Charakter eines bekannten schönen Styls gearbeitet ist; ohne dies neue Element kann es weder für den Schöpfer noch für den Beschauer ein wahres Interesse erzeugen. Dies neue Element aber ist es, was ihm das Interesse für die bestehende Welt giebt, welches das Mehr aus dem bestehenden heraustreten läßt und dadurch das Bestehende mit einer neuen Farbe verschmilzt und den Reiz eines lebendigen Geistes darüber ausgießt.
> (Karl Friedrich Schinkel: Briefe, Tagebücher, Gedanken S. 190)

Dieser Klassizismus hat nichts gemein mit dem, was im bürgerlichen Zeitalter aus dem Erbe Schinkels wurde: dem rückwärtsgewandten Blick als romanti-

Abb. 74: Das Alte Museum

Abb. 75: Die Bauakademie, Gemälde von Eduard Gaertner

sierend-nostalgische Fluchtbewegung oder als gleichgültige Haltung scheinbarer wissenschaftlicher Professionalität; der geistlosen Wiederholung von Formen – antiker genauso wie barocker oder gotischer Formen – im Brustton der Überzeugung, die vermeintlich sicher erreichte Modernität mit beliebigen historischen Versatzstücken drapieren zu dürfen. Fortschrittswahn und Historismus, Weltausstellungspavillons und blasse Gipsklassik sind nur vermeintlich gegensätzliche, in Wirklichkeit jedoch zusammengehörende Seiten einer pervertierten Moderne, in der, nach Schinkel, die Geschichte zugrunde gegangen und die kulturelle Bildung durch Schönheit tot ist – trotz einer auch im 20. Jahrhundert noch verbreiteten, vordergründig höchst betriebsamen Humanismuspflege.

Schinkel hingegen – bald ignoriert, bald vergewaltigt und verfälschend in Dienst genommen – und mit ihm die Geister seiner Zeit hätten dafür nur Verachtung gehabt.

Zum vollkommenen Zustande gehört reelle Lebendigkeit, Regsamkeit; Phlegma, sei es körperlich oder geistig, ist ein sündhafter Zustand für Den, welcher in Zeiten der Bildung, ein thierischer für den, welcher in Zeiten der Barbarei lebt. (…) Ueberall ist man nur da wahrhaft lebendig, wo man Neues schafft; überall, wo man sich ganz sicher fühlt, hat der Zustand schon etwas Verdächtiges, denn da weiß man Etwas gewiß, also Etwas, was schon da ist, wird nur gehandhabt, wird wiederholt angewendet. Dies ist schon eine halb todte Lebendigkeit. Ueberall da, wo man ungewiß ist, aber den Drang fühlt und die Ahnung hat zu und von etwas Schönem, welches dargestellt werden muß, da, wo man also sucht, da ist man wahrhaft lebendig.

(Aus Schinkels Nachlass. Reisetagebücher, Briefe und Aphorismen. Mitgeteilt von Alfred von Wolzogen. Berlin 1862. ND Mittenwald 1981, S. 210 f.)

Schinkel und der Klassizismus seiner Zeit halten ebenso wie die Antike, auf die sie sich bezogen, vielfältige geistige Anregungen, Fragen und Paradigmata für eine selbstkritische Moderne bereit, die lebendig und zukunftsfähig nur werden kann, wenn sie mit der Vernunft des Herzens den toten Buchstaben, Bildern und Steinen neues Leben einzuhauchen vermag. Denn jedes Schöne birgt Hoffnung. »Sieh hin und du weißt.« (Hans Jonas)

Karl Friedrich Schinkel: Die Blüte Griechenlands, 1825, Kopie von Wilhelm Ahlborn, 1836 (Berlin, Alte Nationalgalerie. Das Original ist 1945 verbrannt)
Wenige Wochen vor der Grundsteinlegung zum neuen Museum am Lustgarten im Juli 1825 übergibt eine Delegation des Berliner Magistrats der nach Holland verheirateten jüngsten Prinzessin des Königshauses als Hochzeitsgeschenk ein Bild. Schinkel hatte es nach der Rückkehr von seiner zweiten Italienreise im Dezember 1824 in den dazwischen liegenden Monaten geschaffen, vermutlich aber eher vollendet. In jedem Fall steht das Gemälde in engem innerem Zusammenhang mit der Planung des Museums und der seit 1815 im Ausbau

Berlins verwirklichten Kulturarbeit. An deren Bedeutung wollte Schinkel mit dem Thema seines Bildes erinnern, dem Bau eines Tempels vor der Kulisse einer antiken Stadt in einer malerischen Küstenlandschaft. Das Motiv ist antik, doch ganz den gegenwärtigen Absichten anverwandelt – man beachte die modern konstruierte Hebebühne. Das ist kein traditionelles Antikenbild mit einer erhabenen Ruine, die von einer dem zeitgenössischen Betrachter nicht mehr erreichbaren Größe kündet, sondern die zupackende Vision einer kollektiven Aufbauleistung. Denn darauf kam es Schinkel vor allem an: Das Ideal einer freien Assoziation von Bürgern zu entwerfen, die in der gemeinsamen praktischen Tätigkeit ihre Zukunft selbst aufbauen. Deshalb zeigen die Arbeiter fast nackte, ideale Körper und trotz aller Anstrengung keine Zeichen von Mühsal und Fron, deshalb sind sie in angeregter Unterhaltung verbunden und scheinen außerdem keiner übergeordneten Leitung zu bedürfen. Eine monarchische Spitze ist nur noch als Bild im Bild präsent – auf dem Steinblock, dessen Relief sich an eine von Schinkel als Hochzeit gedeutete Szene vom Panathenäen-Fries des Parthenon anlehnt und der gerade in den bereits fertigen Teil des Prozessionszuges eingefügt werden soll. Es sind, das ist der Sinn dieses Bildausschnitts, die schöpferischen, künstlerisch wie technisch produktiven sowie die moralischen Kräfte eines freien Volkes, auf denen die monarchische Macht beruht und von denen sie abhängig ist. Davon spricht das Bild auch noch in anderen Passagen – auf der linken, dunkleren Bildseite im Mittelgrund in der Szenerie von militärischer Kampfbereitschaft, von Sieg und gemeinsamer Trauer für die gebrachten Opfer, überhöht in der Inschrift auf der vorspringenden Cellamauer, die ein aristotelisches Preisgedicht auf die Tugenden des Bürgers und seinen Heldentod wiedergibt. Das Bild der Stadt im Hin-

tergrund mit ihren Tempeln, Theatern und Märkten verweist auf die die Bürger zusammenführenden kulturell-religiösen Praktiken sowie ihre wirtschaftliche Schaffenskraft. Diese Sphären bürgerlicher Leistungsfähigkeit und Tugend werden gekrönt durch die Arbeit des Künstlers, die repräsentiert wird von einer Bildhauerwerkstatt – auch in der Bildkomposition räumlich auf dem höchsten Niveau und ausgestattet mit dem bisher allein dem herrscherlichen Auftritt vorbehaltenen Würdesymbol der von einem Vorhang drapierten Säule. Mit dem Blick in die Blüte Griechenlands hat Schinkel sein Ideal eines erneuerten Staates formuliert: als Gemeinwesen freier, am Schönen von Natur wie Kunst sich bildender Bürger mit einer von ihnen buchstäblich „eingesetzten" monarchischen Spitze.

ZUM WEITERLESEN

Angesichts der zeitlichen und thematischen Spannweite der behandelten Gegenstände ist eine systematische Bibliographie nicht möglich. In den folgenden Hinweisen werden lediglich einige Bücher genannt, die für mein Denken wichtig gewesen sind. Sie sollen außerdem den Einstieg in eine weitere Beschäftigung mit den Themen erleichtern.

Die einzige neuere monographische Gesamtdarstellung der Antike als ganzer ist *Werner Dahlheim: Die Antike. Paderborn* ^{6}*2003 (1994)*. Nach wie vor sehr lesenswert sind die Darstellungen von *Alfred Heuss: Hellas. In: Golo Mann/Alfred Heuss (Hrsg.): Propyläen Weltgeschichte, Bd. 3: Griechenland. Die hellenistische Welt. Berlin u.a. 1963, S. 69–400; Römische Geschichte (1960). 6. Auflage mit einem neuen Forschungsteil versehen von Jochen Bleicken, Werner Dahlheim und Hans-Joachim Gehrke. Paderborn u.a. 1998; Herrschaft und Freiheit im griechisch-römischen Altertum. In: Golo Mann u.a. (Hrsg.): Propyläen Weltgeschichte, Ergänzungsband: Summa Historica. Die Grundzüge der welthistorischen Epochen. Berlin u.a. 1965, S. 67–128.*

Der Klassiker aller Kulturgeschichtsschreibung bleibt *Jacob Burckhardt: Griechische Kulturgeschichte 4 Bde. Berlin/Stuttgart 1898–1902 (Neuedition: Griechische Culturgeschichte. Bd. I–III. Aus dem Nachlaß hrsg. v. Leonhard Burckhardt, Barbara von Reibnitz u. Jürgen von Ungern-Sternberg. Munchen/Basel 2002–2005, Bd. IV in Vorbereitung)*, mit dessen geschichtstheoretischen Grundsätzen weitgehend auch der meinem Buch zugrunde liegende Ansatz übereinstimmt (siehe Kap. 1).

VORWORT

Die Spannbreite der Entwicklung, die die Altertumswissenschaft in den zurückliegenden fast vier Jahrzehnten hinter sich gebracht hat, markieren zwei Texte, ein Vortrag von *Christian Meier*, der 1966 einen wesentlichen Anstoß zur methodischen Erneuerung der Altertumswissenschaften gegeben hat (*Was soll uns heute noch die Alte Geschichte. – In: Ders.: Entstehung des Begriffs ›Demokratie‹. Vier Prolegomena zu einer historischen Theorie. Frankfurt a.M. 1970, S. 151–181*), und *Aloys Winterling: Über den Sinn der Beschäftigung mit der antiken Geschichte. – In: Karl-Joachim Hölkeskamp u.a. (Hrsg.): Sinn (in) der Antike. Mainz 2003, S. 403–418*, der in dankenswerter Klarheit für einen uneingeschränkten Dekonstruktivismus plädiert.

Die Bemerkungen zur Theorie der Schönheit sind mit Absicht knapp gehalten. Eine gründliche Erörterung des Themas hätte zu weit von der Absicht des Buches abgeführt, an kleinteilig vorgestellten Beispielen die Sinnfälligkeit der antiken Kultur für die Gegenwart zu demonstrieren. Eine vorzügliche, auch kommentierte Auswahl von Texten zum Schönheitsdiskurs von der Antike bis zum 20. Jahrhundert bietet *Michael Hauskeller (Hrsg.): Was das Schöne sei. Klassische Texte von Platon bis Adorno. München 1994*. Intellektuell enttäuschend als Problemaufriß, jedoch sehr materialreich und prachtvoll ausgestattet ist Umberto Eco (Hrsg.): Die Geschichte der Schönheit. München 2004 (ital. 2002/2004). Sehr anregend, fundiert und weit über das im Titel Angekündigte hinausgehend bleibt *Ernesto Grassi: Die Theorie des Schönen in der Antike. Köln 1962*. Seit Ende der 1990er Jahre haben die Publikationen über die evolutionsbiologisch und psychologisch arbeitende Schönheitsforschung breitere Aufmerksamkeit und Wirkung in verschiedenen Wissenschaften gefunden. Gut lesbare Überblicke sind *Klaus Richter: Die Herkunft des Schönen. Mainz 1999*, *Ulrich Renz: Schönheit. Eine Wissenschaft für sich. Berlin 2006* und *Cathrin Gutwald/Raimar Zons (Hrsg.): Die Macht der Schönheit. München 2007*; grundlegend und intellektuell anspruchsvoll ist das Werk des Literaturwissenschaftlers *Winfried Mennighaus: Das Versprechen der Schönheit. Frankfurt a.M. 2003*. Wegweisende philosophische Stellungnahmen, auf die ich mich stütze, stammen von *Hans-Georg Gadamer: Die Aktualität des Schönen. Kunst als Spiel, Symbol und Fest. Stuttgart 1977* sowie die wenigen wunderbaren Zeilen aus dem Nachlaß *Hans-Georg Gadamer: Schönheit. – In: Zeitschrift f. Ideengesch. I/1, 2007, S. 99–101*. Vollkommen überein stimme ich mit den Thesen zum Verhältnis von Ästhetik und Moral bei *Michael Hauskeller: Auf der Suche nach dem Guten. Wege und Abwege der Ethik. Zug/Kusterdingen 1999*.

PROLOG

Die grundlegende Biographie zu J.J. Winckelmann ist immer noch *Carl Justi: Winckelmann und seine Zeitgenossen. 3 Bde. Köln* [5]*1956* (Erste Auflage unter geringfügig anderem Titel *Leipzig 1866–1872*). In neuerer Zeit gibt die beste Orientierung *Wolfgang Leppmann: Winckelmann. Ein Leben für Apoll. Berlin ³1996 (1971)*, zuletzt *Wolfgang von Wangenheim: Der verworfene Stein. Winckelmanns Leben. Berlin o.J. (2006)*. Einen knappen, aber materialreichen Überblick vermittelt *Hellmut Sichtermann: Kulturgeschichte der klassischen Archäologie. München 1996, S. 80–106*. Für meine Sicht auf Winckelmann maßgeblich ist der knappe Artikel von *Ludwig Curtius: Johann Joachim Winckelmann. 1717–1768. – In: Hermann Heimpel u.a. (Hrsg.): Die großen Deutschen. Deutsche Biographie Bd. 2. Berlin 1958, S. 147–158*. Eine aufschlußreiche Bilanz der Winckelmann-Forschung zieht *Thomas W. Gaehtgens (Hrsg.): Johann Joachim Winckelmann 1717–1768. Hamburg 1986*. Wie eng die Debatte mit der Selbstreflexion der Moderne verbunden war, zeigt eindringlich *Esther Sophia Sünderhauf: Griechensehnsucht und Kulturkritik. Die deutsche Rezeption von Winckelmanns Antikenideal 1840–1945. Berlin 2004*.

KAPITEL 1

Der beste einführende Überblick zur Entdeckung der Geschichte durch Herodot ist eine meisterhafte kleine Studie, die als Nachwort zur bis heute besten Herodot-Übersetzung in deutscher Sprache erschienen ist: *Hermann Strasburger: Herodot als Geschichtsforscher. – In: Herodot. Geschichten und Geschichte, übersetzt von Walter Marg, hrsg. von Gisela Strasburger, Bd. 2, S. III–LXXXV*, wieder in: *Hermann Strasburger: Studien zur Alten Geschichte, Bd. 2. Hildesheim/New York 1982, 835–919*; ebenfalls nützlich ist *Raban von Haehling: Herodot. – In: Kai Brodersen (Hrsg.): Große Gestalten der griechischen Geschichte. München 1999, S. 165–174*. Unendlich zu lernen – nicht zuletzt, was einmal akademische Vorlesungen gewesen sind – ist von *Wolfgang Schadewaldt: Die Anfänge der Geschichtsschreibung bei den Griechen. Frankfurt a.M. 1982*. Immer noch wichtige Beiträge zu verschiedenen Einzelthemen enthält der Sammelband von *Walter Marg (Hrsg.): Herodot. Darmstadt ³1982*, ansonsten ist die neueste Forschung vor allem in englischsprachiger Literatur repräsentiert; s. zuletzt *Egbert J. Bakker u.a. (Hrsg.): Brill's Companion to Herodotus. Leiden u.a. 2002* und *Carolyn Dewald, John Marincola (Hrsg.): The Cambridge Companion to Herodotus. Cambridge 2006*. Eine wichtige Wegweisung zum Verständnis von Herodots Werk hat mir gegeben *Justus Cobet: Herodots Exkurse und die Frage der Einheit seines Werkes. Wiesbaden 1971*, der entgegen dem spezialistisch klingenden Titel grundlegende Perspektiven für ein tieferes Verständnis Herodots eröffnet. Die Grundfrage des Kapitels, *Was ist Geschichte?*, ist der Titel einer nach wie vor lohnenden Einführung in die Problematik von *Edward H. Carr (Stuttgart* [5]*1977)*. Daneben geben vor allem drei neuere Arbeiten einen guten Zugang zu geschichtstheoretischen Fragen: *Jörn Rüsen: Grundzüge einer Historik. Bd. 1–3. Göttingen 1983–1989*, *Chris Lorenz: Konstruktion der Vergangenheit. Eine Einführung in die Geschichtstheorie. Köln u. a. 1997* sowie *Hayden White: Auch Klio dichtet oder die Fiktion des Faktischen. Stuttgart 1986*. Am allerwichtigsten aber, weil – selbst angesichts der neuesten wissenschaftlichen Entwicklungen – in der klärenden Pointierung der möglichen Positionen unübertroffen und im übrigen ein Lesegenuß ist *Friedrich Nietzsche: Vom Nutzen und Nachteil der Historie für das Leben (Zweite Unzeitgemäße Betrachtung, 1874)*.

KAPITEL 2 UND 6

Unser Bild der Epoche des Augustus ist heute wesentlich bestimmt durch eine neuere monumentale Biographie des ersten römischen Kaisers: *Jochen Bleicken: Augustus. Berlin* [2]*2000 (1998)*. Einen nüchternen kurzen Abriß des Erkenntnisstandes bietet *Werner Eck: Augustus und seine Zeit. München* [4]*2006 (1998)*. Für meine eigene Position sehr wichtig ist die Deutung von *Werner Dahlheim: Augustus. – In: Manfred Clauss (Hrsg.): Die römischen Kaiser. München* [2]*2001 (1997), S. 26–50*. Das für meine ›patriarchalische‹ Deutung relevante Material ist zusammengestellt in *Meret Strothmann: Augustus – Vater der* res publica. *Zur Funktion der drei Begriffe* restitutio – saeculum – pater patriae *im augusteischen Principat. Stuttgart 2000*. Die beiden wichtigsten, fast zeitgleich erschienenen Bücher zur augusteischen Kultur stammen von *Erika Simon: Augustus. Kunst und Leben in Rom um die Zeitenwende. München 1986* und *Paul Zanker: Augustus und die Macht der Bilder. München* [4]*2003 (1987)*. Während meine Darstellungen in Aussage und Bewertung viel Erika Simon verdanken, hat Zanker neue methodische Zugänge eröffnet, an denen heute nicht mehr vorbeizukommen ist. Eine aktuelle Zusammenfassung findet sich in *Paul Zanker: Römische Kunst. München 2007*. Sehr zu empfehlen ist außerdem *Karl Galinsky: Augustan Culture. An Interpretive Introduction. Princeton 1996*. Ganz unentbehrlich ist der große *Katalog Kaiser Augustus und die verlorene Republik. Eine Ausstellung im Martin-Gropius-Bau, Berlin. 7. Juni–14. August 1988. Berlin 1988*. Wie Rom unter Augustus zur Stadt aus Marmor geworden ist, schildern sehr informativ *Frank Kolb: Rom. Die Geschichte der Stadt in der Antike. München* ²2002 *(1995)* (Kurzfassung: *Das antike Rom. Geschichte und Archäologie. München 2007*) sowie eindringlich *Diane Favro: The Urban Image of Augustan Rome. Cambridge 1996.* Das Forum des Augustus ist monographisch behandelt von *Paul Zanker: Forum Augustum. Das Bildprogramm. Tübingen 1968* und *Martin Spannagel: Exemplaria Principis. Untersuchungen zu Entstehung und Ausstattung des Augustusforums. Heidelberg 1999*, die Ara Pacis von *Erika Simon: Ara Pacis Augustae. Tübingen 1967.*

KAPITEL 3

Die Stadt als Grundphänomen des Altertums wird im Überblick vorgestellt von *Frank Kolb: Die Stadt im Altertum. München 1984.* Den wichtigsten Anstoß für die neuere Diskussion der politischen Implikationen des griechischen Städtebaus haben *Wolfram Hoepfner und Ernst-Ludwig Schwandner: Haus und Stadt im klassischen Griechenland. München* ²1994 *(1986)* gegeben. Anregend und weiterführend sind daneben zwei kleine Studien von *Tonio Hölscher: Öffentliche Räume in frühen griechischen Städten. Heidelberg 1998* und *Aus der Frühzeit der Griechen. Räume – Körper – Mythen. Stuttgart/Leipzig 1998.* Das alte Smyrna ist erforscht von *Ekrem Akurgal: Alt-Syrna. Wohngeschichte und Athenatempel. Berlin 1983.*

KAPITEL 4

Die anregende und thesenreiche Darstellung von *Werner Dahlheim: An der Wiege Europas. Städtische Freiheit im antiken Rom. Frankfurt a. M. 2000* ist erhellend für die historische Bedeutung der antiken Stadt ganz allgemein. Über die Geschichte und urbanistische Entwicklung von Ephesos informieren anschaulich *Friedmund Hueber: Ephesos. Gebaute Geschichte. Mainz 1997* und *Stefan Karwiese: Groß ist die Artemis von Ephesos. Die Geschichte einer der großen Städte der Antike. Wien 1995.* Plastische Einblicke in das städtische Leben der alten (griechischen) Städte im römischen Weltreich läßt uns nehmen *Peter Weiß: Die Stadt im Imperium Romanum. – In: Jochen Martin (Hrsg.): Das alte Rom. Geschichte und Kultur des Imperium Romanum. München 1994,* S. 195–229. Die Fortdauer eines lebendigen bürgerstaatlichen Lebens unterstreicht *Eckhard Meyer-Zwiffelhoffer: Bürger sein in den grie-*

chischen Städten des römischen Kaiserreiches. In: Karl-Joachim Hölkeskamp u. a. (Hrsg.): Sinn (in) der Antike. Orientierungssysteme, Leitbilder und Wertkonzepte im Altertum. Mainz 2003, S. 375–402. Die Schrift des Aelius Aristides würdigt *Jochen Bleicken: Der Preis des Aelius Aristides auf das römische Weltreich (or. 26K). Göttingen 1966;* der Text ist am besten zugänglich in: *Die Romrede des Aelius Aristides. Hrsg., übersetzt und mit Erläuterungen versehen von Richard Klein. Darmstadt 1983.* Urbanisierung und Romanisierung sind die beherrschenden Themen des ungewöhnlich lehrreichen Buches von *Helga Botermann: Wie aus Galliern Römer wurden. Leben im römischen Reich. Stuttgart 2005.* Die beste Darstellung der Geschichte Triers ist *Heinz Heinen: Trier und das Trevererland in römischer Zeit. Trier 1985,* der neueste archäologische Führer stammt von *Hans-Peter Kuhnen (Hrsg.): Das römische Trier. Stuttgart 2001.* Das Geschehen im Amphitheater wird von der neueren Forschung als komplexes Ritual jenseits des alten Stereotyps von »Brot und Spielen« gedeutet. Als Beispiele: *Thomas Wiedemann: Kaiser und Gladiatoren. Darmstadt 2001* und *Uwe Walter: »Schöne Wunde, verachteter Tod«. Zur Funktion der Gladiatorenkämpfe in der römischen Kaiserzeit. – In: Geschichte in Wissenschaft und Unterricht 55, 2004, S. 513–520.*

KAPITEL 5

Das Bild von Struktur und Geschichte des griechischen Bürgerstaates hat sich in den vergangenen Jahrzehnten stark verändert. In Deutschland hat vor allem *Christian* Meier die Diskussion früh und nachhaltig beeinflußt (*Christian Meier: Die Entstehung des Politischen bei den Griechen. Frankfurt a. M. ³1995 [1980]* sowie die große Geschichtserzählung *Athen. Ein Neubeginn der Weltgeschichte. Berlin 1995*). Ein zusammenfassendes Sachverständnis ermöglichen die beiden gut lesbaren Gesamtdarstellungen *Jochen Bleicken: Die athenische Demokratie. Paderborn ²1994* und *Karl-Wilhelm Welwei: Die griechische Polis. Stuttgart ²1998.* Meine eigenen Vorstellungen zur historischen Entwicklung der griechischen Polis habe ich ausführlich dargelegt in meinen beiden Werken *Michael Stahl: Aristokraten und Tyrannen im archaischen Athen. Untersuchungen zur Überlieferung, zur Sozialstruktur und zur Entstehung des Staates. Stuttgart 1987* sowie *Gesellschaft und Staat bei den Griechen. 2 Bde. Paderborn 2003* (mit ausführlicher Literatur). Dort ist die Bedeutung von Bürgertugend und politischer Ethik im einzelnen entwickelt und ist der Sokratesprozeß genauer erörtert. Zur Demokratietheorie und zur Verbindung mit der Moderne waren mir sehr wichtig *Hannah Arendt: Was ist Politik? Fragmente aus dem Nachlaß. München/Zürich 1993* sowie *Hannah Arendt: Vita Activa oder Vom tätigen Leben. München* [8]*1996(1960)*, außerdem *Werner Peters: The Existential Runner. Über die Demokratie in Amerika. Eggingen 1992* und die kommunitaristischen Theoretiker *Benjamin Barber, Amitai Etzioni und Michael Walzer.* Einen Vergleich von Antike und Moderne habe ich vorgenommen in *Michael Stahl: Antike und moderne Demokratie: Probleme und Zukunftsperspektiven der westlichen Demokratie im Spiegel des griechischen Bürgerstaates. – In: Walter Eder/Karl-Joachim Hölkeskamp (Hrsg.): Volk und Verfassung im vorhellenistischen Griechenland. Stuttgart 1997, S. 227–245.*

KAPITEL 7

Hermann Strasburger: Zum antiken Gesellschaftsideal. Heidelberg 1976 hat mir die Augen geöffnet für das entscheidende Stabilitätsmoment der antiken Gesellschaft, das patronale Verhaltensideal. Als Strukturelement der griechischen Gesellschaft ist es ausführlich dargestellt in meinem oben erwähnten Buch *Gesellschaft und Staat bei den Griechen Bd. 1. Paderborn 2003.* In Rom sind Gesellschaft und Staat vollkommen davon durchdrungen, wie eindrucksvoll demonstriert *Jochen Bleicken: Die Verfassung der römischen Republik. Paderborn* [7]*1995 (1975)* und *Verfassungs- und Sozialgeschichte der römischen Kaiserzeit Bd. 1. Paderborn* [4]*1995 (1978).* Einen anschaulichen Überblick über die römische Gesellschaft als ganze gibt *Hans-Joachim Gehrke: Die römische Gesellschaft. – In: Jochen Martin (Hrsg.): Das alte Rom. Geschichte und Kultur des Imperium Romanum. München 1994, S. 167–193.*

KAPITEL 8

Die Übersetzung der griechischen Inschriften verdanke ich Helga Botermann, Göttingen. Bis heute maßgeblich und umfassend untersucht hat das antike Wohltätertum *Paul Veyne: Brot und Spiele. Gesellschaftliche Macht und politische Herrschaft in der Antike. Frankfurt a. M./New York 1988.* Instruktiv ist *Stefan Cramme: Die Bedeutung des Euergetismus für die Finanzierung städtischer Aufgaben in der Provinz Asia. Diss. Köln 2001.* Zum Hellenismus jetzt der Sammelband von *Gregor Weber (Hrsg.): Kulturgeschichte des Hellenismus. Von Alexander dem Großen bis Kleopatra. Stuttgart 2007.* Auf das unter der Decke der Prosperität lauernde Konfliktpotential bin ich schon eingegangen in meiner Dissertation *Imperiale Herrschaft und provinziale Stadt. Strukturprobleme der römischen Reichsorganisation im 1.–3. Jh. der Kaiserzeit. Göttingen 1978.*

KAPITEL 9

Die Deutung der Baugestalt des griechischen Tempels verdankt viel den älteren Analysen von *Ludwig Curtius: Die antike Kunst. Die klassische Kunst Griechenlands. Darmstadt ^{2}1959 (Konstanz 1938), S. 113–131* sowie *Heinz Kähler: Der griechische Tempel. Wesen und Gestalt. Berlin 1964* und *Frank Teichmann: Der Mensch und sein Tempel. Griechenland. Stuttgart ^{3}2003 (1980).* Das maßgebliche archäologische Nachschlagewerk ist *Gottfried Gruben: Die Tempel der Griechen. München ^{5}2001 (1966).* Die gesellschaftliche und religiöse Bedeutung der Tempel ist Gegenstand von Untersuchungen von *Walter Burkert: The Meaning and Function of the Temple in Classical Greece. – In: M. Fox (Ed.): Temple in Society. Winona Lake 1988, S. 27–47* und *Greek Temple-builders: Who, Where and Why? – In: Robin Hägg (Ed.): The Role of Religion in the Early Greek Polis. Stockholm 1996, S. 21–29.* Sehr nützlich in der nahezu unüberschaubaren Literatur ist *Louise Bruit Zaidman / Pauline Schmitt Pantel: Die Religion der Griechen. Kult und Mythos. München 1994*, die die Einbettung der Religion in die Polisgemeinschaft betonen.

Für die Tempel im griechischen Westen sind die Arbeiten von *Dieter Mertens* einschlägig; s. etwa: *Der Tempel von Segesta und die dorische Tempelbaukunst des griechischen Westens in klassischer Zeit. Mainz 1984 (DAI Rom Sonderschriften. Bd. 6); Der alte Heratempel in Paestum und die archaische Baukunst in Unteritalien. Mainz 1993 (DAI Rom Sonderschriften. Bd. 9).* Vgl. auch seine reich illustrierte Gesamtdarstellung: *Städte und Bauten der Westgriechen. Von der Kolonisation bis zur Krise um 400 vor Christus. Zeichn. von Margareta Schützenberger. München 2006.*

Bei der Arbeit an meinem Epilog entdeckte ich übrigens, daß die von mir hervorgehobene Bedeutung der atmosphärischen Umgebung für die Wahrnehmung der Tempel in Paestum wie des griechischen Tempels überhaupt schon von Karl Friedrich Schinkel im Tagebuch seiner zweiten Reise nach Italien 1824 notiert wurde: »Bei trübem Wetter würden diese einsam liegenden Heiligthümer der griechischen Vorwelt einen höchst melancholischen Eindruck machen. Bei reiner Himmelsbläue aber wirkt die Form und die köstliche warme Farbe, besonders des großen Tempels ungemein wohlthätig.« (Karl Friedrich Schinkel: Briefe, Tagebücher, Gedanken. Ausgew., eingel. und erl. von Hans Mackowsky. Berlin 1922, S. 141)

KAPITEL 10

Einen guten Überblick über Pompeji und seine Geschichte bieten *Dieter Bartetzko: Pompeji. Untergang und Wiedergeburt. Wien 2003* und *Jens-Arne Dickmann: Pompeji. Archäologie und Geschichte. München 2005.* Unser historisches Verständnis der pompejanischen Häuser und des römischen Wohnens haben auf neue Grundlagen gestellt *Andrew Wallace-Hadrill: Houses and Society in Pompeji and Herculaneum. Princeton 1994* sowie *Paul Zanker: Pompeji. Stadtbild und Wohngeschmack. Mainz 1995.* Profund aus dem archäologischen Material belegt ist die gegenwärtige Sichtweise bei *Jens-Arne Dickmann: domus frequentata. Anspruchsvolles Wohnen im pompejanischen Stadthaus. München 1999.* Eine wichtige Ergänzung bietet *Björn Gesemann: Die Straßen der antiken Stadt Pompeji. Entwicklung und Gestaltung. Frankfurt a. M. 1996.* Das Bild ist jetzt anschaulich zusammengefaßt von *Christiane Kunst: Leben und Wohnen in der römischen Stadt. Darmstadt 2006.*

KAPITEL 11

Die Zeugnisse der frühgriechischen Kunst stellen einfühlsam vor *Roland Hampe / Erika Simon: Tausend Jahre frühgriechische Kunst. München 1980.* Das Fundmaterial an Kouroi wird präsentiert von *John Boardman: Griechische Plastik. Archaische Zeit. Mainz 1981* und *Wolfram Martini: Die archaische Plastik der Griechen. Darmstadt 1990.* Die Epoche der archaischen Kunst wurde um 1900 entdeckt und beruht auf einer zeitbedingten Veränderung der künstlerischen Sichtweisen (Picasso und der Kubismus). Mit der Abkehr vom hohl gewordenen Klassizismus des 19. Jahrhunderts wurden die formalen Eigenheiten dieser Kunst sensibler Beobachtung erst zugänglich. Auch wenn wir heute den damit verbundenen Wertungen nicht mehr immer folgen können, bleiben ältere Arbeiten wie *Ernst Buschor: Vom Sinn der griechischen Standbilder. Berlin ³1978 (1942)* und *Frühgriechische Jünglinge. München 1950* weiterhin lesenswert. Welche methodischen Prinzipien der heutigen Forschung zugrunde liegen, ist jetzt vorzüglich und knapp zusammengefaßt von *Tonio Hölscher: Die griechische Kunst. München 2007.* Meine Deutung der Kouroi verdankt methodische Anregungen einer Untersuchung des weiblichen Pendants durch *Lambert Schneider: Zur sozialen Bedeutung der Korenstatuen. Hamburg 1975.*

KAPITEL 12

Den einfachsten Zugriff auf die Plastik der klassischen Epoche ermöglichen die Bände von *John Boardman: Griechische Plastik. Die klassische Zeit. Mainz 1987* und *Griechische Plastik. Die spätklassische Zeit und die Plastik in Kolonien und Sammlungen. Mainz 1998.* Die heute gängige Methodik der Zeichenanalyse ist bahnbrechend angewendet worden von *Burkhard Fehr: Bewegungsweisen und Verhaltensideale. Bad Bramstedt 1979.* Vorbildlich auch *Burkhard Fehr: Die Tyrannentöter oder: Kann man der Demokratie ein Denkmal setzen? Frankfurt a. M. 1984.* Zu Phidias geben einen Geschichte und Archäologie gut zusammenführenden Überblick *Christoph Höcker/Lambert Schneider: Phidias. Reinbek 1993.* Die Figuren von Riace behandelt aus historischer Sicht *Uwe Walter: Die Bronzekrieger von Riace. – In: Geschichte in Wissenschaft und Unterricht 50, 1999, S. 30–42,* die Verbindung mit Delphi schlägt *Werner Fuchs: Zu den Großbronzen von Riace. – In: Gymnasium 92, 1985, S. 465–469* vor. Zum Marathon-Weihgeschenk der Athener *Christoph Höcker/Lambert Schneider: Phidias. Reinbek 1993, S. 39–50,* die die Zugehörigkeit der Riace-Bronzen ohne neue Anhaltspunkte für eine nicht beweisbare Hypothese halten.

EPILOG

Das beste Buch über K. F. Schinkel ist *Andreas Haus: Karl Friedrich Schinkel als Künstler. Annäherung und Kommentar. München/Berlin 2001.* Haus interpretiert Schinkels Werk sehr differenziert und bezieht vor allem auch die politischen Komponenten ein. Ein vorzüglicher Führer stellt Schinkels Werk vor: *Karl Friedrich Schinkel. Führer zu seinen Bauten. Bd. I: Berlin und Potsdam. München/Berlin 2006.* Zum Gemälde »Griechenlands Blüte« außerdem noch *Paul Ortwin Rave: Karl Friedrich Schinkel, Blick in Griechenlands Blüte. Berlin 1946* sowie *Adolf Max Vogt: Karl Friedrich Schinkel, Blick in Griechenlands Blüte. Ein Hoffnungsbild für ›Spree-Athen‹. Frankfurt 1985,* dessen genaue Bildanalyse leider mit problematischen Werturteilen verbunden ist.

BILDNACHWEIS

Akg-images: Abb. 14 (akg-images/Henning Bock); 17, 20 (akg-images/Bildarchiv Monheim); 18, 29, 41, 46, 49 (akg-images/Bildarchiv Steffens); 19 (Hervé Champollion/akg-images); 21, 50, 65 (akg-images/Erich Lessing): 48 (akg-images/Robert O'Dea); 66 (akg-images/Nimatallah), 75

Bildarchiv Preußischer Kulturbesitz (Nationalgalerie SMB): Abb. 73 (Foto: Andreas Kilger), 76, 77 (Foto: Jörg P. Anders)

© Lambert Dahm: Abb. 16

DAI Rom: Abb. 7
DAI Kairo: Abb. 56

© Reinhard Görner/arturimages: Abb. 74

Archäologisches Institut Göttingen: Abb. 59

Museum für Abgüsse Klassischer Bildwerke, München:
Abb. 1, 2, 4, 5, 11, 15, 22, 23, 26, 27, 36, 39, 42, 47, 51, 52, 53, 54, 55, 57, 58, 60, 61, 62, 63, 64, 67, 68, 69, 70, 71, 72

Michael Stahl: Abb. 28, 30, 31, 33, 34, 37

Bettina Kunst, Hamburg: Abb. 40, 44, 45

aus: Edmund Bucher, Die Sonnenuhr des Augustus (Zeichnung: Ulrike Heß): Abb. 32

aus: Reinhard Förtsch, Archäologischer Kommentar zu den Villenbriefen des jüngeren Plinius: (Zeichnung R. Pahlke nach E. Salza Prina Ricotti, Lunario Romano, 1982, 231): Abb. 40

aus: W. Hoepfner und Ernst-Ludwig Schwandner , Haus und Stadt im klassischen Griechenland. Deutscher Kunstverlag, München 1994: Abb. 9 (W. Hoepfner/E.-L. Schwandner – C. Haase), 10 (W. Jo. Brunner – A. Tsingas), 12 W. Hoepfner/E.-L. Schwandner)

nach: J. R. Patterson, JRS 82, 1992, S. 208 fig. 4 (W. S. Maney and Son, Leeds): Abb. 3

nach: Città e Architettura nella Roma imperiale. ARID Suplement 10, Odense University Press, 1984, S. 43: Abb. 24

nach: Puchhammer/Wawrik: Abb. 13

nach: J. B. Cook: Old-Smyrna 1948–1951: Abb. 8